U0061591

置身事內

中國政府
與經濟發展

蘭小歡———

著

Chinese
Government
and
Economic
Development

責任編輯　　龍　田

書籍設計　　a_kun

書籍排版　　何秋雲

書　　名　**置身事內：中國政府與經濟發展**

著　　者　蘭小歡

出　　版　**三聯書店（香港）有限公司**

　　　　　香港北角英皇道 499 號北角工業大廈 20 樓

　　　　　Joint Publishing (H.K.) Co., Ltd.

　　　　　20/F., North Point Industrial Building,

　　　　　499 King's Road, North Point, Hong Kong

香港發行　香港聯合書刊物流有限公司

　　　　　香港新界荃灣德士古道 220-248 號 16 樓

印　　刷　美雅印刷製本有限公司

　　　　　香港九龍觀塘榮業街 6 號 4 樓 A 室

版　　次　2023 年 7 月香港第一版第一次印刷

規　　格　16 開（170 × 240mm）264 面

國際書號　ISBN 978-962-04-5318-2

© 2023 Joint Publishing (H.K.) Co., Ltd.

Published & Printed in Hong Kong, China.

原書名：《置身事內：中國政府與經濟發展》

作　者：蘭小歡

本書經北京世紀文景文化傳播有限責任公司正式授權，同意經由三聯書店（香港）有限公司出版中文繁體字版本。非經書面同意，不得以任何形式任意重製、轉載。

繁體版序言

十年前，我從美國回到中國，開始重新適應國內的生活。已經在美國生活了六七年，習慣了路上車輛主動避讓行人，所以在國內過馬路有時難免提心吊膽。記得當時和一位經濟學同事聊起這件事，粗略分析了司機和行人的博弈問題，感覺這件事很難解決，因為某一方單獨改變行為沒有好處。似乎只能寄希望於虛無縹緲的未來，人們"文明程度"大幅提升，改變觀念，更尊重人，馬路上這一"不文明"現象才會消失。

幾年後，交通攝像頭遍佈城市各個角落，不少地方開始處罰不避讓行人的司機。短短一兩年，上述"不文明"現象就在這些地方基本消失了。又過了幾年，司機就習慣了避讓行人，而行人面對主動停車等待的司機，也加快了過馬路的腳步，大家都變得"文明"了起來。這件事演變的方式和速度，遠超我當年的想像。

中國的經濟和社會變化極快，往往三五年就會小規模翻天覆地。面對其中的現象，我們該如何理解？又該如何判斷其好壞？答案取決於用何種"標尺"去衡量。事情就是這麼個事情，我們拿它跟什麼比較，決定了我們對它的理解和觀感。

常見的標尺有三。第一是教科書上的理論。書上講市場經濟應該如此這般運行，而現實中不是，那麼是現實出了問題，還是理論出了問題？邏輯完美的理論可能說服力很強，但世事之複雜多變遠超理論。用理論框框去套世事，能套住的範圍有限，而套住了什麼就講什麼，難免偏頗。

第二類標尺是發達國家的現實。美國是這樣，而中國是那樣，誰出了問題？使用這個標尺的人，常常混淆發展過程和發展結果。大多數人只體驗過發達國家當下的富裕和文明，沒有體驗過它們由窮變富的過程，也沒有體驗過讓文明成為可能的種種規矩從無到有的建立過程。設想一下，如果把一個八十年代的中國人冷凍起來，讓他在 2023 年醒來，他會怎麼看待中國？且不說物質生活的富裕和科技的進步給他的巨大震撼，僅僅是清潔的街道、有序的商業、人們整潔乾淨的衣著和容貌、青少年普遍高挑挺拔的身材，恐怕都會讓他感到“文明”級別的震撼。然而對經歷過整個過程的人來說，這些現象遠沒有那麼醒目。

第三類標尺是中國現實。一件事情如此這般，既不符合理論也不符合發達國家實踐，但基於“國情”只能這麼辦。理論上有更好的做法，但現實做不到。如果不這麼辦，結果不會是找到更好的方式去辦，而很可能是乾脆不辦。這種標尺突出了“可行性”和利益衝突，能加深我們對現象成因的理解，但也容易掉入現實的泥潭，忘記了利益格局可以被打破，觀念也可以變化。畢竟，最重要的改革，都是讓本來不可行的事情變得可行。

可見即便是同一個現象，用不同的標尺去打量，結論和感悟完全不一樣。多用幾根標尺而不是只有“一根筋”，看問題就多了幾個角度，對現象的理解也就加深了。《置身事內》的簡體中文版 2021 年 8 月出版上市，在社會上引發了廣泛關注，香港的《亞洲周刊》也將它列為“2021 年全球華人十大好書（非小說）”。原因之一，可能就是讀者認為本書提供了一種新的角度，去觀察和分析中國的政治經濟現象。

時隔兩年，繁體中文版能在香港出版，我非常高興。我雖從未有幸在香港學習和工作，但我的求學和研究經歷，與香港有很多聯繫。

我做學生時最喜愛的經濟類讀物，是張五常教授的各種著作，給了我很多精神上的養料。我工作後一直注重實地調研，就深受張教授"賣橘者精神"的影響。我對中國經濟的深入學習和研究，得益於我在復旦大學經濟學院的工作經歷，這裏寬鬆的工作環境和出色的同事，對我幫助很大。而招聘我到復旦經院工作的陳慶池教授，是土生土長的香港人。除此之外，我在復旦最重要的合作者陳碩教授，是香港科技大學培養的博士。就連這本書本身，雖脫胎於我在復旦的課堂講義，但我曾把這門課搬到了香港中文大學（深圳）的研究生課堂，那裏的同學給了我很多很好的反饋，加快了我迭代和更新講義的效率，促成了本書的寫作。

　　當今世界正在經歷深刻的變化，對於繁體中文的讀者，我希望這本書能為他們思考這些變化，多提供一個角度。

蘭小歡

2023 年 5 月

目　錄

上篇　微觀機制

下篇　宏觀現象

事莫明於有效，論莫定於有證。

—— 王充《論衡》

社會進程本是整體，密不可分。所謂經濟，不過是研究者從這洪流中人工提煉出的部分事實。何謂經濟，本身已然是種抽象，而之後大腦還須經過若干抽象，方能複刻現實。沒有什麼事是純粹經濟的，其他維度永遠存在，且往往更為重要。

—— 約瑟夫·熊彼特《經濟發展理論》

一套嚴格的概念框架無疑有助於釐清問題，但也經常讓人錯把問題當成答案。社會科學總渴望發現一套"放之四海而皆準"的方法和規律，但這種心態需要成熟起來。不要低估經濟現實的複雜性，也不要高估科學工具的質量。

—— 亞歷山大·格申克龍《經濟落後的歷史透視》

前言
從了解現狀開始

這本書講的是我們國家的經濟故事，其中有讓我們驕傲的繁華，也有讓我們夢碎的房價。這本書寫給青年朋友和對經濟話題感興趣的讀者，希望能幫他們理解身邊的世界，從熱鬧的政經新聞中看出些門道，從乏味的政府文件中覺察出些機會。

本書主角既不是微觀的價格機制，也不是宏觀的經濟周期，而是政府和政策，內容脫胎於我在復旦大學和香港中文大學（深圳）的課程講義。我剔除了技術細節，盡量用通俗的語言講述核心的內容和觀念：在我國，政府不但影響"蛋糕"的分配，也參與"蛋糕"的生產，所以我們不可能脫離政府談經濟。必須深入了解這一政治經濟機體如何運作，才可能對其進行判斷。我們生活在這個機體中，我們的發展有賴於對這個機體的認知。要避免把舶來的理論化成先入為主的判斷 —— 看到現實與理論不符，便直斥現實之非，進而把要了解的現象變成了譏諷的對象—否則就喪失了"同情的理解"的機會。

中國的政治經濟現象非常複雜，不同的理論和信息都只能反映現象的不同側面，至於哪個側面有用，由讀者決定。對從事經濟實務工作（如金融和投資）的讀者，我希望能幫助他們了解日常業務之外的政治經濟背景，這些背景的變化往往對行業有深遠的影響。對經濟學專業的大學生，由於他們所學的西方理論和中國現實之間脫節嚴重，我將中國政府作為本書分析的主角，希望可以幫助構建二者之間的橋樑。對非經濟學專業的讀者，我希望這本書能幫助他們讀懂國家政經大事和新聞。

本書注重描述現實，注重解釋"是什麼"和"為什麼"。當不可避免涉及"怎麼辦"的時候，則注重解釋當下正在實施的政策和改革。對讀者來說，了解政府認為應該怎麼辦，比了解"我"認為應該怎麼辦，重要得多。

本書結構與數據說明

本書以我國地方政府投融資為主線，分上下兩篇。上篇解釋微觀機制，包括地方政府的基本事務、收入、支出、土地融資和開發、投資和債務等；下篇解釋這些微觀行為對宏觀現象的影響，包括城市化和工業化、房價、地區差異、債務風險、國內經濟結構失衡、國際貿易衝突等。最後一章提煉和總結全書內容。

本書力求簡明扼要，突出主要邏輯和重點事實，不會過多展開細節。有興趣深究的讀者可以參考每章末尾"擴展閱讀"中推薦的讀物。

本書使用了很多數據，若處處標注來源，會影響閱讀。所以對於常見數據，如直接來自《中國統計年鑒》或萬得數據庫中的數據，我沒有標注來源，但讀者應該很容易就能找到。只有那些非常用數據或轉引自他人研究的數據，我才注明出處。

本書雖為大眾讀者所寫，但嚴格遵循學術規範，使用了大量前沿研究成果，可用作大學相關課程的參考資料。與各章節內容相匹配的課件，可通過掃描本書前勒口的二維碼獲取。

感　謝

本書使用的數據和文獻，跨度很大。引用的 260 多種文獻中，絕大多數發表於 2010 年之後。假如沒有近些年本土經濟學研究的飛速發展，沒有海外對中國經濟研究的日漸深入，我不可能整理出這麼多素材。

復旦大學經濟學院是研究中國經濟問題的重鎮，向來重視制度和歷史分析，也積極參與現實和政策討論，我對中國經濟的深入學習和研究，是在這裏開始的。學院幾乎每周都有十數場報告，既有前沿學術探討和熱點政策分析，也有與業界和政府的交流討論，在這種氛圍中，研究者自然而然會關注現實問題。本書幾乎每一章的主題，復旦的同事都有研究和著述，我從他們那裏學到了很多。在復旦工作的六七年中，我幾乎每周都參加陳釗和陸銘等同仁組織的學習討論小組，本書中的很多想法都源於這些討論。

2017 到 2018 年，我做了大量實地調研，與很多企業家、投資人和政府官員交流，這些經歷影響了本書的視角和框架。感謝在這個過程中幫助過我的很多領導和業界精英。

本書涵蓋的主題跨度很大，在寫作和學習過程中，我請教了很多同事，他們給了我巨大的幫助和鼓勵。尤其要感謝陳碩、陳婷、董豐、劉志闊、吳樂旻，他們仔細閱讀了本書的初稿章節，提供了大量寶貴建議。感謝我的教學和研究助理拜敏暘、丁關祖、李嵩同學，他們幫我收集了很多數據。同樣也感謝那些幫我審讀書稿的聰慧可愛的同學，他們閱讀了部分章節的初稿，在內容編排和文字上提出了很多寶貴建議，提高了本書的可讀性。

最後，感謝上海人民出版社和世紀文景的錢敏、賈忠賢、曹迪輝三位編輯老師。他們的專業素養是這本書質量的保證，他們的專業精神和對"出一本好書"的熱情與執著，讓我感動。

本書的一切錯漏之處都歸我自己。希望讀者批評指正，爭取有機會再版時改正。

上篇

微觀機制

　　地方政府是經濟發展中的關鍵一環，事務繁雜，自主權力很大。本篇第一章介紹決定地方事務範圍的主要因素，這些因素不會經常變化，所以地方政府要辦的事、要花的錢也不會有巨大變動。一旦收入發生大幅變動，收支矛盾就會改變政府行為。第二章介紹 1994 年分稅制改革的前因後果。這次改革對地方政府影響深遠，改變了地方政府發展經濟的模式，催生了 "土地財政" 和 "土地金融"，成為地方政府推動快速城市化和工業化的資金來源。第三章和第四章詳細介紹其中的邏輯、機制、案例，同時解釋地方政府的債務和風險，以及相關改革。這些內容是理解下篇宏觀經濟現象的微觀基礎。

第一章
地方政府的權力與事務

中學時我聽過一件事，一直記著：美國就算只把加州單拿出來，也是世界第六大經濟體！當時我想，美國有 50 個州，那真是富強得難以想像。後來我才知道，加州的 GDP 佔美國 GDP 總量的 15%，是美國的第一經濟大州，遠超其他州。不過這種類比很好記，我現在也常在課堂上套用：廣東和江蘇相當於世界上第 13 和第 14 大經濟體，超過西班牙和澳大利亞。山東、浙江、河南每一個單獨計算都是世界前 20 大經濟體，其中，河南僅次於荷蘭。

幾年前，美國麻省理工學院的一個創業團隊想進入中國市場。公司做汽車智能駕駛配件，小有規模，勢頭不錯。兩個創始人都是 20 多歲的小夥子，有全球眼光，想在新一輪融資時引入中國的戰略投資者。當時我正為湖北省政府的投資基金做諮詢，就給兩人介紹了湖北總體及武漢的汽車產業情況。他們是頭一次來中國，對湖北完全沒概念。於是我就套用了上述類比：湖北的 GDP 總量與阿根廷相當，所以湖北省投資基金類似於阿根廷的主權基金。兩人一聽眼睛就亮了。幾年時間一晃而過，2019 年湖北的 GDP 已經接近瑞士，而阿根廷卻再次陷入衰退，其 GDP 已不足湖北的七成。

我國規模超大，人口、面積、經濟總量都與一個大洲的體量相當，各省份的規模也大都抵得上一個中型國家，且相互之間差異極大：新疆的面積是海南的 47 倍；廣東的人口是西藏的 33 倍，GDP 總量是後者的 62 倍；北京的人均 GDP 是甘肅的 5 倍。這種經濟發展水平的差異遠大於美國各州。美國最富的紐約州人均 GDP 也不過是最窮的密西西比州的 2.3 倍。[1] 不僅如此，我國各地風俗、地理、文化差異也大，僅方言就有上百種，治理難度可想而知。

要理解政府治理和運作的模式，首先要了解權力和資源在政府體系中的分佈規則，既包括上下級政府間的縱向分佈，也包括同級政府間的橫向分佈。本章將介紹政府間事權劃分的基本邏輯。第一節簡要介紹行政體系的幾個特點。第二節至第四節結合實際情況，詳述事權劃分三原則：外部性和受益範圍原則、信息複雜性原則、激勵相容原則。[2] 第五節介紹地方政府的招商引資工作。發展經濟是政府的核心任務，而招商引資需要調動各種資源和手段，所涉具體事務既深且廣，遠超主流經濟學教科書中"公共服務"或"公共物品"的討論範疇。了解招商引資，是理解地方政府深度融入經濟發展過程的起點。

第一節　政府治理的特點

圖 1–1 描繪了中國的五級政府管理體系：中央—省—市—縣區—鄉鎮。這一體系從歷史上的"中央—省—郡縣"三級體系演變而來。中華人民共和國成立後，在省以下設了"專區"或"地區"。20 世紀 50 年代開始試行"以市管縣"，但在改革開放之前，市的數目不足 200 個。隨著工業化和城市化的發展，1983 年開始，"以市管縣"在全國推行，大多數"地區"都改成了"地級市"，城市數目大幅增加到 600 多個（圖 1–1 中地級市與縣級市之

1　此處略去人口極少的首都華盛頓特區。

2　這三項原則的簡單論述，見財政部前部長樓繼偉的著作（2013）。

和）。[1] 目前依然存在的"地區"，大都在地廣人稀的邊疆省份，面積很大，如內蒙古的錫林郭勒盟和新疆的阿克蘇地區。在縣鄉一級，帝制時期的地方精英自治體制（所謂"皇權不下縣"）隨帝制瓦解而終結。民國至新中國初期，政權逐漸延伸到了縣以下的鄉鎮和城市的街道。在鄉以下的村落，則實行村民自治，因為行政能力畢竟有限，若村落也建制，那財政供養人口又要暴漲一個數量級。

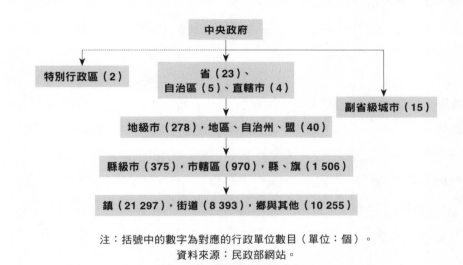

注：括號中的數字為對應的行政單位數目（單位：個）。
資料來源：民政部網站。

圖 1–1　中華人民共和國行政區劃（2018 年）

　　現實情況當然遠比簡化的"五級"複雜。比如，同樣都是地級市，省會城市與一般城市的政治地位與經濟資源完全不同。再比如，同樣都是縣級單位，縣級市、縣、市轄區之間也有重大差別：在土地和經濟事務上，縣級市的權力比縣大，而縣的權力又比一般市轄區大。這五級體系也在不斷改革，如近些年的"撤縣設市""撤縣設區""省直管縣""撤鄉設鎮"等。即使在省

1　1959 年，人大常委會通過《關於直轄市和較大的市可以領導縣、自治縣的決定》，開始市領導縣的改革。1982 年，中央發佈《改革地區體制，實行市領導縣體制的通知》，1983 年開始在全國試行。詳情見清華大學景躍進、復旦大學陳明明、中山大學蕭濱合編的教科書（2016）。

級層面上也時有重大變革，如 1988 年設立海南省、1997 年設立重慶直轄市。而最近幾年提出的"長三角一體化""粵港澳大灣區"等國家戰略，也會對現有行政區域內的權力和資源分配產生深遠影響。

　　我國政府體制有深厚的歷史和文化淵源，且不斷發展變化，非常複雜，研究專著汗牛充棟。本章結尾的"擴展閱讀"會推薦幾本相關讀物，本節只簡要介紹幾個與經濟發展密切相關的體制特點。

　　中央與地方政府。央地關係歷來是研究很多重大問題的主線。一方面，維持大一統的國家必然要求維護中央權威和統一領導；另一方面，中國之大又決定了政治體系的日常運作要以地方政府為主。歷史上，央地間的權力平衡需要各種制度去維護，一旦失控，王朝就可能分裂甚至覆滅。小說《三國演義》以"話說天下大勢，分久必合，合久必分"開頭，正體現了這種平衡之難。按照歷史學家葛劍雄的統計，從公元前 221 年秦統一六國到 1911 年清朝結束，我國"統一"（即基本恢復前朝疆域且保持中原地區相對太平）的時間不過 950 年，佔這一歷史階段的 45%，而分裂時間則佔 55%，可見維持大一統國家並不容易。[1] 如今，央地關係的重要性也體現在憲法中。現行憲法的第一條和第二條規定了國體和政體，緊接著第三條便規定了央地關係的總原則："中央和地方的國家機構職權的劃分，遵循在中央的統一領導下，充分發揮地方的主動性、積極性的原則。"這是一條高度抽象和靈活的原則，之後的章節會結合具體內容來展開討論。

　　黨和政府。中國共產黨對政府的絕對領導是政治生活的主題。簡單說來，黨負責重大決策和人事任免，政府負責執行，但二者在組織上緊密交織、人員上高度重疊，很難嚴格區分。本書主題是經濟發展，無須特別強調黨政之分，原因有三。其一，地方經濟發展依託地方政府。地方黨委書記實質上依然是地方官，權力通常無法超越本地。[2] 其二，制約政府間事權劃分的因素，也制約著各級黨委的分工。比如，信息溝通既是困擾上下級政府的難題，也是困擾上下級黨委的難題。所以在討論事權劃分原理時，無須特別區

1　　數據來自復旦大學歷史地理學家葛劍雄的著作（2013）。

2　　有一種情況例外，即一些重要地區的書記也是上級黨委常委，如省會城市的書記也是省委常委。

分黨和政府。其三，地方經濟事務由政府部門推動和執行。雖然各部門都由黨委領導，但地方上並無常設的專職黨委機構來領導日常經濟工作。假如本書主題是法制建設，那這種黨政不分的分析框架就不準確，會遺漏關鍵黨委機構的作用，比如政法委和紀委。[1]

　　條塊分割，多重領導。我國政治體系的一個鮮明特點是"層層複製"：中央的主要政治架構，即黨委、政府、人大、政協等，省、市、縣三級都完全複製，即所謂"四套班子"。中央政府的主要部委，除外交部等個別例外，在各級政府中均有對應部門，比如中央政府有財政部、省政府有財政廳、市縣政府有財政局等。這種從上到下的部門垂直關係，被稱為"條條"，而橫向的以行政區劃為界的政府，被稱為"塊塊"。大多數地方部門都要同時接受"條條"和"塊塊"的雙重領導。拿縣教育局來說，既要接受市教育局的指導，又要服從縣委、縣政府的領導。通常情況下，"條條"關係是業務關係，"塊塊"關係才是領導關係，因為地方黨委和政府可以決定人事任免。

　　上級領導與協調。在複雜的行政體系中，權力高度分散在各部門，往往沒有清晰的法律界限，所以一旦涉及跨部門或跨地區事務，辦起來就比較複雜，常常理不清頭緒，甚至面對相互矛盾的信息。部門之間也存在互相扯皮的問題，某件事只要有一個部門反對，就不容易辦成。尤其當沒有清楚的先例和流程時，辦事人員會在部門之間"踢皮球"，或者乾脆推給上級，所以權力與決策會自然而然向上集中。制度設計的一大任務就是要避免把過多決策推給上級，減輕上級負擔，提高決策效率，所以體制內簡化決策流程的原則之一，就是盡量在能達成共識的最低層級上解決問題。[2]若是部門事務，本部門領導就可以決定；若是經常性的跨部門事務，則設置上級"分管領導"甚至"領導小組"來協調推進。比如經濟事務，常常需要財政、工商、稅務、

1　省委或市委的直屬機構一般包括辦公廳、紀委、政法委、組織部、宣傳部、統戰部、機關和政策研究部門。在組織人事、政法、教育宣傳等領域內，黨委有獨立於政府的職能部門，但在財經領域，黨政之分通常並不重要。當然，在中央層面有一些直屬小組，負責領導主要經濟政策的制定，比如中央財經委員會。

2　這項原則來自美國布魯金斯學會李侃如的觀察，他的著作（2010）對中國政治和政府的觀察與分析很有見地。

發改委等多部門配合，因為發展經濟是核心任務，所以地方大都有分管經濟的領導，級別通常較高，比如常務副市長（一般是市委常委）。

官僚體系。所有規章制度都必須由人來執行和運作。同樣的制度在不同的人手中，效果可能完全不同，所以無論是國家還是公司，人事制度都是組織機構的核心。我國是世界上第一個發展出完善、專業、複雜的官僚體系的國家。早在秦統一六國之前，各國就已開始通過軍功和學問等渠道來吸納人才，且官職不可繼承，逐漸削弱由血緣關係決定的貴族統治體系。唐朝以後，以科舉為基礎、具有統一意識形態的龐大官僚體系，成為政治和社會穩定的支柱之一。[1] 科舉選拔出的官僚，既為政治領導，也為道德表率，不僅是政治體制的核心，也是維護國家和社會統一的文化與意識形態載體。這一體系的三大特點延續至今：官員必須學習和貫徹統一的意識形態；官員由上級任命；地方主官需要在多地輪換任職。在維持大一統的前提下，這些特點都是央地關係平衡在人事制度上的體現。

總的來說，我國有一套立足於自身歷史和文化的政治制度。像所有政治制度一樣，實際的權力運作與紙面的規章制度並不完全一致，但也絕不是任性隨意的。在任何體制下，權力運作都受到兩種約束：做事的能力及做事的意願。前者取決於掌握的資源，後者取決於各方的積極性和主動性。接下來我們就來討論這些約束條件的影響。

第二節　外部性與規模經濟

地方政府權力的範圍和邊界，由行政區劃決定。我國實行"屬地管理"，地方事權與行政區劃密不可分，所以我們先從行政區劃角度來分析權力劃

1　斯坦福大學政治學教授福山在其著作（2014）中闡述了現代政治秩序的三大基石：政府、法治、民主。其中的"政府"，也就是脫離血緣關係、由專門人才主導的管理機構，起源於中國。香港中文大學金觀濤和劉青峰的著作（2010）曾用"超穩定結構"來描述歷經王朝更迭的中國古代社會，這一結構由經濟、政治、意識形態三大子系統組成。具有統一意識形態的官僚和儒生，是該結構日常運作的關鍵，也是在結構破裂和王朝崩潰之後修復機制的關鍵。世界歷史上，王朝崩潰並不罕見，但只有中國能在崩潰後不斷修復和延續，歷經千年。

分。影響行政區劃的首要因素是"外部性",這是個重要的經濟學概念,簡單來說就是人的行為影響到了別人。在公共場合抽煙,讓別人吸二手煙,是負外部性;打流感疫苗,不僅自己受益,也降低了他人的感染風險,是正外部性。

一件事情該不該由地方自主決定,可以從外部性的角度來考慮。若此事只影響本地,沒有外部性,就該由本地全權處理;若還影響其他地方,那上級就該出面協調。比如市裏建個小學,只招收本市學生,那市裏就可以做決定。但如果本市工廠污染了其他城市,那排污就不能只由本市說了算,需要省裏協調。如果污染還跨省,可能就需要中央來協調。因此行政區域大小應該跟政策影響範圍一致。若因行政區域太小而導致影響外溢、需要上級協調的事情過多,本級政府也就失去了存在的意義。反過來講,行政區劃也限定了地方可調配的資源,限制了其政策的影響範圍。

公共物品和服務的邊界

按照經典經濟學的看法,政府的核心職能是提供公共物品和公共服務,比如國防和公園。這類物品一旦生產出來,大家都能用,用的人越多就越划算 —— 因為建造和維護成本也分攤得越薄,這就是"規模經濟"。但絕大部分公共物品只能服務有限人群。一個公園雖然免費,但人太多就會擁擠,服務質量會下降,且住得遠的人來往不便,所以公園不能只建一個。一個城市總要劃分成不同的區縣,而行政邊界的劃分跟公共服務影響範圍有關。一方面,因為規模經濟,覆蓋的人越多越划算,政區越大越好;另一方面,受制於人們獲取這些服務的代價和意願,政區不能無限擴大。[1]

這道理看似不起眼,但可以幫助我們理解很多現象,小到學區劃分、大到國家規模。比如,古代王朝搞軍事擴張,朝廷就要考慮擴張的限度。即便

---

1 本節依據的理論由哈佛大學經濟學教授阿爾伯托‧阿萊西納(Alberto Alesina)及其合作者在一系列開創性論文中提出並完善。相關的數學模型、經驗證據、歷史和現實案例,都收入在他們的書中(Alesina and Spolaore, 2003)。在本節的寫作過程中,阿萊西納教授於 2020 年 5 月 23 日突發疾病離世,享年 63 歲。這是現代政治經濟學研究的重大損失。

有實力，是否就越大越好？政府職能會不會鞭長莫及？邊遠地區的人是否容易教化和統治？漢武帝時武功極盛，但對國家資源的消耗也大。等到其子昭帝繼位，便召開了歷史上著名的"鹽鐵會議"，辯論武帝時的種種國策，其會議記錄就是著名的《鹽鐵論》。其中《地廣第十六》中就有關於國土擴張的辯論，反對方說："秦之用兵，可謂極矣，蒙恬斥境，可謂遠矣。今踰蒙恬之塞，立郡縣寇虜之地，地彌遠而民滋勞……張騫通殊遠，納無用，府庫之藏，流於外國……"意思是邊遠之地物產沒什麼用，人也野蠻，而且那麼遠，制度也不容易實施，實在沒必要擴張。這些話頗有道理，支持方不易反駁，於是就開始了人身攻擊。[1]

其實按照我們的理論，人身攻擊大可不必，若想支持擴張，多說說規模經濟的好處便是。美國獨立戰爭結束後，13 個州需要決定是否建立一個中央聯邦政府。反對的人不少。畢竟剛打跑了英國主子，何必馬上給自己立個新主子？所以贊同的人就得想辦法說服民眾，宣傳聯邦的好處，他們寫了不少文章，這些小文章後來就成了美國的國民經典《聯邦黨人文集》。其中編號第13 的文章出自漢密爾頓之手，正是講一個大政府比 13 個小政府更省錢的道理，也就是規模經濟。

政府公共服務的覆蓋範圍也與技術和基礎設施有關。比如《新聞聯播》，是不是所有人都有電視或網絡可以收看？是不是所有人都能聽懂普通話？是不是所有人的教育水平都能聽懂基本內容？這些硬件和軟件的基礎非常重要。所以秦統一六國後，立刻就進行了"車同軌、書同文"以及統一貨幣和度量衡的改革。

以公共物品的規模經濟和邊界為切入點，也可以幫助理解中央和地方政

1　這段人身攻擊有些名氣，大約是古今中外某些當權者辱罵知識分子的通用套路，大意如下：你智商要真高，怎麼做不了官？你財商要真高，怎麼那麼窮？你們不過是些誇誇其談之輩，地位不高還要質疑上司，窮成那樣還說富人的壞話，樣子清高實則卑鄙，妄發議論，嘩眾取寵。俸祿吃不飽，家裏沒餘糧，破衣爛衫，也配談論朝堂大事？何況拓邊打仗之事呢！（原文為："挾管仲之智者，非為廝役之使也。懷陶朱之慮者，不居貧困之處。文學能言而不能行，居下而訕上，處貧而非富，大言而不從，高厲而行卑，誹譽訾議，以要名采善於當世。夫祿不過秉握者，不足以言治，家不滿甔石者，不足以計事。儒皆貧羸，衣冠不完，安知國家之政，縣官之事乎？何鬥闢造陽也！"）

府在分工上的一些差異。比如國防支出幾乎全部歸中央負擔，因為國防體系覆蓋全體國民，不能遺漏任何一個省。而中小學教育受制於校舍和老師等條件，規模經濟較小，主要覆蓋當地人，所以硬件和教師支出大都歸地方負擔。但教材內容卻不受物理條件限制，而且外部性極強。如果大家都背誦李白、杜甫、司馬遷的作品，不僅能提高自身素養，而且有助於彼此溝通，形成共同的國民意識，在一些基本問題和態度上達成共識。所以教育的日常支出雖由地方負責，但教材編制卻由中央主導，教育部投入了很多資源。2019年底，教育部印發《中小學教材管理辦法》，加強了國家統籌，對思想政治（道德與法治）、語文、歷史課程教材，實行國家統一編寫、統一審核、統一使用。

假如各個市、各個縣所提供的公共服務性質和內容都差不多，基礎設施水平也沒什麼差異，那各地的行政區劃面積是不是就該相等呢？當然也不是，還要取決於影響公共服務效果的其他因素。

人口密度、地理與文化差異

第一個重要因素是人口密度。我國幅員遼闊，但人口分佈極不平衡。如果從黑龍江的璦琿（今黑河市南）到雲南的騰衝之間畫一條直線，把國土面積一分為二，東邊佔了 43% 的面積卻住了 94% 的人口，而西邊佔了 57% 的面積卻只住了 6% 的人口。[1] 西邊人口密度比東邊低得多，行政單位面積自然就大得多。面積最大的四個省級單位（新疆、西藏、內蒙古、青海）都在西邊，合計佔國土面積的一半。新疆有些地區的面積比東部一個省的面積還要大，但人口卻尚不及東部一個縣多。[2]

按人口密度劃分行政區域的思路非常自然。提供公共物品和服務需要成本，人多，不僅稅收收入多，而且成本能攤薄，實現規模收益。人口稠密的地方，在比較小的範圍內就可以服務足夠多的人，實現規模收益，因此行

1　這條線的提出者是華東師範大學已故地理學家胡煥庸先生，故也被稱為"胡煥庸線"。

2　廣東省人口數量超過百萬的縣級單位有幾十個，任何一個都比新疆的阿勒泰或哈密地區的總人口多。

政區域面積可以小一些；而地廣人稀的地方，行政區域就該大一些。中國歷代最重要的基層單位是縣，而縣域的劃分要依據人口密度，這是早在秦漢時期就定下的基本規則之一，所謂"民稠則減，稀則曠"（《漢書‧百官公卿表》）。隨著人口密度的增加，行政區域的面積應該越變越小，數目則應該越變越多。所以隨著古代經濟中心和人口從北方轉移到南方，行政區劃也就慢慢從"北密南稀"變成了"南密北稀"。以江西為例，西漢時轄 19 縣，唐朝變成 34 縣，南宋時更成為糧食主產區，達到 68 縣，清朝進一步變成 81 縣。[1]

　　第二個重要因素是地理條件。古代交通不便，山川河流也就成了行政管理的自然邊界，歷史地理學家稱之為"隨山川形便"，由唐朝開國後提出："然天下初定，權置州郡頗多，太宗元年，始命併省，又因山川形便，分天下為十道"（《新唐書‧地理志》）。所謂"十道"，基本沿長江、黃河、秦嶺等自然邊界劃分。唐後期演化為 40 餘方鎮，很多也以山川為界，比如江西和湖南就以羅霄山脈為界，延續至今。現今省界中仍有不少自然邊界：海南自不必說，山西、陝西以黃河為界，四川、雲南、西藏則以長江（金沙江）為界，湖北、重慶以巫山為界，廣東、廣西則共屬嶺南。

　　第三個重要因素是語言文化差異。漢語的方言間有差異，漢語與少數民族語言也有差異。若語言不通，政務管理或公共服務可能就需要差異化，成本會因此增加，規模收益降低，從而影響行政區域劃分。當然，語言差異和地理差異高度相關。方言之形成，多因山川阻隔而交流有限。世界範圍內，一國若地形或適耕土地分佈變異大，人口分佈就比較分散，國內的語言變異往往也就更豐富。[2]

　　我國各省間方言不同，影響了省界劃分。而省內市縣之間，口音也常有差異，這影響了省內的行政區劃。浙江以吳語方言複雜多變聞名，而吳語方言的分佈與省內地市的劃分高度重合：台州屬於吳語台州片，溫州屬於甌江片，金華則屬於婺州片。同一市內，語言文化分佈也會影響到區縣劃分。杭

1　　數據來自復旦大學歷史地理學家周振鶴的著作（2014）。下一段內容也多取材自該書。

2　　地理和語言多樣性之間的關係，來自布朗大學米哈洛普洛斯（Michalopoulos）的研究（2012）。

州下轄的淳安和建德兩縣，屬於皖南的徽文化和徽語區，而其他縣及杭州市區，則屬於吳語區的太湖片。感興趣的讀者可以對比行政區劃地圖與《中國語言地圖集》，非常有意思。

　　理解了這些因素，就能理解很多政策和改革。比如，隨著經濟活動和人口集聚，需要打破現有的行政邊界，在更大範圍內提供無縫對接的標準化公共服務，所以就有了各種都市圈的規劃，有些甚至上升到了國家戰略，比如長三角一體化、京津冀一體化、粵港澳大灣區等。再比如，地理阻隔不利溝通，但隨著基礎設施互聯互通，行政區劃也可以簡化，比如撤縣設區。此外，理解了方言和文化的多樣性，也就理解了推廣普通話和共同的文化歷史教育對維護國家統一的重要性。

　　當然，無論是人口密度、地理還是語言文化，都只是為理解行政區劃勾勒了一個大致框架，無法涵蓋所有複雜情況。其一，人口密度變化頻繁，但行政區域的調整要緩慢得多。雖然一些人口流入地可以“撤縣建區”來擴張城市，但人口流出地卻很少因人口減少去裁撤行政單位，一般只是合併一些公共設施來降低成本，比如撤併農村中小學。其二，古代行政區劃除“隨山川形便”外，也遵循“犬牙交錯”原則，即為了政治穩定需要，人為打破自然邊界，不以天險為界來劃分行政區，防止地方勢力依天險製造分裂。元朝在這方面走了極端，設立的行省面積極大，幾乎將主要天險完全消融在各行省內部，但效果並不好。其三，方言與文化區域經常被行政區劃割裂。比如客家話雖是主要方言，但整個客家話大區被江西、福建、廣東三省分割。再比如有名的蘇南、蘇北之分：蘇州、無錫、常州本和浙江一樣同屬吳語區，卻與講江淮官話的蘇北一道被劃進了江蘇省。

行政交界地區的經濟發展

　　我國經濟中有個現象：處在行政交界（尤其是省交界處）的地區，經濟發展普遍比較落後。省級的陸路交界線共 66 條，總長度 5.2 萬公里，按邊界兩側各 15 公里計算，總面積約 156 萬平方公里，佔國土面積的六分之一。然而，在 2012 年 592 個國家扶貧開發工作重點縣中，卻有超過一半位於省交界處，貧困發生率遠高於非邊界縣。[1]

這一俗稱 "三不管地帶" 的現象，也可以用公共物品規模效應和邊界的理論來解釋。首先，一省之內以省會為政治經濟中心，人口最為密集，公共物品的規模經濟效應最為顯著。但幾乎所有省會（除南京和西寧外）無一臨近省邊界，這種地理距離限制了邊界地區獲取公共資源。其次，省邊界的劃分與地理條件相關。諸多省界縣位於山區，坡度平均要比非省界縣高 35%，不利於經濟發展，比如山西、河北邊界的太行山區，江西、福建邊界的武夷山區，湖北、河南、安徽邊界的大別山區等。再次，省界劃分雖與方言和地方文化有關，但並不完全重合。一省之內主流文化一般集中在省會周圍，而省界地區往往是本省的非主流文化區，其方言也有可能與主流不同。比如江西、福建、廣東交界處的客家話區，與三省主流的贛語、閩語、粵語都不相同。再比如安徽北部，基本屬於河南、山東一脈的中原官話區，與省內主流的江淮官話不同。這些邊界地區，在本省之內與主流文化隔閡，而與鄰省同文化區的交流又被行政邊界割裂，不利於經濟發展。[2]

這些因素在民國時期已存在，所以 "三不管地帶" 才為革命時期的中國共產黨提供了廣闊空間。家喻戶曉的革命聖地井岡山，就位於湖南、江西交界處的羅霄山脈之中。其他很多著名的革命根據地也在省界處，比如陝甘寧邊區、晉察冀邊區、鄂豫皖邊區、湘鄂贛邊區等。紅軍長征中非常重要的 "四渡赤水"，就發生在川黔滇邊界的赤水河地區。[3]

從公共物品角度看，邊界地區首先面臨的是基礎設施如道路網絡的不足。20 世紀八九十年代，省邊界處的 "斷頭路" 並不罕見。1992 年我從內蒙古乘車到北京，途經山西和河北，本來好好的路，到了省界處路況就變差，常常要繞小道。若是晚間，還有可能遇到 "路霸"。即使到了 2012 年，路網

1　地理數據來自北京大學周黎安的著作（2017），貧困縣數據來自上海財經大學唐為的論文（2019）。

2　本段中坡度的數據來自上海財經大學唐為的論文（2019）。廣東外語外貿大學的高翔與廈門大學的龍小寧（2016）則指出，文化與本省主流不同的省界地區，經濟發展相對落後。

3　關於革命根據地的內容，來自北京大學韓茂莉的著作（2015）。

交通中的"邊界效應"（省界地區路網密度較低）依然存在，雖然比以前改善了很多。即使在排除了經濟發展、人口密度、地形等因素之後，"邊界效應"也還是存在的，不過只限於由省政府投資的高速公路和省道中，在由中央政府投資的國道和鐵路中則不存在，可見省政府不會把有限的資源優先配置到邊界地區。[1] 隨著經濟發展和我國基礎設施建設的突飛猛進，如今省界處的交通已不再是大問題。

另一個曾長期困擾邊界公共治理的問題是環境污染，尤其是跨省的大江、大河、大湖，比如淮河、黃河、太湖等流域的污染。這是典型的跨區域外部性問題。直到中央在 2003 年提出"科學發展觀"，並且在"十五"和"十一五"規劃中明確了降低水污染的具體目標之後，水質才開始顯著改善。但省界處的問題依然沒有完全解決。一些省份把水污染嚴重的企業集中到了本省邊緣的下游區域，雖然本省的平均污染水平降低了，下游省份的污染卻加重了。[2]

跨區域外部性問題可以通過跨區域的共同上級來協調，這也是為什麼行政區域不僅要做橫向劃分，也要做縱向的上下級劃分。下級之間一旦出現了互相影響、難以單獨決斷的事務，就要訴諸上級決策。反過來看，各級政府的權力都是由上級賦予的，而下放哪些權力也和外部性有關。在外部性較小的事務上，下級一般會有更大決策權。雖然從原則上說，上級可以干預下級的所有事務，但在現實工作中，干預與否、干預到什麼程度、能否達到干預效果，都受制於公共事務的外部性大小、規模經濟、跨地區協調的難度等。

行政邊界影響經濟發展，地方保護主義和市場分割現象今天依然存在，尤其在生產要素市場上，用地指標和戶籍制度對土地和人口流動影響很大。從長期看，消除這種現象需要更深入的市場化改革。但在中短期內，調整行政區劃、擴大城市規模乃至建設都市圈也能發揮作用。目前的行政區劃繼承自古代社會和計劃經濟時期，並不能完全適應工業與現代服務業急速的發展

1　關於道路密度的研究來自上海財經大學唐為的論文（2019）。

2　工業水污染向本省下游區域集中這個現象，來自香港大學蔡洪斌、北京大學陳玉宇和北卡羅來納大學宮晴等人的論文（Cai, Chen and Gong, 2016）。

和集聚。而且在像中國這樣一個地區差異極大的大國，建設產品和要素的全國統一大市場必然是個長期過程，難免要先經過區域性整合。

區域性整合的基本單位是城市，但在城市內部，首先要整合城鄉。在市管縣體制下，隨著城市化的發展，以工業和服務業為經濟支柱的市區和以農業為主的縣城之間，對公共服務需求的差別會越來越大。調和不同需求、利用好有限的公共資源，就成了一大難題。改革思路有二：一是加強縣的獨立性和自主性，弱化其與市區的聯繫。第二章將展開討論這方面的改革，包括擴權強縣、撤縣設市、省直管縣等。二是擴張城市，撤縣設區。1983—2015年，共有92個地級市撤併了134個縣或縣級市。[1] 比如北京市原來就8個區，現在是16個，後來的8個都是由縣改區，如通州區（原通縣）和房山區（原房山縣）。上海現有16個市轄區，青浦、奉賢、松江、金山等區也是撤縣設區改革的結果。

撤縣設區擴張了城市面積，整合了本地人口，將縣城很多農民轉化為了市民，有利於充分利用已有的公共服務，發揮規模收益。很多撤縣設區的城市還吸引了更多外來人口。[2] 這些新增人口擴大了市場規模，刺激了經濟發展。撤縣設區也整合了對城市發展至關重要的土地資源。隨著區縣合併，市郊縣的大批農村土地被轉為城市建設用地，為經濟發展提供了更大空間。但在這個過程中，由於城鄉土地制度大不相同，產生了很多矛盾和衝突，之後章節會詳細討論。

第三節　複雜信息

中國有句老話叫"山高皇帝遠"，常用來形容本地當權者恣意妄為、肆無忌憚，因為朝廷不知情，也就管不了，可見信息對權力的影響。行之有效的管理，必然要求掌握關鍵信息。然而信息複雜多變，持續地收集和分析信息

1　數據來自南開大學邵朝對、蘇丹妮、包群等人的論文（2018）。

2　上海財經大學唐為和華東師範大學王媛的論文（2015）發現撤縣設區會增加外來人口。

需要投入大量資源，代價不小。所以有信息優勢的一方，或者說能以更低代價獲取信息的一方，自然就有決策優勢。

信息與權力

　　我國政府各層級之間的職能基本同構，上級領導下級。原則上，上級對下級的各項工作都有最終決策權，可以推翻下級所有決定。但上級不可能掌握和處理所有信息，所以很多事務實際上由下級全權處理。即使上級想干預，常常也不得不依賴下級提供的信息。比如上級視察工作，都要聽取下級彙報，內容是否可靠，上級不見得知道。如果上級沒有獨立的信息來源，就可能被下級牽著鼻子走。

　　所以上級雖然名義上有最終決定權，擁有 "形式權威"，但由於信息複雜、不易處理，下級實際上自主性很大，擁有 "實際權威"。維護兩類權威的平衡是政府有效運作的關鍵。若下級有明顯信息優勢，且承擔主要後果，那就該自主決策。若下級雖有信息優勢，但決策後果對上級很重要，上級就可能多干預。但上級干預可能會降低下級的工作積極性，結果不一定對上級更有利。[1]

　　以國企改革為例。一家國企該由哪一級政府來監管？該是央企、省屬國企，還是市屬國企？雖然政府名義上既管轄本級國企，也管轄下級國企，但下級國企實際上主要由下級政府管轄。在國企分級改革中，獲取信息的難易程度是重要的影響因素。如果企業離上級政府很遠，交通不便，且企業間差異又很大，上級政府就很難有效處理相關信息，所以更可能下放管轄權。但如果企業有戰略意義，對上級很重要，那無論地理位置如何，都由上級管轄。[2]

　　在實際工作中，"上級干預" 和 "下級自主" 之間，沒有黑白分明的區別，是個程度問題。工作總要下級來做，不可能沒有一點自主性；下級也總

1　"形式權威"（formal authority）和 "實際權威"（real authority）的理論，來自哈佛大學阿吉翁（Aghion）與諾貝爾經濟學獎得主圖盧茲大學梯若爾（Tirole）的論文（1997）。

2　關於信息和國企分級的關係，來自清華大學黃張凱、北京大學李力行、中國人民大學馬光榮與世界銀行徐立新等人的論文（Huang et al., 2017）。

要接受上級的監督和評價，不可能完全不理上級意見。但無論如何，信息優
勢始終是權力運作的關鍵要素。下級通常有信息優勢，所以如果下級想辦某
件事，只要上級不明確反對，一般都能辦，即使上級反對也可以變通著幹，
所謂"縣官不如現管"；如果下級不想辦某事，就可以拖一拖，或者乾脆把皮
球踢給上級，頻繁請示，讓沒有信息優勢的上級來面對決策的困難和風險，
最終很可能就不了了之。即使是上級明確交代的事情，如果下級不想辦，那
辦事的效果也會有很大的彈性，所謂"上有政策，下有對策"。

　　實際權威來自信息優勢，這一邏輯也適用於單位內部。單位領導雖有形
式權威和最終決策權，但具體工作大都要求專業知識和經驗，所以專職辦事
的人員實際權力很大。比如古代的官和吏，區別很大。唐朝以後，"官"基本
都是科舉出身的讀書人，下派到地方任職幾年，大多根本不熟悉地方事務，
所以日常工作主要依靠當地的"吏"。這些生於斯長於斯的吏，實際權力大得
很，是地方治理的支柱，不但不受官員調動的影響，甚至不受改朝換代的影
響。清人朱克敬《瞑庵雜識》中有一位吏的自我定位如下："凡屬事者如客，
部署如車，我輩如御，堂司官如騾，鞭之左右而已。"意思是說衙門就像車，
來辦事就像坐車，當官的是騾子，我們才是車把式，決定車的方向。[1]

　　信息複雜性和權力分配是個普遍性的問題，不是中國特色。在各國政府
中，資深技術官僚都有信息優勢，在諸多事務上比頻繁更換的領導實權更
大。比如英國的內閣部門長官隨內閣選舉換來換去，而各部中工作多年的常
務次官（permanent secretary）往往更有實權。著名的英國政治喜劇《是，大
臣》（Yes, Minister）正是講述新上任的大臣被常務次官耍得團團轉的故事。

　　上節討論過的限制公共服務範圍的諸多因素，如人口密度、地理屏障、
方言等，也可以視作收集信息的障礙。因此信息不僅可以幫助理解上下級的
分權，也可以幫助理解平級間的分權。行政區劃，不僅受公共服務規模經濟
的影響，也受獲取信息比較優勢的影響。

1　中國自魏晉以來出現"官吏分途"，即官吏雖同在官僚機構共生共事，但在錄用、晉升、俸祿等方面相互隔
　絕。對這一制度流變的分析描述及對理解當今官僚體系的啟示，讀者可參考斯坦福大學周雪光（2016）與
　北京大學周黎安（2016）的精彩文章。

信息獲取與隱瞞

獲取和傳遞信息需要花費大量時間精力，上級要不斷向下傳達，下級要不斷向上彙報，平級要不斷溝通，所以體制內工作的一大特點就是"文山會海"。作為信息載體的文件和會議也成了權力的載體之一，而一套複雜的文件和會議制度就成了權力運作不可或缺的部分。

我國政府上下級之間與各部門之間的事權，大都沒有明確的法律劃分，主要依賴內部規章制度，也即各類文件。為了減少信息傳遞的失真和偏誤，降低傳遞成本，文件類型有嚴格的區分，格式有嚴格的規範，報送有嚴格的流程。按照國務院 2012 年最新的《黨政機關公文處理工作條例》（以下簡稱《條例》），公文共分 15 種，既有需要下級嚴格執行的"決定"和"命令"，也有可以相對靈活處理的"意見"和"通知"，還有信息含量較低的"函"和"紀要"等。每種公文的發文機關、主送機關、緊急程度以及密級，都有嚴格規定。為了防止信息氾濫，公文的發起和報送要遵循嚴格的流程。比如說，《條例》規定，"涉及多個部門職權範圍內的事務，部門之間未協商一致的，不得向下行文"，這也是為了減少產生無法落實的空頭文件。

會議制度也很複雜。什麼事項該上什麼會，召集誰來開會，會議是以討論為主還是需要做出決定，這些事項在各級政府中都有相應的制度。比如在中央層面，就有中央政治局常委會會議、中央政治局會議、中央工作會議、中央委員會全體會議、黨的全國代表大會等。

因為關鍵信息可能產生重大實際影響，所以也可能被利益相關方有意扭曲和隱瞞，比如地方的 GDP 數字。政府以經濟建設為中心，國務院每年都有 GDP 增長目標，所以 GDP 增長率的高低也是衡量地方官員政績的重要指標。[1] 絕大部分省份公佈的增長目標都會高於中央，而絕大多數地市的增長目標又會高於本省。比如 2014 年中央提出的增長目標是 7.5%，但所有省設定的目標均高於 7.5%，平均值是 9.7%。到了市一級，將近九成的市級目標高於本

1　2020 年，受新冠肺炎疫情影響，國務院沒有設定 GDP 增長目標，屬 20 餘年來首次。

省，平均值上漲到 10.6%。[1] 這種“層層加碼”現象的背後，既有上級層層施壓和攤派的因素，也有下級為爭取表現而主動加壓的因素。但這些目標真能實現麼？2017—2018 年兩年，不少省份（如遼寧、內蒙古、天津等）主動給 GDP 數字“擠水分”，幅度驚人，屢見報端。

　　因為下級可能扭曲和隱瞞信息，所以上級的監督和審計就非常必要，既要巡視督察工作，也要監督審查官員。但監督機制本身也受信息的制約。我舉兩個例子，第一個是國家土地督察制度。城市化過程中土地價值飆升，違法現象（越權批地、非法佔用耕地等）層出不窮，且違法主體很多是地方政府或相關機構，其下屬的土地管理部門根本無力防範和懲處。2006 年，中央建立國家土地督察制度，在國土資源部（現改為自然資源部）設立國家土地總督察（現改為國家自然資源總督察），並向地方派駐國家土地監督局（現改為國家自然資源督察局）。這一督察機制總體上遏制了土地違法現象。但中央派駐地方的督察局只有 9 個，在督察局所駐城市，對土地違法的震懾和查處效果比其他城市更強，這種明顯的“駐地效應”折射出督察機制受當地信息制約之影響。[2]

　　第二個例子是水污染治理。與 GDP 數字相比，水污染指標要簡單得多，收集信息也不複雜，所以中央環保部門早在 20 世紀 90 年代就建立了“國家地表水環境監測系統”，在各主要河流和湖泊上設置了水質自動監測站，數據直報中央。但在 20 世紀 90 年代，經濟發展目標遠比環保重要，所以這些數據主要用於科研而非環保監督。2003 年，中央提出“科學發展觀”，並且在“十五”和“十一五”規劃中明確了降低水污染的具體目標，地方必須保證達標。雖然數據直報系統杜絕了數據修改，但並不能完全消除信息扭曲。一個監測站只能監測上游下來的水，監測不到本站下游的水，所以地方政府只要重點降低監測站上游的企業排污，就可以改善上報的污染數據。結果與監測

1　數據及關於 GDP 指標“層層加碼”現象的詳細討論，見北京大學厲行、劉沖、翁翕、周黎安等人的論文（Li et al., 2019）。

2　9 個駐地是：北京、瀋陽、上海、南京、濟南、廣州、武漢、成都、西安。關於“駐地效應”的檢驗，來自湖南商學院的陳曉紅、朱蕾和中南大學汪陽潔等人的論文（2018）。

站下游的企業相比，上游企業的排放減少了近六成。雖然總體污染水平降低了，但污染的分佈並不合理，上游企業承擔了過度的環保成本，可能在短期內降低了其總體效益。[1]

　　正因為信息複雜多變，模糊不清的地方太多，而政府的繁雜事權又沒有清楚的法律界定，所以體制內的實際權力和責任都高度個人化。我打個比方來說明規則模糊不清和權力個人化之間的關係。大學老師考核學生一般有兩種方式：考試或寫論文。若考卷都是標準化的選擇題，那老師雖有出題的權力，但不能決定最後得分。但若考卷都是主觀題，老師給分的自由度和權力就大一些。若是研究生畢業論文，不存在嚴格的客觀判斷標準，導師手中的權力就更大了，所以研究生稱導師為 “老闆”，而不會稱其他授課教師為 “老闆”。

　　如果一件事的方方面面都非常清楚，有客觀評價的標準，那權力分配就非常簡單：參與各方立個約，權責利都協商清楚，照辦即可。就像選擇題的答題卡一樣，機器批閱，沒有模糊空間，學生考 100 分就是 100 分，老師即使不喜歡也沒有辦法。但大多數事情都不可能如此簡單清楚，千頭萬緒的政府工作尤其如此：一件事該不該做？要做到什麼程度？怎麼樣算做得好？做好了算誰的功勞？做砸了由誰負責？這些問題往往沒有清楚的標準。一旦說不清楚，誰說了算？所謂權力，實質就是在說不清楚的情況下由誰來拍板決策的問題。[2] 如果這種說不清的情況很多，權力就一定會向個人集中，這也是各地區、各部門 “一把手負責制” 的根源之一，這種權力的自然集中可能會造成專權和腐敗。

　　因為信息複雜，不可信的信息比比皆是，而權力和責任又高度個人化，

1　關於水質監測站與臨近企業排放行為的討論，來自香港科技大學何國俊、芝加哥大學王紹達和南京大學張炳等人的論文（He, Wang and Zhang, 2020）。

2　從經濟學的合同理論出發，合同不可能事先寫清楚所有情況，所以權力的實質就是在這些不確定情況下的決定權，可以稱為 “剩餘控制權”（residual control rights）。以這種視角來分析權力的理論始於諾貝爾經濟學獎得主、哈佛大學教授奧利弗·哈特（Oliver Hart），詳見其著作（1995）。他用 “剩餘控制權” 的思路去理解 “產權” 的本質，即在合同說不清楚的情況下對財產的處置權。而更加廣泛的權力或權威，可以視為在各種模糊情況下的決定權。

所以體制內的規章制度無法完全取代個人信任。上級在提拔下級時，除考慮工作能力外，關鍵崗位上都要盡量安排信得過的人。

第四節　激勵相容

如果一方想做的事，另一方既有意願也有能力做好，就叫激勵相容。政府內部不僅要求上下級間激勵相容，也要求工作目標和官員自身利益之間激勵相容。本節只討論前者，第三章再討論官員的激勵。

上級政府想做的事大概分兩類，一類比較具體，規則和流程相對明確，成果也比較容易衡量和評價。另一類比較抽象和寬泛，比如經濟增長和穩定就業，上級往往只有大致目標，需要下級發揮主動性和創造性調動資源去達成。對於這兩類事務，事權劃分是不同的。

垂直管理

在專業性強、標準化程度高的部門，具體而明確的事務更多，更傾向於垂直化領導和管理。比如海關，主要受上級海關的垂直領導，所在地政府的影響力較小。這種權力劃分符合激勵相容原則：工作主要由系統內的上級安排，所以績效也主要由上級評價，而無論是職業升遷還是日常福利，也都來自系統內部。

還有一些部門，雖然工作性質也比較專業，但與地方經濟密不可分，很多工作需要本地配合，如果完全實行垂直管理可能會有問題。比如工商局，在 1999 年的改革中，"人財物"收歸省級工商部門統管，初衷是為了減少地方政府對工商部門的干擾，打破地方保護，促進統一市場形成。但隨著市場經濟的蓬勃發展和多元化，工商局的行政手段的效力一直在減弱，而垂直管理帶來的激勵不相容問題也越來越嚴重。工商工作與所在地區密不可分，但因為垂直管理，當地政府對工商系統的監督和約束都沒有力度。在一系列事故尤其是 2008 年震動全國的"毒奶粉"事件之後，2011 年中央再次改革，恢復省級以下工商部門的地方政府分級管理體制，經費和編制由地方負擔，幹部升遷改為地方與上級工商部門雙重管理，以地方管理為主。[1] 2018 年機構改革後，工商局併入市場監督管理局，由地方政府分級管理。

　　所有面臨雙重領導的部門，都有一個根本的激勵機制設計問題：到底誰是主要領導？工作應該向誰負責？假如所有領導的目標和利益都一樣，激勵機制就不重要。在計劃經濟時代，部門間沒什麼大的利益衝突，所以對幹部進行意識形態教化相對有效，既能形成約束，也有利於交流和推進工作。但在市場經濟改革之後，利益不僅大了，而且多元化了，部門之間、上下級之間的利益衝突時有發生，"統一思想"和"大局觀"雖依然重要，但只講這些就不夠了，需要更加精細的激勵機制。最起碼，能評價和獎懲工作業績的上級，能決定工作內容的上級，受下級工作影響最大的上級，應該盡量是同一上級。

　　當上下級有衝突的時候，改革整個部門的管理體制只是解決方式之一，有時"微調"手段也很有效。拿環保來說，在很長一段時間內，上級雖重視環境質量，但下級擔心環保對經濟發展的負面影響。上下級間的激勵不相容，導致政策推行不力，環境質量惡化。[2] 但隨著技術進步，中央可以直接監控污染企業。2007 年，國家環保總局把一些重污染企業納入國家重點監控企業名單，包括 3 115 家廢水排放企業，3 592 家廢氣排放企業，以及 658 家污水處理廠。這些企業都要安裝一套系統，自動記錄實時排放數據並直接傳送到國家環保監控網絡。這套技術系統限制了數據造假，加強了監管效果，大幅降低了污染，但沒有從根本上改變環保管理體制，日常執法依然由地方環

1　參見 2011 年發佈的《國務院辦公廳關於調整省級以下工商質監行政管理體制加強食品安全監管有關問題的通知》，此文件現已失效。

2　除環保之外，其他領域內也有類似衝突：上級重視質量而下級重視成本，下級為了降低成本會不惜損害質量。這種衝突並不總是因為雙方信息不對稱。即便沒有信息問題，也有能力問題。只要上級沒有能力完全取代下級，這種衝突就可能會發生。此時放權會降低質量，收權又會降低工作效率，就需要妥協和平衡。哈佛大學哈特（Hart）、施萊弗（Shleifer）和芝加哥大學維什尼（Vishny）的論文（1997）詳細探討了這類問題。

保部門負責。[1]

　　隨著中央越來越重視環保，跨地區協調的工作也越來越多，環保部門的權力也開始上收。2016 年，省級以下環保機構調整為以省環保廳垂直領導為主，所在地政府的影響大大降低。這次調整吸取了工商行政管理體制改革中的一些教訓。比如在工商部門垂直領導時期，不僅市級領導幹部由省裏負責，市級以下的領導也基本由省裏負責，這就不利於市縣上下級的溝通和制約。所以在環保體制改革中，縣環保局調整為市局的派出分局，由市局直接管理，領導班子也由市局任免。[2]

地方管理

　　對於更宏觀的工作，比如發展經濟，涉及方方面面，需要地方調動各種資源。激勵相容原則要求給地方放權：不僅要讓地方負責，也要與地方分享發展成果；不僅要能激勵地方努力做好，還要能約束地方不要搞砸，也不要努力過頭。做任何事都有代價，最優的結果是讓效果和代價匹配，而不是不計代價地達成目標。若不加約束，地方政府要實現短期經濟高速增長目標並不難，可以盡情揮霍手中的資源，大肆借債、寅吃卯糧來推高增長數字，但這種結果顯然不是最優的。

　　激勵相容原則首先要求明確地方的權利和責任。我國事權劃分的一大特點是 "屬地管理"：一個地區誰主管誰負責，以行政區劃為權責邊界。這跟蘇聯式計劃經濟從上到下、以中央部委為主調動資源的方式不同。屬地管理兼顧了公共服務邊界問題和信息優勢問題，同時也給了地方政府很大的權力，有利於調動其積極性。1956 年，毛澤東在著名的《論十大關係》中論述 "中央和地方的關係" 時就提到了這一點："我們的國家這樣大，人口這樣多，情況這樣複雜，有中央和地方兩個積極性，比只有一個積極性好得多。我們

1　關於國家重點監控企業的研究，來自南京大學張炳、四川大學陳曉蘭、南京審計大學郭煥修等人的論文（Zhang, Chen and Guo, 2018）。2016 年，重點監控企業已經增加到 14 312 家。

2　詳見中央和國務院於 2016 年 9 月聯合印發的《關於省以下環保機構監測監察執法垂直管理制度改革試點工作的指導意見》。

不能像蘇聯那樣，把什麼都集中到中央，把地方卡得死死的，一點機動權也沒有。"

其次是權力和資源的配置要制度化，不能朝令夕改。無論對上級還是對下級，制度都要可信，才能形成明確的預期。制度建設，一方面是靠行政體制改革（比如前文中的工商和環保部門改革）和法制建設，另一方面是靠財政體制改革。明確了收入和支出的劃分，也就約束了誰能調用多少資源，不能花過頭的錢，也不能隨意借債，讓預算約束"硬"起來。

來自外部的競爭也可以約束地方政府。如果生產要素（人、財、物）自由流動，"用腳投票"，做得不好的地方就無法吸引資金和人才。雖然地方政府不是企業，不至於破產倒閉，但減少低效政府手中的資源，也可以提高整體效率。

小結：事權劃分三大原則

第二至第四節討論了事權劃分的三大原則：公共服務的規模經濟、信息複雜性、激勵相容。這三種視角從不同角度出發，揭示現象的不同側面，但現象仍然是同一個現象，所以這三種視角並不衝突。比如行政區劃，既與公共服務的規模有關，也和信息管理的複雜性有關，同時又為激勵機制設定了權責邊界。再比如基礎設施建設，既能擴展公共服務的服務範圍，又能提高信息溝通效率，還可以方便人、財、物流通，增強各地對資源的競爭，激勵地方勵精圖治。

三大原則的共同主題是處理不同群體的利益差別與衝突。從公共服務覆蓋範圍角度看，不同人對公共服務的評價不同，享受該服務的代價不同，所以要劃分不同的行政區域。從信息複雜性角度看，掌握不同信息的人，看法和判斷不同，要把決策權交給佔據信息優勢的一方。從激勵相容角度看，上下級的目標和能力不同，所以要設立有效的機制去激勵下級完成上級的目標。假如不同群體間完全沒有差別和衝突，那事權如何劃分就不重要，對結果影響不大。完全沒有衝突當然不可能，但如果能讓各個群體對利益和代價的看法趨同，也能消解很多矛盾，增強互信。所以國家對其公民都有基本的共同價值觀教育，包括歷史教育和國家觀念教育。而對官員群體，我國自古以來就重視共同價值觀的培養與教化，今天依然如此。

　　上述三個原則雖不足以涵蓋現實中所有的複雜情況，但可以為理解事權劃分勾勒一個大致框架，幫助我們理解目前事權改革的方向。2013 年，黨的十八屆三中全會通過了《中共中央關於全面深化改革若干重大問題的決定》，其中對事權改革方向的闡述就非常符合這些原則："適度加強中央事權和支出責任，國防、外交、國家安全、**關係全國統一市場規則和管理**等作為中央事權；部分社會保障、**跨區域重大項目建設維護**等作為中央和地方共同事權，逐步理順事權關係；區域性公共服務作為地方事權。" [1]

　　2016 年，《國務院關於推進中央與地方財政事權和支出責任劃分改革的指導意見》發佈，將十八屆三中全會的決定進一步細化，從中可以更清楚地看到本章討論的三大原則："要逐步將國防、外交、國家安全、出入境管理、國防公路、國界河湖治理、全國性重大傳染病防治、全國性大通道、全國性戰略性自然資源使用和保護等基本公共服務確定或上劃為中央的財政事權……要逐步將社會治安、市政交通、農村公路、城鄉社區事務等**受益範圍地域性強、信息較為複雜且主要與當地居民密切相關**的基本公共服務確定為地方的財政事權……要逐步將義務教育、高等教育、科技研發、公共文化、基本養老保險、基本醫療和公共衛生、城鄉居民基本醫療保險、就業、糧食安全、跨省（區、市）重大基礎設施項目建設和環境保護與治理等**體現中央戰略意圖、跨省（區、市）且具有地域管理信息優勢**的基本公共服務確定為中央與地方共同財政事權，並明確各承擔主體的職責。"

　　既然是改革的方向，也就意味著目前尚有諸多不完善之處。比如涉及國防和國家安全的事務，原則上都應該主要或完全由中央負責，但國際界河（主要在東北和西南）和海域的管理與治理目前仍主要由地方負責。再比如養老和醫療保險，對形成全國統一的勞動力市場非常重要，應由中央為主

1　引文中的強調格式是作者在引用時加上的，本書餘下部分涉及此類情況皆如此。

管轄，但目前的管理相當碎片化。而對於本該屬於地方的事權，中央雖應保留介入的權力，但過分介入往往會造成地方退出甚至完全放手，效果不一定好。如何從制度上限制過度介入，真正理順事權關係，也需要進一步改革。

第五節　招商引資

　　地方政府的權力非常廣泛。就發展經濟而言，其所能調動的資源和採取的行動遠遠超過主流經濟學強調的 "公共服務" 或 "公共物品" 範圍。地方政府不僅可以為經濟發展創造環境，它本身就是經濟發展的深度參與者，這一點在招商引資過程中體現得淋漓盡致。招商引資不僅是招商局的部門職能，也是以經濟建設為中心的地方政府的核心任務，是需要調動所有資源和手段去實現的目標。很多地方政府都採用 "全民招商" 策略，即幾乎所有部門（包括教育和衛生部門）都要熟悉本地招商政策，要在工作和社交中注意招商機會。

　　要招商，就要有工業園區或產業園區，這涉及土地開發、產業規劃、項目運作等一系列工作，第二章至第四章會詳細解釋。這裏只要了解：地方政府是城市土地的所有者，為了招商引資發展經濟，會把工業用地以非常優惠的價格轉讓給企業使用，並負責對土地進行一系列初期開發，比如 "七通一平"（通電、通路、通暖、通氣、給水、排水、通信，以及平整場地）。

　　對於規模較大的企業，地方通常會給予很多金融支持。比如以政府控制的投資平台入股，調動本地國企參與投資，通過各種方式協助企業獲得銀行貸款，等等。對一些業務比較複雜、所在行業管制較嚴的企業，地方也會提供法律和政策協助。比如一些新能源汽車企業，並沒有生產汽車的牌照，而要獲取牌照（無論是新發，還是收購已有牌照）很不容易，需要和工信部、發改委等中央部門打交道，這其中企業的很多工作都有地方政府的協助。與企業相比，地方政府更加熟悉部委人脈和流程。再比如近年興起的網絡安全和通信服務行業，都受國家管制，需要地方協助企業去獲得各類許可。還有些行業對外商投資有准入限制，也需要地方政府去做很多協助落地的工作。

　　地方政府還可以為企業提供補貼和稅收優惠。補貼方式五花八門，比如研發補貼和出口補貼等。常見的稅收優惠如企業所得稅的"三免三減半"，即對新開業企業頭三年免徵所得稅，之後三年減半徵收。[1] 還有一些針對個人的稅收優惠政策。比如對於規模很大的企業，地方政府常常對部分高管的個人收入所得稅進行返還。我國高收入人群的所得稅邊際稅率很高，年收入超過96萬元的部分稅率是45%，所以稅收返還對高管個人來說有一定吸引力。對企業高管或特殊人才，若有需要，地方政府也會幫助安排子女入學、家人就醫等。

　　創造就業是地方經濟工作的重點，也是維護社會穩定不可或缺的條件。對新設的大中型企業，地方政府會提供很多招工服務，比如協助建設職工宿舍、提供公共交通服務等。大多數城市還對高學歷人才實行生活或住房補貼。

　　總的來說，對企業至關重要的生產要素，地方政府幾乎都有很強的干預能力。其中土地直接歸政府所有，資金則大多來自國有銀行主導的金融體系和政府控制的其他渠道，比如國有投融資平台。對於勞動力，政府控制著戶口，也掌握著教育和醫療等基本服務的供給，還掌握著土地供應，直接影響住房分配。而生產中的科技投入，也有相當大一部分來自公立大學和科研院所。除此之外，地方政府還有財稅政策、產業政策、進出口政策等工具，都可能對企業產生重大影響。

　　這種"混合經濟"體系，不是主流經濟學教科書中所說的政府和市場的簡單分工模式，即政府負責提供公共物品、市場主導其他資源配置；也不是簡單的"政府搭台企業唱戲"模式。而是政府及其各類附屬機構（國企、事業單位、大銀行等）深度參與大多數生產和分配環節的模式。在我國，想脫離政府來了解經濟，是不可能的。

1　我國實行分稅制，按照中央和省的分稅比例，企業所得稅六成歸中央，剩餘部分由省、市、區縣來分。企業所得稅減免，一般都是減免企業所在地的地方留存部分。但對一些國家支持的行業，比如集成電路，企業的全部所得稅都可以"三免三減半"。

結　語

　　本章討論了事權劃分的三種理論：公共服務的規模經濟與邊界、信息複雜性、激勵相容。這些理論為理解政府職能分工勾勒了一個大致框架，雖各有側重，但彼此相通。社會科學的理論，刻意追求標新立異沒有意義。社會現象非常複雜，單一理論只能啟示某個側面，要從不同理論中看到共同之處，方能融會貫通。

　　地方政府不止提供公共服務，也深度參與生產和分配。其間得失，之後的章節會結合具體情況展開討論。若無視這種現實、直接套用主流經濟學中"有限政府"的邏輯，容易在分析中國問題時產生扭曲和誤解。不能脫離政府來談經濟，是理解中國經濟的基本出發點。實事求是了解現狀，才能依託現實提煉理論，避免用理論曲解現實，也才能真正深入思考政府在幾十年來經濟發展過程中扮演的角色。

　　本章討論的事權劃分，是理解政府間資源分配的基礎。決定了幹哪些事，才能決定用哪些資源。所以下一章所討論的政府財權和財力的劃分，以本章的事權劃分為基礎。財權領域雖改革頻頻，但事權劃分卻相對穩定，因為其決定因素也相對穩定：地理和語言文化邊界長期穩定，信息和激勵問題也一直存在。

關於中國政府和政治，美國布魯金斯學會資深專家李侃如的著作《治理中國：從革命到改革》（2010）是很好的入門讀物。這本書介紹了中國政治的基本歷史遺產及現狀，闡釋了其演變邏輯，可讀性很強。但該書成書於 1995 年（英文原名為 *Governing China: From Revolution Through Reform*），修訂於 2003 年（2010 年是中譯本的出版年份），沒有涉及最近十多年的重大改革。作為補充，清華大學景躍進、復旦大學陳明明、中山大學蕭濱合編的《當代中國政府與政治》（2016）是同類教材中可讀性較強的一部，內容比較全面，對黨政關係、政法系統、宣傳系統、軍事系統都有介紹。

我國政府的運作模式有深厚的歷史淵源。復旦大學歷史地理學家葛劍雄教授的著作《統一與分裂：中國歷史的啟示》（2013）深入淺出地描述和分析了中國歷史上統一和分裂的現象，是很好的普及讀物。本章闡釋的所有理論在該書中都能找到有趣的佐證。已故哈佛大學歷史學家孔飛力的傑作《叫魂》（2014）也與本章內容相關。該書講述了乾隆盛世年間的一場荒誕事故：本是某些地方流民和乞丐的零星騙局，卻被乾隆解讀成了要顛覆朝廷的大陰謀，於是發動了全國大清查，造成了朝野和民間的大恐慌，最終卻在無數冤案之後不了了之。該書很多史料來自御筆親批的奏摺，從中尤其可以看到信息之關鍵：諸多信息都在奏摺的來往中被扭曲和誤解，最終釀成大亂。

第二章
財稅與政府行為

我很喜歡兩部國產電視劇，一部是《大明王朝 1566》，一部是《走向共和》。這兩部劇有個共同點：開場第一集中，那些歷史上赫赫有名的大人物們，出場都沒有半點慷慨激昂或陰險狡詐的樣子，反倒都在做世上最乏味的事——算賬。大明朝的閣老們在算國庫的虧空和來年的預算，李鴻章、慈禧和光緒則在為建海軍和修頤和園的費用傷腦筋。然而算著算著，觀眾就看到了刀光劍影，原來所有的政見衝突和人事謀略，都隱在這一兩一兩銀子的賬目之中。

要真正理解政府行為，必然要了解財稅。道理很樸素：辦事要花錢，如果沒錢，話說得再好聽也難以落實。要想把握政府的真實意圖和動向，不能光讀文件，還要看政府資金的流向和數量，所以財政從來不是一個純粹的經濟問題。黨的十八屆三中全會通過了《中共中央關於全面深化改革若干重大問題的決定》，明確了財政的定位和功能："財政是**國家治理的基礎和重要支柱**，科學的財稅體制是優化資源配置、維護市場統一、促進社會公平、**實現國家長治久安的制度保障。**"

我對政府和財政一直非常有興趣，在美國讀博士期間，修習了一整年的"公共財政"課程。第一學期學習財政收入，即與各類稅收有關的理論和實證；第二學期學習財政支出，即各類政府支出的設計和實施效果。與我同級的博士生中，美國和非美國同學各佔一半，但只有我一個非美國人選修了這門課，可能是因為涉及大量美國制度細節，外國人理解起來比較吃力，興趣也不大。這門課程對我理解美國有很大幫助，但後來我到復旦大學講授研究生課程"公共經濟學研究"，備課時卻很吃力，因為在美國學過的東西大都不能直接拿來用，跟中國情況很不一樣，美國的教科書也不好用，要自己準備授課講義。關鍵在於中美政府在經濟運行中扮演的角色不一樣，所做的事情也不一樣，而財政體制要為政府事務服務，因此不能直接拿美國的財政理論往中國硬套。何況中國幾十年來一直在改革，政府事務也經歷了很多重大變革，財稅體制自然也在隨之不斷變革。而財稅體制變革牽一髮動全身，影響往往複雜深遠，我花了好幾年邊講邊學，才多少摸到了些門道。

上一章介紹了政府的事權劃分。而事權必然要求相應的財力支持，否則事情就辦不好。所以從花錢的角度看，"事權與財力匹配"或者說"事權與支出責任匹配"這個原則，爭議不大。但從預算收入的角度看，地方政府是否也應該有與事權相適應的收錢的權力，讓"事權與財權匹配"，這個問題爭議就大了。暫先不管這些爭議，實際情況是地方政府的支出和收入高度不匹配。從圖 2-1 可以看出，自 1994 年實行分稅制以來，地方財政預算支出就一直高於預算收入。近些年地方預算支出佔全國預算支出的比重為 85%，但收入的佔比只有 50%—55%，入不敷出的部分要通過中央轉移支付來填補。

1994 年分稅制改革對政府行為和經濟發展影響深遠。本章第一節介紹這次改革的背景和過程，加深我們對央地關係的理解。第二節分析改革對地方經濟發展方式的影響，介紹地方政府為了應對財政壓力而發展出的"土地財政"，這是理解城市化和債務問題的基礎。第三節討論分稅制造成的基層財政壓力與地區間不平衡，並介紹相關改革。

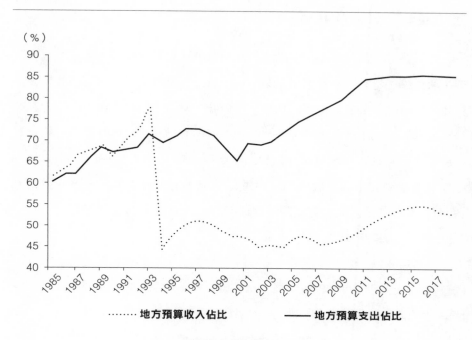

數據來源：萬得數據庫。

圖 2–1　地方公共預算收支佔全國收支的比重

第一節　分稅制改革

　　財政乃國之根本，新中國成立以來經歷了艱辛複雜的改革歷程。這方面專著很多，本章結尾的"擴展閱讀"會推薦幾種讀物。本節無意追溯完整的改革歷程，只從 1985 年開始談。1985—1993 年，地方政府的收入和支出是比較匹配的（圖 2–1），這種"事權和財權匹配"的體制對經濟發展影響很大，也造成很多不良後果，催生了 1994 年的分稅制改革。

"財政包乾" 及後果：1985 — 1993 年

如果要用一個詞來概括 20 世紀 80 年代中國經濟的特點，非 "承包" 莫屬：農村搞土地承包，城市搞企業承包，政府搞財政承包。改革開放之初，很多人一時還無法立刻接受 "私有" 的觀念，畢竟之前搞了幾十年的計劃經濟和公有制。我國的基本國策決定了不能對所有權做出根本性變革，只能對使用權和經營權實行承包制，以提高工作積極性。財政承包始於 1980 年，中央與省級財政之間對收入和支出進行包乾，地方可以留下一部分增收。1980 — 1984 年是財政包乾體制的實驗階段，1985 年以後全面推行，建立了 "分灶吃飯" 的財政體制。[1]

既然是承包，當然要根據地方實際來確定承包形式和分賬比例，所以財政包乾形式五花八門，各地不同。比較流行的一種是 "收入遞增包乾"。以 1988 年的北京為例，是以 1987 年的財政收入為基數，設定一個固定的年收入增長率 4%，超過 4% 的增收部分都歸北京，沒超過的部分則和中央五五分成。假如北京 1987 年收入 100 億元，1988 年收入 110 億元，增長 10%，那超過了 4% 增長的 6 億元都歸北京，其餘 104 億元和中央五五分成。

廣東的包乾形式更簡單，1988 年上解中央 14 億元，以後每年在此基礎上遞增 9%，剩餘的都歸自己。1988 年，廣東預算收入 108 億元，上解的 14 億元不過只佔 13%。而且廣東預算收入的增長速度遠高於 9%（1989 年比上年增加了 27%），上解負擔實際上越來越輕，正因如此，廣東對後來的分稅制改革一開始是反對的。相比之下，上海的負擔就重多了。上海實行 "定額上解"，每年雷打不動上繳中央 105 億元。1988 年，上海的預算收入是 162 億元，上解 105 億元，佔比 65%，財政壓力很大。

財政承包制下，交完了中央的，剩下的都是地方自己的，因此地方有動力擴大稅收來源，大力發展經濟。[2] 一種做法就是大力興辦鄉鎮企業。鄉鎮企

1　本小節重點參考了北京大學周飛舟的著作（2012），這是理解中華人民共和國成立之後財政改革歷程和邏輯的極佳讀物。

2　這種激勵效果的理論和證據，可參考金和輝、清華大學錢穎一、斯坦福大學溫加斯特（Weingast）等人的合作研究（Jin, Qian and Weingast, 2005）。

業可以為地方政府貢獻兩類收入。第一是交給縣政府的增值稅（增值稅改革前也叫產品稅）。企業只要開工生產，不管盈利與否都得交增值稅，規模越大繳稅越多，所以縣政府有很強的動力做大、做多鄉鎮企業。20 世紀 80 年代中期以後，鄉鎮企業數量和規模迅速擴大，納稅總額也急速增長。在其發展鼎盛期的 1995 年，鄉鎮企業僱工人數超過 6 000 萬。鄉鎮企業為地方政府貢獻的第二類收入是上繳的利潤，主要交給鄉鎮政府和村集體作為預算外收入。當時鄉鎮企業享受稅收優惠，所得稅和利潤稅都很低，1980 年的利潤稅僅為6%，1986 年上升到 20%，所以企業稅後利潤可觀，給基層政府創造了不少收入。[1]

　　20 世紀 80 年代是改革開放的起步時期，在很多根本性制度尚未建立、觀念尚未轉變之前，各類承包制有利於調動全社會的積極性，推動社會整體走出僵化的計劃經濟，讓人們切實感受到收入增長，逐漸轉變觀念。但也正是因為改革轉型的特殊性，很多承包制包括財政包乾制注定不能持久。財政包乾造成了 “兩個比重” 不斷降低：中央財政預算收入佔全國財政預算總收入的比重越來越低，而全國財政預算總收入佔 GDP 的比重也越來越低（圖2–2）。不僅中央變得越來越窮，財政整體也越來越窮。

　　中央佔比降低很容易理解。地方經濟增長快，20 世紀 80 年代物價漲得也快，所以地方財政收入相比於跟中央約定的固定分成比例增長更快，中央收入佔比自然不斷下降。至於預算總收入佔 GDP 比重不斷降低，原因則比較複雜。一方面，這跟承包制本身的不穩定有關。央地分成比例每隔幾年就要重新談判一次，若地方稅收收入增長很快，下次談判時可能會處於不利地位，落得一個更高的上繳基數和更吃虧的分成比例。為避免 “鞭打快牛”，地方政府有意不讓預算收入增長太快。另一方面，這也跟當時盛行的預算外收入有關。雖然地方預算內的稅收收入要和中央分成，但預算外收入則可以獨享。如果給企業減免稅，“藏富於企業”，再通過其他諸如行政收費、集

1　鄉鎮企業稅收和僱工人數的數據來自香港科技大學龔啟聖和林益民的研究（Kung and Lin, 2007）。鄉鎮企業利潤稅率的數據來自聖地亞哥加州大學諾頓（Naughton）的著作（2020）。

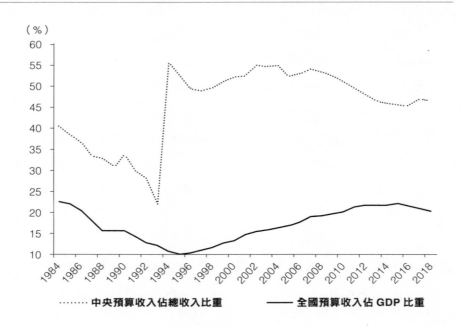

數據來源：萬得數據庫。

圖 2-2　"兩個比重" 的變化情況

資、攤派、贊助等手段收一些回來，就可以避免和中央分成，變成可以完全自由支配的預算外收入。地方政府因此經常給本地企業違規減稅，企業偷稅漏稅也非常普遍，稅收收入自然上不去，但預算外收入卻迅猛增長。1982——1992 年，地方預算外收入年均增長 30%，遠超過預算內收入年均 19% 的增速。1992 年，地方預算外收入達到了預算內收入的 86%，相當於 "第二財政" 了。[1]

　　"兩個比重" 的下降嚴重削弱了國家財政能力，不利於推進改革。經濟改

1　香港中文大學王紹光在其著作（1997）中討論了央地之間囚徒困境式的博弈：地方政府預料到中央在重新
　　談判中可能 "鞭打快牛"，所以不願意努力徵稅。這個理論只是猜測，很難驗證。而把預算內收入轉成預
　　算外收入的邏輯，有數據支持，參見來自華中科技大學李學文和盧新海、浙江大學張蔚文等人的合作研究
　　（2012）。

革讓很多人的利益受損，中央必須有足夠的財力去補償，才能保障改革的推行，比如國企改革後的職工安置、裁軍後的退伍軍人轉業等。而且像我國這樣的大國，改革後的地區間發展差異很大（東中西部差異、城鄉差異等），要創造平穩的環境，就需要縮小地區間基本公共服務差異，也需要中央財政的大量投入，否則連推行和保障義務教育都有困難。如果中央沒錢，甚至要向地方借錢，那也就談不上宏觀調控的能力。正如時任財政部部長的劉仲藜所言：

> 毛主席說，"手裏沒把米，叫雞都不來"。中央財政要是這樣的狀態，從政治上來說這是不利的，當時的財稅體制是非改不可了。……
>
> ……財政體制改革決定裏有一個很重要的提法是"為了國家長治久安"。當時的理論界對我講，財政是國家行政能力、國家辦事的能力，你沒有財力普及義務教育、救災等，那就是空話。因此，"國家長治久安"這句話寫得是有深意的。[1]

分稅制改革與央地博弈

1994 年的分稅制改革把稅收分為三類：中央稅（如關稅）、地方稅（如營業稅）、共享稅（如增值稅）。同時分設國稅、地稅兩套機構，與地方財政部門脫鈎，省以下稅務機關以垂直管理為主，由上級稅務機構負責管理人員和工資。這種設置可以減少地方政府對稅收的干擾，保障中央稅收收入，但缺點也很明顯：兩套機構導致稅務系統人員激增，提高了稅收徵管成本，而且企業需要應付兩套人馬和審查，納稅成本也高。2018 年，分立了 24 年的國稅與地稅再次開始合併。

分稅制改革中最重要的稅種是增值稅，佔全國稅收收入的 1/4。改革之前，增值稅（即產品稅）是最大的地方稅，改革後變成共享稅，中央拿走

1　引文來自財政部財政科學研究所劉克崮和賈康主編的財政改革回憶錄（2008）。

75%，留給地方 25%。假如改革前的 1993 年，地方增值稅收入為 100 億元，1994 年改革後增長為 110 億元，那麼按照新稅制，地方拿 25%，收入一下就從 1993 年的 100 億元下降到了 27.5 億元。為防止地方收入急劇下跌，中央設立了 "稅收返還" 機制：保證改革後地方增值稅收入與改革前一樣，新增部分才和中央分。1994 年，地方可以拿到 102.5 億元，而不是 27.5 億元。因此改革後增值稅佔地方稅收收入的比重沒有急速下跌，而是緩慢地逐年下跌（圖 2-3）。

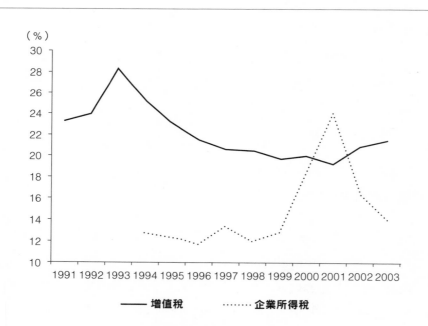

數據來源：萬得數據庫。

圖 2-3　地方稅收收入中不同稅種所佔比重

　　分稅制改革，地方阻力很大。比如在財政包乾制下過得很舒服的廣東省，就明確表示不同意分稅制。與廣東的談判能否成功，關係到改革能否順利推行。時任財政部長劉仲藜和後來的財政部長項懷誠的回憶，生動地再現了當時的激烈博弈：

　　（項懷誠）分稅制的實施遠比制訂方案要複雜，因為它涉及地方的利益。當時中央財政收入佔整個財政收入的比重不到 30%，我們改革以後，中央財政收入佔整個國家財政收入的比重達到 55%，多大的差別！所以說，分稅制的改革，必須要有領導的支持。為了這項改革的展開，朱鎔基總理 [1] 親自帶隊，用兩個多月的時間先後走了十幾個省，面對面地算賬，深入細緻地做思想工作……為什麼要花這麼大的力氣，一個省一個省去跑呢，為什麼要由一個中央常委、國務院常務副總理帶隊，一個省一個省去談呢？因為只有朱總理去才能夠和第一把手省委書記、省長面對面地交談，交換意見。有的時候，書記、省長都拿不了主意的，後面還有很多老同志、老省長、老省委書記啊。如果是我們去，可能連面都見不上。

　　（劉仲藜）與地方談的時候氣氛很緊張，單靠財政部是不行的，得中央出面談。在廣東談時，謝飛 [2] 同志不說話，其他的同志說一條，朱總理立即給駁回去。當時有個省委常委、組織部長叫符睿（音）[3] 就說：“朱總理啊，你這樣說我們就沒法談了，您是總理，我們沒法說什麼。” 朱總理就說：“沒錯，我就得這樣，不然，你們謝飛同志是政治局委員，他一說話，那劉仲藜他們說什麼啊，他們有話說嗎？！就得我來講。” 一下就給駁回去了。這個場面緊張生動，最後應該說謝飛同志不錯，廣東還是服從了大局，只提出了兩個要求：以 1993 年為基數、減免稅過渡。[4]

　　這段故事我上課時經常講，但很多學生不太理解為何談判如此艱難：只要中央做了決策，地方不就只有照辦的份兒嗎？“00 後” 一代有這種觀念，不難理解。一方面，經過分稅制改革後多年的發展，今天的中央政府確實要比

1　1993 年帶隊赴各省份做工作的朱鎔基同志時任國務院副總理。

2　時任廣東省委書記，應為 “謝非”。

3　應該是傅銳。

4　引文出自劉克崮和賈康（2008）。

20 世紀 80 年代末和 90 年代初更加強勢；另一方面，公眾所接觸的信息和看到的現象，大都已經是博弈後的結果，而缺少社會閱歷的學生容易把博弈結果錯當成博弈過程。其實即使在今天，中央重大政策出台的背後，也要經過很多輪的徵求意見、協商、修改，否則很難落地。成功的政策背後是成功的協商和妥協，而不是機械的命令與執行，所以理解利益衝突，理解協調和解決機制，是理解政策的基礎。

廣東當年提的要求中有一條，"以 1993 年為基數"。這條看似不起眼，實則大有文章。地方能從 "稅收返還" 中收到多少錢，取決於它在 "基年" 的增值稅收入，所以這個 "基年" 究竟應該是哪一年，差別很大。中央與廣東的談判是在 1993 年 9 月，所以財政部很自然地想把 "基年" 定為 1992 年。時光不能倒流，地方做不了假。可一旦把 "基年" 定在 1993 年，那到年底還有三個多月，地方可能突擊收稅，甚至把明年的稅都挪到今年來收，大大抬高稅收基數，以增加未來的稅收返還。所以財政部不同意廣東的要求。但為了改革順利推行，中央最終做了妥協，決定在全國範圍內用 1993 年做基年。這個決定立刻引發了第四季度的收稅狂潮，根據項懷誠和劉克崮的回憶：

（項懷誠）實際上，9 月份以後確實出現了這些情況。在那一年，拖欠了多年的欠稅，都收上來了。一些地方黨政領導親自出馬，貸款交稅，造成了 1993 年後 4 個月財政收入大幅度增加。

（劉克崮）……分別比上年同期增長 60%、90%、110% 和 150%，帶動全年地方稅收增長了 50%~60%[1]。[2]

由於地方突擊徵稅，圖 2–3 中增值稅佔地方稅收的比重在 1993 年出現了明顯反常的尖峰。這讓 1994 年的財政陷入了困境，中央承諾的稅收返還因為數額劇增而無法到位，預算遲遲做不出來。這些問題又經過了很多協商和妥協才解決。但從圖 2–3 可以看到，當 2001 年推行所得稅分成改革時，突擊徵

1　此處回憶可能有偏差，1993 年全年地方稅收收入比 1992 年增長了 38%。

2　引文參見劉克崮和賈康（2008）。

稅現象再次出現。

　　企業所得稅是我國的第二大稅種，2018 年佔全國稅收收入的 23%。2002 年改革之前，企業所得稅按行政隸屬關係上繳：中央企業交中央，地方企業交地方。地方企業比中央企業多，所以六成以上的所得稅交給了地方。地方政府自然就有動力創辦價高利大的企業，比如煙廠和酒廠，這些都是創稅大戶。20 世紀 90 年代，各地煙廠、酒廠越辦越多，很多地方只抽本地牌子的煙、喝本地牌子的啤酒，這種嚴重的地方保護主義不利於形成全國統一市場，也不利於縮小地區間的經濟差距。在 2002 年的所得稅改革中，除一些特殊央企的所得稅歸中央外，所有企業的所得稅中央和地方六四分成（僅 2002 年當年為五五分）。為防止地方收入下降，同樣也設置了稅收返還機制，並把 2001 年的所得稅收入定為返還基數。所以 2001 年的最後兩個月，地方集中徵稅做大基數，財政部和國務院辦公廳不得不強調"地方各級人民政府要從講政治的高度，進一步提高認識，嚴格依法治稅，嚴禁弄虛作假。2002 年 1 月國務院有關部門將組織專項檢查，嚴厲查處作假賬和人為抬高基數的行為。對採取弄虛作假手段虛增基數的地方，相應扣減中央對地方的基數返還，依法追究當地主要領導和有關責任人員的責任。"[1] 但從圖 2–3 中可以看出，2001 年不正常的企業所得稅收入依然非常明顯。[2]

　　分稅制是 20 世紀 90 年代推行的根本性改革之一，也是最為成功的改革之一。改革扭轉了"兩個比重"不斷下滑的趨勢（圖 2–2）：中央佔全國預算收入的比重從改革前的 22% 一躍變成 55%，並長期穩定在這一水平；國家預算收入佔 GDP 的比重也從改革前的 11% 逐漸增加到了 20% 以上。改革大大增強了中央政府的宏觀調控能力，為之後應付一系列重大衝擊（1997 年亞洲

1　《國務院辦公廳轉發財政部關於 2001 年 11 月和 12 月上中旬地方企業所得稅增長情況報告的緊急通知》。

2　圖 2–3 中，企業所得稅在 2000 年就開始大幅攀升，這可能是由於統計口徑調整。2000 年前的企業所得稅統計只包括國有企業和集體企業，之後則包括了所有企業。有一種方法可以剔除統計口徑調整所帶來的影響，就是比較同一年中財政預算和決算兩個數字。若無特殊情況，這兩個數字應該差別不大。根據 2002 年《中國財政年鑑》，2001 年地方企業所得稅收入的預算數是 1 049 億元，但決算數是 1 686 億元，增長了 61%。這種暴增在其他稅種中是沒有的。比如當時改革沒有涉及的營業稅，預算 1 830 億元，決算 1 849 億元；而早已經完成改革的增值稅，預算是 1 229 億元，決算是 1 342 億元。再比如同樣經歷改革但沒有"基數投機"衝動的中央企業所得稅，預算是 937 億元，決算是 945 億元。

金融危機、2008 年全球金融危機和汶川地震等）奠定了基礎，也保障了一系
列重大改革（如國企改革和國防現代化建設）和國家重點建設項目的順利實
施。分稅制也從根本上改變了地方政府發展經濟的模式。

第二節　土地財政

　　分稅制並沒有改變地方政府以經濟建設為中心的任務，卻減少了其手頭
可支配的財政資源。雖然中央轉移支付和稅收返還可以填補預算內收支缺
口，但發展經濟所需的諸多額外支出，比如招商引資和土地開發等，就需要
另籌資金了。一方面，地方可以努力增加稅收規模。雖然需要和中央分成，
但蛋糕做大後，自己分得的收入總量也會增加。另一方面，地方可以增加預
算外收入，其中最重要的就是圍繞土地出讓和開發所產生的 "土地財政"。

招商引資與稅收

　　給定稅率的情況下，想要增加稅收收入，要麼靠擴大稅源，要麼靠加
強徵管。分稅制改革之後，全國預算收入佔 GDP 的比重逐步上升（參見圖
2-2），部分原因可以歸結為加強了徵管力度，但更重要的原因是擴大了稅
源。[1]

　　改革前，企業的大多數稅收按隸屬關係上繳，改革後則變成了在所在地
上繳，這自然會刺激地方政府招商引資。地方政府尤其青睞重資產的製造
業，一是因為投資規模大，對 GDP 的拉動作用明顯；二是因為增值稅在生產
環節徵收，跟生產規模直接掛鉤；三是因為製造業不僅可以吸納從農業部門
轉移出的低技能勞動力，也可以帶動第三產業發展，增加相關稅收。

　　因為絕大多數稅收徵收自企業，且多在生產環節徵收，所以地方政府重
視企業而相對輕視民生，重視生產而相對輕視消費。以增值稅為例，雖然企

1　　浙江大學方紅生和復旦大學張軍（2013）總結了分稅制改革之後關於稅收徵管力度的研究。

業可以層層抵扣，最終支付稅金的一般是消費者（增值稅發票上會分開記錄貨款和稅額，消費者支付的是二者之和），但因為增值稅在生產環節徵收，所以地方政府更加關心企業所在地而不是消費者所在地。這種倚重生產的稅制，刺激了各地競相投資製造業、上馬大項目，推動了製造業迅猛發展，加之充足高效的勞動力資源和全球產業鏈重整等內外因素，我國在短短二三十年內就成為世界第一製造業大國。當然，這也付出了相應的代價。比如說，地方為爭奪稅收和大工業項目，不惜放鬆環保監督，損害了生態環境，推高了過剩產能。2007—2014 年，地方政府的工業稅收收入中，一半來自過剩產能行業。而在那些財政壓力較大的地區，工業污染水平也普遍較高。[1]

　　不僅九成的稅收徵收自企業，稅收之外的其他政府收入基本也都徵收自企業，比如土地轉讓費和國有資本經營收入等。社保費中個人繳納的比例也低於企業繳納的比例。所以在分稅制改革後的頭些年，地方政府在財政支出上向招商引資傾斜（如基礎設施建設、企業補貼等），而民生支出（教育、醫療、環保等）相對不足。[2] 2002 年，中央提出"科學發展觀"，要求"統籌經濟社會發展、統籌人與自然和諧發展"，要求更加重視民生支出。由於第一章中討論過的規模經濟、信息複雜性等原因，民生支出基本都由地方政府承擔，所以地方支出佔比從 2002 年開始快速增長，從 70% 一直增長到了 85%（圖 2-1）。

　　總的來看，分稅制改革後，地方政府手中能用來發展經濟的資源受到了幾方面的擠壓。首先，預算內財政支出從重點支持生產建設轉向了重點支持公共服務和民生。20 世紀 90 年代中後期，財政支出中"經濟建設費"佔40%，"社會文教費"（科教文衛及社會保障）只佔 26%。到了 2018 年，"社

1　地方稅收壓力惡化了工業污染，推升了過剩產能，相關證據來自中國社會科學院席鵬輝和廈門大學梁若冰、謝貞發（2017）以及蘇國燦等人的研究（2017）。

2　分稅制改革後，地方財政支出重生產而輕民生，證據很多。比如復旦大學傅勇和張晏對省級支出的研究（2007），中國人民大學馬光榮和呂冰洋及中國社會科學院張凱強對地級市支出的研究（2019），北京師範大學尹恆和北京大學朱虹對縣級支出的研究（2011）等。

會文教費" 支出佔到了 40%，"經濟建設費" 則下降了。[1] 其次，分稅制改革前，企業不僅繳稅，還要向地方政府繳納很多費（行政收費、集資、攤派、贊助等），這部分預算外收入在改革後大大減少。90 年代中後期，鄉鎮企業也紛紛改制，利潤不再上繳，基層政府的預算外收入進一步減少。最後，2001 年的稅改中，中央政府又拿走了所得稅收入的 60%，加劇了地方財政壓力。地方不得不另謀出路，尋找資金來源，轟轟烈烈的 "土地財政" 就此登場。

初探土地財政

我國實行土地公有制，城市土地歸國家所有，農村土地歸集體所有。農地要轉為建設用地，必須先經過徵地變成國有土地，然後才可以用於發展工商業或建造住宅（2019 年《中華人民共和國土地管理法》修正案通過，對此進行了改革，詳見第三章），所以國有土地的價值遠遠高於農地。為什麼會有這種城鄉割裂的土地制度？追根溯源，其實也沒有什麼驚天動地的大道理和頂層設計，不過是從 1982 年憲法開始一步步演變成今天這樣罷了。[2] 雖說每一步變化都有道理，針對的都是當時亟待解決的問題，但演變到今天，已經造成了巨大的城鄉差別、飛漲的城市房價以及各種棘手問題。2020 年，中共中央和國務院發佈的《關於構建更加完善的要素市場化配置體制機制的意見》中，首先提到的就是 "推進土地要素市場化配置"，而第一條改革意見就是打破城鄉割裂的現狀，"建立健全城鄉統一的建設用地市場"。可見政策制定者非常清楚當前制度的積弊。第三章會詳細討論相關改革，此處不再贅述。

1994 年分稅制改革時，國有土地轉讓的決定權和收益都留給了地方。當時這部分收益很少。一來雖然鄉鎮企業當時還很興盛，但它們佔用的都是農村集體建設用地，不是城市土地。二來雖然城市土地使用權當時就可以有償

1　2007 年，我國重新調整了政府收支預算科目分類，所以沒有辦法直接比較 2007 年前後政府預算內支出中用於經濟建設的比例，但無疑是下降了。

2　對新中國成立後土地產權制度演變過程和邏輯有興趣的讀者，可以參考本章結尾的 "擴展閱讀"。

轉讓，不必再像計劃經濟體制下那樣無償劃撥，但各地為了招商引資（尤其是吸引外資），土地轉讓價格大都非常優惠，"賣地收入"並不多。

1998 年發生了兩件大事，城市土地的真正價值才開始顯現。第一是單位停止福利分房，逐步實行住房分配貨幣化，商品房和房地產時代的大幕拉開。1997—2002 年，城鎮住宅新開工面積年均增速為 26%，五年增長了近 4 倍。第二是修訂後的《中華人民共和國土地管理法》開始實施，基本上鎖死了農村集體土地的非農建設通道，規定了農地要想轉為建設用地，必須經過徵地後變成國有土地，這也就確立了城市政府對土地建設的壟斷權力。[1]

1999 年和 2000 年這兩年的國有土地轉讓收入並不高（圖 2-4），因為尚未普遍實行土地"招拍掛"（招標、拍賣、掛牌）制度。當時的土地轉讓過程相當不透明，基本靠開發商各顯神通。比如有些開發商趁著國有企業改革，拿到了企業出讓的土地，再從城市規劃部門取得開發許可，只需支付國家規定的少量土地出讓金，就可以搞房地產開發。這是個轉手就能發家致富的買賣，其中的腐敗可想而知。

2001 年，為治理土地開發中的腐敗和混亂，國務院提出"大力推行招標拍賣"。2002 年，國土部明確四類經營用地（商業、旅遊、娛樂、房地產）採用"招拍掛"制度。於是各地政府開始大量徵收農民土地然後有償轉讓，土地財政開始膨脹。土地出讓收入從 2001 年開始激增，2003 年就已經達到了地方公共預算收入的 55%（圖 2-4）。2008 年全球金融危機之後，在財政和信貸政策的共同刺激之下，土地轉讓收入再上一個台階，2010 年達到地方公共預算收入的 68%。最近兩年這一比重雖有所下降，但土地轉讓收入的絕對數額還在上漲，2018 年達到 62 910 億元，比 2010 年高 2.3 倍。

---

1   雖然法律規定集體土地還可以用於鄉鎮企業建設，但隨著鄉鎮企業紛紛開始所有制改革，真正的鄉鎮企業越來越少，因此這個規定意義不大。此外，1997 年以後實行用地規模和指標審批管理制度，省級政府自然將緊缺的建設用地指標優先分配給會省和城市市區，給到縣城的用地指標很少，而大部分集體建設土地位於縣城。關於這方面更詳細的介紹，可參考中國人民大學劉守英的著作（2018）第八章。本段中用到的數字也來自該書。

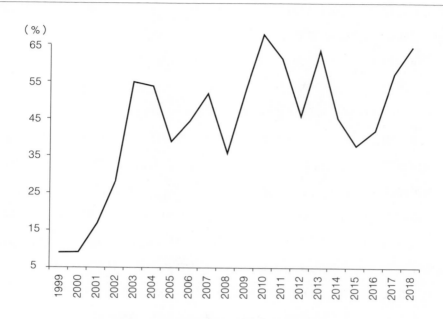

數據來源：歷年《中國國土資源統計年鑒》。

圖 2-4　國有土地轉讓收入佔地方公共預算收入的比重

　　所謂"土地財政"，不僅包括巨額的土地使用權轉讓收入，還包括與土地使用和開發有關的各種稅收收入。其中大部分稅收的稅基是土地的價值而非面積，所以稅收隨著土地升值而猛增。這些稅收分為兩類，一類是直接和土地相關的稅收，主要是土地增值稅、城鎮土地使用稅、耕地佔用稅和契稅，其收入百分之百歸屬地方政府。2018 年，這四類稅收共計 15 081 億元，佔地方公共預算收入的 15%，相當可觀。另一類稅收則和房地產開發和建築企業有關，主要是增值稅和企業所得稅。2018 年，這兩種稅收中歸屬地方的部分（增值稅五成，所得稅四成）佔地方公共預算收入的比重為 9%。[1] 若把這些稅

1　在 2016 年營業稅改增值稅以前，房地產開發和建築企業繳納的主要是營業稅，百分之百歸地方，不用和中央分成，所以佔地方公共預算收入的比重甚至更高。以 2013 年為例，房地產開發和建築企業繳納的營業稅和歸屬地方的所得稅加起來相當於地方公共預算收入的 16%。本段中的數字均出自歷年的《中國稅務年鑒》。

收與土地轉讓收入加起來算作"土地財政"的總收入，2018年"土地財政"收入相當於地方公共預算收入的89%，是名副其實的"第二財政"。

　　土地轉讓雖然能帶來收入，但地方政府也要負擔相關支出，包括徵地拆遷補償和"七通一平"等基礎性土地開發支出。從近幾年的數字看，跟土地轉讓有關的支出總體與收入相當，有時甚至比收入還高。2018年，國有土地使用權出讓金收入為 62 910 億元，支出則為 68 167 億元。光看這一項，地方政府還入不敷出。當然地方政府本來也不是靠賣地賺錢，它真正要的是土地開發之後吸引來的工商業經濟活動。

　　從時間點上看，大規模的土地財政收入始於21世紀初。2001年所得稅改革後，中央財政進一步集權，拿走了企業所得稅的六成。從那以後，地方政府發展經濟的方式就從之前的"工業化"變成了"工業化與城市化"兩手

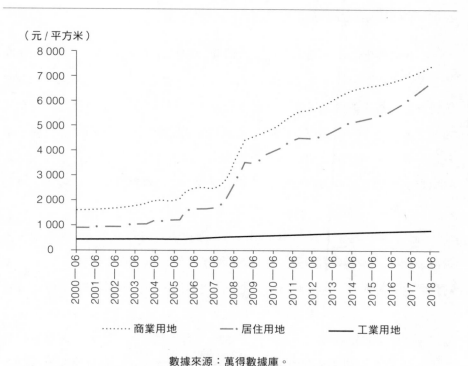

數據來源：萬得數據庫。

圖 2–5　100 個重點城市土地出讓季度平均成交價

抓：一方面繼續低價供應大量工業用地，招商引資；另一方面限制商住用地供給，從不斷攀升的地價中賺取土地壟斷收益。這些年出讓的城市土地中，工業用地面積約佔一半，但出讓價格極低：2000 年每平方米是 444 元，2018 年是 820 元，只漲了 85%。而商業用地價格增長了 4.6 倍，住宅用地價格更是猛增了 7.4 倍（圖 2-5）。

所以商住用地雖然面積上只佔出讓土地的一半，但貢獻了幾乎所有的土地使用權轉讓收入。因此 "土地財政" 的實質是 "房地產財政"。一方面，各地都補貼工業用地，大力招商引資，推動了製造業迅猛發展；另一方面，隨著工業化和城市化的發展，大量新增人口湧入經濟發達地區，而這些地方的住宅用地供給卻不足，房價自然飛漲，帶動地價飛漲，土地拍賣的天價 "地王" 頻出。這其中的問題及改革之道，第三章會展開分析。

稅收、地租與地方政府競爭

讓我們後退一步，看清楚地方政府究竟在幹什麼。所謂經濟發展，無非就是提高資源使用效率，盡量做到 "人盡其才，物盡其用"。而我國是一個自然資源相對貧乏的國家，在經濟起步階段，能利用的資源主要就是人力和土地。過去幾十年的很多重大改革，大都和盤活這兩項資源、提高其使用效率有關。與人力相比，土地更容易被資本化，將未來收益一股腦變成今天高升的地價，為地方政府所用。所以 "土地財政" 雖有種種弊端，但確實是過去數年城市化和工業化得以快速推進的重要資金來源。

前文說過，地方在招商引資和城市化過程中，會利用手中一切資源，所以需要通盤考量稅收和土地，平衡稅收收入和土地使用權轉讓收入，以達到總體收入最大化。地方政府壓低工業用地價格，因為工業對經濟轉型升級的帶動作用強，能帶來增值稅和其他稅收，還能創造就業。而且工業生產率提升空間大、學習效應強，既能幫助本地實現現代化，也能帶動服務業的發展，拉動商住用地價格上漲。工業生產上下游鏈條長，產業集聚和規模經濟效果顯著，若能發展出特色產業集群（如佛山的陶瓷），也就有了長久的競爭優勢和穩定的稅收來源。此外，地方之間招商引資競爭非常激烈。雖說工業用地和商住用地都由地方政府壟斷，但工業企業可以落地的地方很多，所以在招商引資競爭中地方政府很難抬高地價。商住用地則不同，主要服務本地居民，土地供應方的壟斷力量更強，更容易抬高地價。

　　經濟學家張五常曾做過一個比喻：地方政府就像一家商場，招商引資就是引入商舖。商舖只要交一個低廉的入場費用（類似工業用地轉讓費），但營業收入要和商場分成（類似增值稅，不管商舖是否盈利，只要有流水就要分成）。商場要追求總體收入最大化，所以既要考慮入門費和租金的平衡，也要考慮不同商舖間的平衡。一些商舖大名鼎鼎，能為商場帶來更大客流，那商場不僅可以免除它們的入門費，還可以降低分成，甚至可以倒貼（類似地方給企業的各種補貼）。[1]

　　以行政區劃為單位、以稅收和土地為手段展開招商引資競爭，且在上下級政府間層層承包責任和分享收益，這一制度架構對分稅制改革後經濟的飛速發展，無疑有很強的解釋力。但隨著時代發展，這種模式的弊端和負面效果也越來越明顯，需要改革。首先是地方政府的債務問題（見第三章）。土地的資本化運作，本質是把未來的收益抵押到今天去借錢，如果借來的錢投資質量很高，轉化成了有價值的資產和未來更高的收入，那債務就不是大問題。但地方官員任期有限，難免會催生短視行為，寅吃卯糧，過度借債去搞大項目，搞"面子工程"，功是留在當代了，利是不是有千秋，就是下任領導的事了。如此一來，投資質量下降，收益不高，債務負擔就越來越重。

　　若僅僅只是債務問題，倒也不難緩解。最近幾年實施了一系列財政和金融改革，實際上已經遏制住了債務的迅猛增長。但經濟增速隨之放緩，說明資源的使用效率仍然不高。就拿土地來說，雖然各地都有動力調配好手中的土地資源，平衡工業和商住用地供給，但在全國範圍內，土地資源和建設用地分配卻很難優化。地區間雖然搞競爭，但用地指標不能跨省流動到效率更高的地區。珠三角和長三角的經濟突飛猛進，人口大量湧入，卻沒有足夠的

1　詳細的闡釋可參考張五常的著作（2017）。

建設用地指標，工業和人口容量都遭遇了人為的限制。寸土寸金的上海，卻保留著 289.6 萬畝農田（2020 年的數字），可以說相當不經濟。同時，中西部卻有大量閒置甚至荒廢的產業園區。雖然地廣人稀的西北本就有不少荒地，所以真實的浪費情況可能沒有媒體宣揚的那麼誇張，但這些用地指標本可以分給經濟更發達的地區。如果競爭不能讓資源轉移到效率更高的地方，那這種競爭就和市場競爭不同，無法長久地提高整體效率。一旦投資放水的閘門收緊，經濟增長的動力立刻不足。

可是制度一直如此，為什麼前些年問題似乎不大？因為經濟發展階段變了。在工業化和城市化初期，傳統農業生產率低，只要把農地變成工商業用地，農業變成工商業，效率就會大大提升。但隨著工業化的發展，市場競爭越來越激烈，技術要求越來越高，先進企業不僅需要土地，還需要產業集聚、研發投入、技術升級、物流和金融配套等，很多地方並不具備這些條件，徒有大量建設用地指標又有何用？改革的方向是清楚的。2020 年，中共中央和國務院發佈的《關於構建更加完善的要素市場化配置體制機制的意見》中，放在最前面的就是“推進土地要素市場化配置”。要求不僅要在省、市、縣內部打破城鄉建設用地之間的市場壁壘，建設一個統一的市場，盤活存量建設用地，而且要“探索建立全國性的建設用地、補充耕地指標跨區域交易機制”，以提高土地資源在全國範圍內的配置效率。

第三節　縱向不平衡與橫向不平衡

分稅制改革之後，中央拿走了收入的大頭，但事情還是要地方辦，所以支出的大頭仍留在地方，地方收支差距由中央轉移支付來填補。從全國總數來看，轉移支付足夠補上地方收支缺口。[1] 但總數能補上，不等於每級政府都

1　從 1994 年分稅制改革之後一直到 2008 年，每年中央轉移支付總額都高於地方預算收支缺口，一般要高 10%—20%。2009 年 “4 萬億” 財政金融刺激之後，地方可以通過發債來融資，收支缺口才開始大於中央轉移支付（2015 年新版預算法之後，省級政府才可以發債。但在 2009 年至 2014 年間，財政部可以代理省級政府發債）。

能補上，也不等於每個地區都能補上。省裏有錢，鄉裏不見得有錢；廣州有錢，蘭州不見得有錢。這種縱向和橫向的不平衡，造成了不少矛盾和衝突，也催生了很多改革。

基層財政困難

分稅制改革之後，中央和省分成，省也要和市縣分成。可因為上級權威高於下級，所以越往基層分到的錢往往越少，但分到的任務卻越來越多，出現了 "財權層層上收，事權層層下壓" 的局面。改革後沒幾年，基層財政就出現了嚴重的困難。20 世紀 90 年代末有句順口溜流行很廣："中央財政蒸蒸日上，省級財政穩穩當當，市級財政搖搖晃晃，縣級財政哭爹叫娘，鄉級財政精精光光。"

從全國平均來看，地方財政預算收入（本級收入加上級轉移支付）普遍僅夠給財政供養人員發工資，但地區間差異很大。在東部沿海，隨著工業化和城市化的大發展，可以從 "土地財政" 中獲取大量額外收入，一手靠預算財政 "吃飯"，一手靠土地財政 "辦事"。但在很多中西部縣鄉，土地並不值錢，財政收入可能連發工資都不夠，和用於辦事的錢相互擠佔，連 "吃飯財政" 都不算，要算 "討飯財政"。[1] 基層政府一旦沒錢，就會想辦法增收，以保持正常運轉。20 世紀 90 年代末到 21 世紀初，農村基層各種亂收費層出不窮，農民的日子不好過，幹群關係緊張，群體性事件頻發。基層政府各種工程欠款（會轉化為包工頭拖欠農民工工資，引發討薪事件）、拖欠工資、打白條等，層出不窮。2000 年初，湖北監利縣棋盤鄉黨委書記李昌平給時任國務院總理朱鎔基寫信，信中的一句話轟動全國："農民真苦，農村真窮，農業真危險。" 這個 "三農問題"，就成了 21 世紀初政策和改革的焦點之一。

20 世紀 90 年代的財政改革及其他根本性改革（如國企改革和住房改革），激化了一些社會矛盾，這是黨的十六大提出 "和諧社會" 與 "科學發展

1　對基層財政的 "懸浮" 狀態和政府運轉中的種種困難，田毅和趙旭的著作（2008）以及吳毅的著作（2018）中都有生動的記錄和深刻的分析。

觀"的時代背景。與"科學發展觀"對應的"五個統籌"原則中，第一條就是"統籌城鄉發展"。[1] 從 2000 年開始，農村稅費改革拉開帷幕，制止基層政府亂攤派和亂收費，陸續取消了"三提五統"和"兩工"等。[2]2006 年 1 月 1 日，農業稅徹底廢止。這是一件具有歷史意義的大事，終結了農民繳納了千年的"皇糧國稅"。這些稅費改革不僅提高了農民收入，也降低了農村的貧富差距。[3] 之所以能推行這些改革，得益於我國加入世界貿易組織（WTO）之後飛速發展的工商業，使得國家財政不再依賴於農業稅費。2000 年至 2007 年，農業部門產值佔 GDP 的比重從 15% 下降到了 10%，而全國稅收總收入卻增加了 3.6 倍（未扣除物價因素）。

農村稅費改革降低了農民負擔，但也讓本就捉襟見肘的基層財政維持起來更加艱難，所以之後的改革就加大了上級的統籌和轉移支付力度。

其一，是把農村基本公共服務開支納入國家公共財政保障範圍，由中央和地方政府共同負擔。比如 2006 年開始實施的農村義務教育經費保障機制改革，截至 2011 年，中央財政一共安排了 3 300 億元農村義務教育改革資金，為約 1.3 億名農村義務教育階段的學生免除了學雜費和教科書費。[4] 再比如 2003 年開始的新型農村合作醫療制度（"新農合"）與 2009 年開始的新型農村社會養老保險制度（"新農保"）等，均有從中央到地方的各級財政資金參與。

其二，是在轉移支付制度中加入激勵機制，鼓勵基層政府達成特定目標，並給予獎勵。比如 2005 年開始實施的"三獎一補"，就對精簡機構和人

1　2003 年黨的十六屆三中全會提出了與"科學發展觀"相適應的"五個統籌"：統籌城鄉發展、統籌區域發展、統籌經濟社會發展、統籌人與自然和諧發展、統籌國內發展和對外開放。

2　改革前的農村稅費負擔，大概可以分為"稅""費""工"三類。稅，即"農業五稅"：農業稅、農業特產稅、屠宰稅、涉農契稅、耕地佔用稅。費，即所謂"三提五統"：村集體的三項提留費用（村幹部管理費、村公積金、村公益金）和鄉政府的五項統籌費用（教育附加、計劃生育、優撫、民兵訓練、鄉村道路建設）。工，就是"兩工"：農村義務工和勞動積累工，主要用於植樹造林、防汛、修繕校舍等。

3　參見中央財經大學陳斌開和北京大學李銀銀的合作研究（2020）。

4　數字來自財政部前部長樓繼偉和財政科學研究院院長劉尚希的合作著作（2019）。

員的縣鄉政府給予獎勵。[1] 冗員過多一直是政府頑疾，分稅制改革後建立的轉移支付體系中，相當一部分轉移支付是為了維持基層政府正常運轉和保障人員工資。財政供養人員（即有編制的人員）越多，得到的轉移支付越多，這自然會刺激地方政府擴編。從 1994 年到 2005 年，地方政府的財政供養人員（在職加退休）猛增了 60%，從 2 981 萬人增加到 4 778 萬人。2005 年實行"三獎一補"之後，2006 年財政供養人口下降了 318 萬。之後又開始緩慢上升，2008 年達到 4 631 萬。2009 年後，財政供養人員的數據不再公佈。[2]

其三，是把基層財政資源向上一級政府統籌，比如 2003 年開始試點的"鄉財縣管"改革。農村稅費改革後，鄉鎮一級的財政收入規模和支出範圍大大縮減，鄉鎮冗員問題、管理問題、債務問題就變得突出。通過預算共編、票據統管、縣鄉聯網等手段，把鄉鎮財政支出的決定權上收到縣，有利於規範鄉鎮行為，也有利於在縣域範圍內實現鄉鎮之間公共服務的均等化。根據財政部網站，截至 2012 年底，86% 的鄉鎮都已經實施了"鄉財縣管"。

讓縣政府去統籌鄉鎮財務，那縣一級的財政緊張狀況又該怎麼辦呢？在市管縣的行政體制下，縣的收入要和市裏分賬，可市財政支出和招商引資卻一直偏向市區，"市壓縣，市刮縣，市吃縣"現象嚴重，城鄉差距不斷拉大。而且很多城市本身經濟發展水平也不高，難以對下轄縣產生拉動作用，所以在 21 世紀初，全國開始推行"擴權強縣"和"財政省直管縣"改革。前者給縣裏下放一些和市裏等同的權限，比如土地審批、證照發放等；後者則讓縣財政和省財政直接發生關係，繞開市財政，在財政收支權力上做到縣市平級。這些改革增加了縣一級的財政資源，縮小了城鄉差距。[3]

1　"三獎一補"包括：對財政困難的縣鄉政府增加縣鄉稅收收入、省市級政府增加對財政困難縣財力性轉移支付給予獎勵；對縣鄉政府精簡機構和人員給予獎勵；對產糧大縣給予獎勵；對此前緩解縣鄉財政困難工作做得好的地方給予補助。

2　數據來自財政部預算司原司長李萍主編的讀物（2010）。如果按照 2006—2008 年的年均增速 1.8% 推算，2018 年地方財政供養人員應該在 5 500 萬人左右。根據樓繼偉（2013）的數據，全國的公務員中，地方佔94%（2011 年）。如果這個比例也適用於全部財政供養人員，那 2018 年全國財政供養人員總數（在職加退休）大概是 5 850 萬。

3　關於"省直管縣"改革的研究很多，有興趣的讀者可以參考復旦大學譚之博、北京大學周黎安、中國人民銀行趙嶽等人的合作研究（2015）。

　　"鄉財縣管"和"省直管縣"改革，實質上把我國五級的行政管理體制（中央—省—市—區縣—鄉鎮）在財政管理體制上"拉平"了，變成了三級體制（中央—省—市縣）。縣裏的財政實力固然是強了，但是否有利於長遠經濟發展，則不一定。"省直管縣"這種做法源於浙江，20世紀90年代就在全省施行，效果很好。但浙江情況特殊，縣域經濟非常強勁，很多縣乃至鄉鎮都有特色產業集群。2019年，浙江省53個縣（含縣級市）裏，18個是全國百強縣。但在其他一些省份，"省直管縣"改革至少遭遇了兩個困難。首先是省裏管不過來。改革前，一個省平均管12個市，改革後平均管52個市縣。錢和權給了縣，但監管跟不上，縣域出現了種種亂象，比如和土地有關的腐敗盛行。其次，縣市關係變動不一定有利於縣的長遠發展。以前縣歸市管，雖受一層"盤剝"，但跟市區通常還是合作大於競爭。但改革以後，很多情況下競爭就大於合作了，導致縣域經濟"孤島化"比較嚴重。尤其在經濟欠發達地區，市的實力本就不強，現在進一步分裂成區和縣，更難以產生規模和集聚效應。經濟弱市的"小馬"本就拉不動下轄縣的"大車"，但改革並沒有把"小馬"變成"大馬"，反倒把"大車"劈成了一輛輛"小車"，結果是小城鎮遍地開花，經濟活動和人口不但沒有向區域經濟中心的市區集聚，反而越搞越散。從現有研究來看，省直管縣之後，雖然縣裏有了更多資源，但人均GDP增速反而放緩了。[1]

　　總體來看，分稅制改革後，基層財政出現了不少困難，引發了一系列後續改革，最終涉及了財稅體制的層級問題。到底要不要搞扁平化，學發達國家搞三級財政？是不是每個省都應該搞？對於相關改革效果和未來方向，目前仍有爭議。

地區間不平等

　　我國地區間經濟發展的差距從20世紀90年代中後期開始擴大。由於出

1　"省直管縣"改革引發的土地腐敗和經濟增速放緩，及改革前後省政府管理的行政單位數目，來自浙江大學李培、清華大學陸毅、香港科技大學王瑾的合作研究（Li, Lu and Wang, 2016）。

口飛速增長，製造業自然向沿海省份集聚，以降低出口貨運成本。這種地理分佈符合經濟規律，並非稅收改革的後果。但隨著產業集聚帶來的優勢，地區間經濟發展水平和財力差距也越拉越大。公共財政的一個主要功能就是再分配財政資源，平衡地區間的人均公共服務水平（教育、醫療等），所以中央也開始對中西部地區進行大規模轉移支付。1995 年至 2018 年，轉移支付總額從 665 億元增加到了 61 649 億元，增加了 93 倍，遠高於地方財政收入的增長率，佔 GDP 的比重也從 1% 升至 7%。[1]80% 以上的轉移支付都到了中西部地區，這保障了地區間人均財政支出的均等化。[2]雖然目前東部和中西部的公共服務水平差異依然明顯，但如果沒有中央轉移支付，地區差異可能更大。

圖 2-6 描繪了最富的 3 個省（江蘇、浙江、廣東）與最窮的 3 個省（雲南、貴州、甘肅）之間人均財政收支的差距。以 2018 年為例，蘇浙粵的人均財政收入和人均 GDP 是雲貴甘的 2.7 倍，但由於中央的轉移支付，這些省份的人均財政支出基本持平，人均財政支出的差距在過去 20 年中也一直遠小於人均財政收入。自 2005 年起，地區間人均財政支出差距進一步收窄，這與上節提到的 "三獎一補" 政策有關。雖然省一級的人均財政支出基本均衡，但到了縣一級，地區間差距就大了。以 2009 年為例，人均財政支出最高的 1% 的縣，支出是最低的 1% 的縣的 19 倍。[3]這種基層間的差距和上節討論過的縱向差距有關：越往基層分到的錢越少，省級的差距到了基層，就被層層放大了。

中央對地方的轉移支付大概可以分為兩類：一般性轉移支付（2009 年之後改稱 "均衡性轉移支付"）和專項轉移支付。[4]簡單來說，前者附加條件少，

1　1995 年的轉移支付數據來自《1995 年全國地市縣財政統計資料》，2018 年的數據來自財政部網站公佈的《關於 2018 年中央決算的報告》。

2　根據財政部公佈的《關於 2018 年中央決算的報告》，當年 85% 的轉移支付用在了中西部地區。而根據雲南財經大學繆小林和高躍光以及雲南大學王婷等人的計算（2017），從 1995 年到 2014 年，80% 以上的轉移支付都分配到了中西部地區。

3　目前可得的縣級財政支出數據只到 2009 年，來自《2009 年全國地市縣財政統計資料》。我在計算時僅包括了縣和縣級市，不包括市區，也沒有包括 4 個直轄市和西藏自治區。

4　廣義轉移支付還應包括稅收返還，但這部分錢本就屬於地方，不包含在本段的統計中。

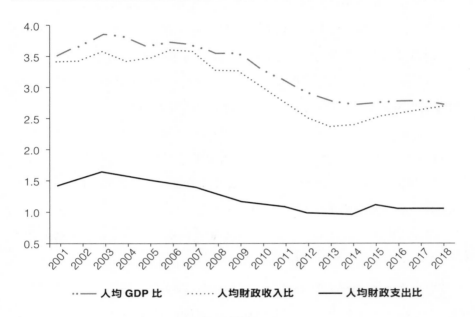

注：江蘇、浙江、廣東的人均 GDP 最高，而雲南、貴州、甘肅則最低。此處未包括 4 個直轄市和西藏自治區，這些地區和其他省份不太具有可比性。

圖 2–6　蘇浙粵與雲貴甘人均財力之比

地方可自行決定用途，而後者必須專款專用。為什麼要指定資金用途、不讓地方自主決策呢？因為無條件的均衡性轉移支付是為了拉平地區差距，所以越窮的地方拿到的錢越多，地方也就越缺乏增收動力。而且均衡性轉移支付要保證政府運作和公務員工資，可能會刺激財政供養人員增加，惡化冗員問題。

　　專項轉移支付約佔轉移支付總額的四成，一般以"做項目"的形式來分配資金，專款專用，可以約束下級把錢花在上級指定的地方，但在實際操作中，這種轉移支付加大了地區間的不平等。[1] 經濟情況越好、財力越雄厚的地

1　專項轉移支付實際上增大了地方人均財力的差別，這方面證據很多，比如中國宏觀經濟研究院王瑞民和中國人民大學陶然的研究（2017）。

區，反而可能拿到更多的專項轉移支付項目，原因有三。第一，上級分配項目時一般不會 "撒胡椒麵兒"，而是傾向於集中財力投資大項目，並且交給有能力和條件的地區來做，所謂 "突出重點，擇優支持"。第二，2015 年之前，許多項目都要求地方政府提供配套資金，只有有能力配套的地方才有能力承接大項目，拿到更多轉移支付。[1] 第三，項目審批過程中人情關係在所難免。很多專項資金是由財政部先撥款給各部委後再層層下撥，所以就有了 "跑部錢進" 的現象，而經濟發達地區往往與中央部委的關係也更好。[2]

公共財政的重要功能是實現人均公共服務的均等化，雖然我國在這方面已取得了長足進展，但可改進的空間依然很大。從目前情況來看，東中西部省份之間、同一省份的城鄉之間、同一城市的戶籍人口和非戶籍人口之間，公共服務的差別依然很大。第五章將會繼續探討這些地區間不均衡、人與人不平等的問題。

結　語

要深入了解政府，必須了解財稅。本章介紹了 1994 年分稅制改革的邏輯和後果。圖 2-7 總結了本章各部分內容之間的關係。從中可以看到，制度改革必須不斷適應新的情況和挑戰。理解和評價改革，不能生搬硬套某種抽象的哲學或理論標準，而必須深入了解改革背景和約束條件，仔細考量在特定時空條件下所產生的改革效果。只有理解了分稅制改革的必要性和成功經驗，才能理解其中哪些元素已經不適應新情況，需要繼續改革。

分稅制之後興起的 "土地財政"，為地方政府貢獻了每年五六萬億的土地使用權轉讓收入，著實可觀，但仍不足以撬動飛速的工業化和城市化。想想每年的基礎設施建設投入，想想高鐵從起步到普及不過區區十年，錢從哪裏

1　2015 年 2 月，國務院發佈《關於改革和完善中央對地方轉移支付制度的意見》，明確 "中央在安排專項轉移支付時，不得要求地方政府承擔配套資金"。

2　部委的人情關係在專項資金分配中有重要作用，參見上海財經大學范子英和華中科技大學李欣的研究（2014）。

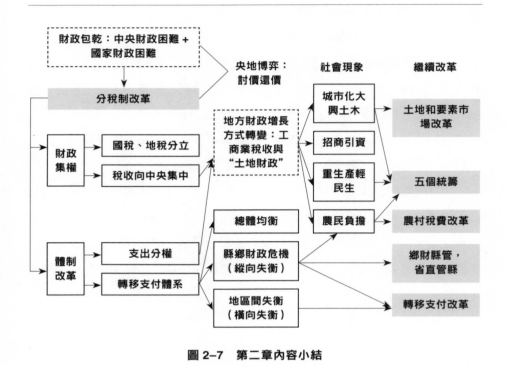

圖 2–7　第二章內容小結

來？每個城市都在大搞建設，高樓、公園、道路、園區……日新月異，錢從
哪裏來？所以土地真正的力量還不在"土地財政"，而在以土地為抵押而撬
動的銀行信貸與其他各路資金。"土地財政"一旦嫁接了資本市場，加上了槓
桿，就成了"土地金融"，能像滾雪球般越滾越大，推動經濟飛速擴張，也造
就了地方政府越滾越多的債務，引發了一系列宏觀經濟問題。"土地金融"究
竟是怎麼回事？政府究竟是如何融資和投資的？中外媒體和分析家們都很關
心的地方政府債務，究竟是什麼情況？這些是下一章的內容。

◎
擴展閱讀

　　財政和稅收本身就是一個專業，涉及內容繁多，很多大學都有專門的系所甚至學院。本章重點不是財稅本身，而是以財稅的視角去理解地方政府行為。北京大學周飛舟的著作《以利為利：財政關係與地方政府行為》（2012）與本章視角類似，但更加系統和全面，詳細介紹了從新中國成立初期一直到21世紀初主要財政改革的前因後果，有不少一手調研資料，邏輯性和結構都很好，是一本優秀的入門讀物。

　　要深入了解城市的土地財政，就必須了解農村的土地制度，因為城市的新增建設用地大都是從農村徵收來的。北京大學周其仁的著作《城鄉中國》（2017年修訂版）闡釋了城鄉土地制度，既追溯了過往，也剖析了當下，語言輕鬆，說理清楚。中國人民大學劉守英的著作《土地制度與中國發展》（2018）則更為全面和詳細，適合進階參考。

　　財政和土地制度是國家大事，改變著每個人的生活。要想真正理解這些改革，需要深入基層，觀察這些改革如何影響了官員、企業家和普通人的行為，如何改變了他們之間的關係。華中科技大學吳毅的著作《小鎮喧囂：一個鄉鎮政治運作的演繹與闡釋》（2018年新版）是一份非常詳細和生動的記錄。這本社會學著作以50萬字的篇幅記錄了21世紀初中部某小鎮上發生的很多事，大都圍繞經濟問題展開。故事本身以及作者的評論，都很精彩，能讓人看到"上面"來的改革對基層個體的重大影響。在另一部類似的傑作《他鄉之稅：一個鄉鎮的三十年，一個國家的"隱秘"財政史》（2008）中，田毅和趙旭記錄了一個北方小鎮的故事。與吳毅之作不同，本書的敘事從1978年開始，記錄了30年間財政變革給基層帶來的種種變化。讀者尤其可以了解分稅制後基層財政的懸浮和空轉狀態，了解農業稅費改革之前基層盛行的"買稅"或"協稅"現象。

第三章
政府投融資與債務

暨南大學附近有個地方叫石牌村，是廣州最大的城中村之一，很繁華。前兩年有個美食節目探訪村中一家賣鴨仔飯的小店，東西好吃還便宜，一份只賣 12 元。中年老闆看上去非常樸實，主持人問他："掙得很少吧？"他說："掙得少，但是我生活得很開心。因為我自己……我告訴你，我也是有……不是很多錢啦，有 10 棟房子可以收租。"主持人一臉"怪不得"的樣子對著鏡頭哈哈大笑起來："為什麼可以賣 12 元？因為他有 10 套房子可以收租！"老闆平靜地糾正他："是 10 棟房哦，不是 10 套房哦，10 棟房，一棟有 7 層。"主持人的大笑被這突如其來的 70 層樓拍扁在了臉上……

很多人都有過幻想：要是老家的房子和地能搬到北、上、廣、深就好了。都是地，人家的怎麼就那麼值錢？區區三尺土地，為什麼一旦變成房本，別人就得拿大半輩子的收入來換？

再窮的國家也有大片土地，土地本身並不值錢，值錢的是土地之上的經濟活動。若土地只能用來種小麥，價值便有限，可若能吸引來工商企業和人才，價值想像的空間就會被打開，笨重的土地就會展現出無與倫比的優勢：它不會移動也不會消失，天然適合做抵押，做各種資本交易的壓艙標的，身價自然飆升。土地資本化的魔力，在於可以掙脫物理屬性，在抽象的意義上交易承諾和希望，將過去的儲蓄、現在的收入、未來的前途，統統匯聚和封存在一小片土地上，使其價值暴增。由此產生的能量不亞於科技進步，支撐起了工業化和城市化的巨大投資。經濟發展的奧秘之一，正是把有形資產轉變成為這種抽象資本，從而聚合跨越空間和時間的資源。[1]

上一章介紹了城市政府如何平衡工業用地和商住用地供應，一手搞"工業化"，一手搞"城市化"，用土地使用權轉讓費撐起了"第二財政"。但這種一筆一筆的轉讓交易並不能完全體現土地的金融屬性。地方政府還可以把與土地相關的未來收入資本化，去獲取貸款和各類資金，將"土地財政"的規模成倍放大為"土地金融"。

本章第一節用實例來解釋這種"土地金融"與政府投資模式。第二節介紹這種模式的弊端之一，即地方政府不斷加重的債務負擔。與政府債務相關的各項改革中也涉及對官員評價和激勵機制的改革，因此第三節將展開分析地方官員在政府投融資過程中的角色和行為。

第一節　城投公司與土地金融

實業投資要比金融投資複雜得多，除了考慮時間、利率、風險等基本要素之外，還要處理現實中的種種複雜情況。基金經理從股票市場上買入千百個散戶手中的股票，和地產開發商從一片土地上拆遷掉千百戶人家的房子，雖然同樣都是購買資產，都算投資，但操作難度完全不同。後者若沒有政府介入，根本幹不成。實業投資通常是個連續的過程，需要不斷投入，每個階段打交道的對象不同，所需的專業和資源不同，要處理的事務和關係也不同。任一階段出了紕漏，都會影響整個項目。就拿蓋一家商場來說，前期的土地拆遷、中期的開發建設、後期的招商運營，涉及不同的專業和事務，往往由不同的主體來投資和運作，既要考慮項目整體的連續性，也要處理每一階段的特殊性。

我國政府不但擁有城市土地，也掌控著金融系統，自然會以各種方式參

1　秘魯經濟學家赫爾南多・德・索托（Hernando de Seto）的名著《資本的秘密》（2007）對資本的屬性有極佳的論述。

與實業投資，不可能置身事外。但實業投資不是買賣股票，不能隨時退出，且投資過程往往不可逆：未能完成或未能正常運轉的項目，前期的投入可能血本無歸。所以政府一旦下場就很難抽身，常常不得不深度干預。在很長一段時期內，中國 GDP 增長的主要動力來自投資，這種增長方式必然伴隨著政府深度參與經濟活動。這種方式是否有效率，取決於經濟發展階段，本書下篇將深入探討。但我們首先要了解政府究竟是怎麼做投資的。本節聚焦土地開發和基礎設施投資，下一章再介紹工業投資。

地方政府融資平台：從成都"寬窄巷子"說起

法律規定，地方政府不能從銀行貸款，2015 年之前也不允許發行債券，所以政府要想借錢投資，需要成立專門的公司。[1] 這類公司大都是國有獨資企業，一般統稱為"地方政府融資平台"。這個名稱突出了其融資和負債功能，所以經濟學家和財經媒體在談及這些公司時，總是和地方債務聯繫在一起。但這些公司的正式名稱可不是"融資平台"，而大都有"建設投資"或"投資開發"等字樣，突出自身的投資功能，因此也常被統稱為"城投公司"。比如蕪湖建設投資有限公司（奇瑞汽車大股東）和上海城市建設投資開發總公司（即上海城投集團），都是當地國資委的全資公司。還有一些公司專門開發旅遊景點，名稱中一般有"旅遊發展"字樣，比如成都文化旅遊發展集團，也是成都市政府的全資公司，開發過著名景點"寬窄巷子"。

"寬窄巷子"這個項目，投融資結構比較簡單，從立項開發到運營管理，由政府和國企一手包辦。"寬窄巷子"處於歷史文化保護區域，開發過程涉及保護、拆遷、修繕、重建等複雜問題，且投資金額很大，周期很長，盈利前景也不明朗，民營企業難以處理。因此這個項目從 2003 年啟動至今，一直由兩家市屬全資國企一手操辦：2007 年之前由成都城投集團負責，之後則由成都文旅集團接手。2008 年景區開放，一邊運營一邊繼續開發，直到 2019 年 6

1　中國人民銀行制定的《貸款通則》中對借款人資格做了嚴格限定，排除了地方政府。1995 年版的《預算法》規定地方政府不得發行債券，2014 年修訂版則允許省級政府發債。

月，首期開發才正式完成，整整花了 16 年。從文旅集團接手開始算，總共投入約 6.5 億元，其中既有銀行貸款和自有收入，也有政府補貼。

成都文旅集團具有政府融資平台類公司的典型特徵。

第一，它持有從政府取得的大量土地使用權。這些資產價值不菲，再加上公司的運營收入和政府補貼，就可以撬動銀行貸款和其他資金，實現快速擴張。2007 年，公司剛成立時註冊資本僅 5 億元，主業就是開發"寬窄巷子"。2018 年，註冊資本已達 31 億元，資產 204 億元，下屬 23 家子公司，項目很多。[1]

第二，盈利狀況依賴政府補貼。2015—2016 年，成都文旅集團的淨利潤為 6 600 多萬元，但從政府接收到的各類補貼總額超過 2 億元。補貼種類五花八門，除稅收返還之外，還有納入公共預算的專項補貼。比如成都市公共預算內有一個旅遊產業扶持基金，2012—2015 年間，每年補貼文旅集團 1 億元以上。政府還可以把土地使用權有償轉讓給文旅集團，再以某種名義將轉讓費原數返還，作為補貼。[2]2015 年新《預算法》要求清理各種補貼。2017—2018 年，文旅集團的淨利潤近 1.4 億元，補貼則下降到不足 4 000 萬元。

盈利狀況依賴政府補貼，是否就是沒效率？不能一概而論。融資平台公司投資的大多數項目都有基礎設施屬性，項目本身盈利能力不強，否則也就無需政府來做了。這類投資的回報不能只看項目本身，要算上它帶動的經濟效益和社會效益。但說歸說，這些"大賬"怎麼算，爭議很大。經濟學的福利分析，作為一種推理邏輯有些用處，但從中估算出的具體數字並不可靠。2009 年初，我第一次去"寬窄巷子"，當時還是個新景點，人並不多。2016 年夏天，我第二次去，這裏已經成了著名景點，人山人海。根據文旅集團近幾年披露的財務數據，"寬窄巷子"每年接待遊客 2 000 萬人次，集團營收八九千萬元，淨利兩三千萬元，且增速很快，經濟效益很好。但就算沒有淨利甚至虧損，這項目就不成功麼？也難說。2 000 萬遊客就算人均消費 50

1　相關數據來自公司發債時披露的信息和報表，讀者可以到上海清算所網站下載。

2　2009 年末，成都市財政局把關於"寬窄巷子"歷史文化保護區項目的一筆土地出讓金 3 769.82 萬元，以"補貼收入"的形式全額返還給了文旅集團，專項用於"寬窄巷子"項目的宣傳推廣。

元，每年 10 億元的體量也是個相當不錯的小經濟群。而且還帶動著周邊商業、餐飲、交通的繁榮，社會效益也不錯。對政府和老百姓來說，這也許比項目本身的盈利能力更加重要。

第三，政府的隱性擔保可以讓企業大量借款。銀行對成都文旅集團的授信額度為 176 億元，而文旅集團發行的債券，評級也是 AA+。該公司是否應有這麼高的信用，見仁見智。但市場一般認為，融資平台公司背後有政府的隱性擔保。所謂"隱性"，是因為《擔保法》規定政府不能為融資平台提供擔保。但其實政府不斷為融資平台注入各類資產，市場自然認為這些公司不會破產，政府不會"見死不救"，所以風險很低。

"寬窄巷子"這個項目比較特殊，大多數類似的城市休閒娛樂項目並不涉及大量歷史建築的修繕和保護，開發過程也沒這麼複雜，可以由民營企業完成。比如遍及全國的萬達廣場和著名的上海新天地（還有武漢天地、重慶天地等），都是政府一次性出讓土地使用權，由民營企業（萬達集團和瑞安集團）開發和運營。當地的融資平台公司一般只參與前期的拆遷和土地整理。用術語來說，一塊劃出來的"生地"，平整清理後才能成為向市場供應的"熟地"，這個過程稱為"土地一級開發"。"一級開發"投入大、利潤低，且涉及拆遷等複雜問題，一般由政府融資平台公司完成。之後的建設和運營稱為"二級開發"，大都由房地產公司來做。

工業園區開發：蘇州工業園區 vs 華夏幸福

從運營模式上看，成都文旅集團有政府融資平台企業的顯著特點，但大多數融資平台的主業不是旅遊開發，而是工業園區開發和城市基礎設施建設。工業園區或開發區在我國遍地開花。2018 年，國家級開發區共 552 家，省級 1 991 家，省級以下不計其數。[1]

蘇州工業園區是規模最大也是最成功的國家級開發區之一，佔地 278 平

1　數據來自《2018 年中國開發區審核公告目錄》，由發改委和科技部等六部門聯合發佈。

方公里。2019 年，園區 GDP 為 2 743 億元，公共財政預算收入 370 億元，經濟體量比很多地級市還大。[1] 如此大規模園區的開發和運營，自然要比"寬窄巷子"複雜得多，參與公司眾多，主力是兩家國企：兆潤集團負責土地整理和基礎設施建設（土地一級開發），2019 年底剛上市的中新集團負責建設、招商、運營（土地二級開發）。

兆潤集團（全稱"蘇州工業園區兆潤投資控股集團有限公司"）就是一家典型的融資平台公司。這家國有企業由園區管委會持有 100% 股權，2019 年註冊資本 169 億元，主營業務是典型的"土地金融"：管委會把土地以資本形式直接注入兆潤，由它做拆遷及"九通一平"等基礎開發，將"生地"變成可供使用的"熟地"，再由管委會回購，在土地市場上以招拍掛等形式出讓，賣給中新集團這樣的企業去招商和運營。兆潤集團可以用政府注入的土地去抵押貸款，或用未來土地出讓受益權去質押貸款，還可以發債，而還款來源就是管委會回購土地時支付的轉讓費及各種財政補貼。兆潤集團手中土地很多，在高峰期的 2014 年末，其長期抵押借款超過 200 億元，質押借款超過 100 億元。[2]

與成都寬窄巷子或上海新天地這樣的商業項目相比，開發工業園區更像基礎設施項目，投資金額大（因為面積大）、盈利低，大都由融資平台類國企主導開發，之後交給政府去招商引資。而招商引資能否成功，取決於地區經濟發展水平和營商環境。像上海和蘇州工業園區這種地方，優秀企業雲集，所以招商的重點是"優中選優"，力爭更好地聚合本地產業資源和比較優勢。我去過蘇州工業園區三次，每次都感歎其整潔和綠化環境，不像一個製造業企業雲集的地方。2019 年，園區進出口總額高達 871 億美元。雖說其飛速發展借了長三角的東風，但運營水平如此之高，園區管委會和幾家主要國企功不可沒。

1　數字來自蘇州工業園區管委會主頁。我的家鄉包頭市，人口為 290 萬人，2019 年的 GDP 也只有 2 715 億元，公共預算收入不過 152 億元。

2　數據來自兆潤集團發債的募集說明書和相關評級公告。兆潤集團的業務有很多，除開發園區土地之外，也開發房地產。

　　而在很多中西部市縣，招商就困難多了。地理位置不好，經濟發展水平不高，政府財力和人力都有限，除了一些土地，沒什麼家底。因此有些地方乾脆就劃一片地出來，完全依託民營企業來開發產業園區，甚至連招商引資也一並委託給這些企業。

　　這類民企的代表是華夏幸福，這家上市公司的核心經營模式是所謂的"產城結合"，即同時開發產業園區和房地產。簡單來說，政府劃一大片土地給華夏幸福，既有工業用地，也有商住用地，面積很大，常以"平方公里"為度量單位。華夏幸福不僅負責拆遷和平整，也負責二級開發。在讓該公司聲名大噪的河北固安高新區項目中，固安縣政府簽給華夏幸福的土地總面積超過170平方公里。2017年第11期《財新周刊》對華夏幸福做了深度報道，稱其為"造城者"，不算誇張。

　　工業園區開發很難盈利。招商引資本就困難，而想培育一個園區，需要引入一大批企業，過程更是曠日持久，所以華夏幸福賺錢主要靠開發房地產。所謂"產城結合"，"產"是旗幟，"城"是重點，需要用賣房賺到的快錢去支持產業園區運營。按照流程，政府委託華夏幸福做住宅用地的一級開發，之後這片"熟地"要還給政府，再以招拍掛等公開方式出讓給中標的房地產企業。假如在這一環節中華夏幸福沒能把地拿回來，也就賺不到房地產二級開發的大錢。但據《財新周刊》報道，在實際操作中，主導一級開發的華夏幸福是近水樓台，其他企業很難參與其產業園區中的房地產項目。

　　用房地產的盈利去反哺產業園區，這聽起來很像第二章所描述的政府"土地財政"：一手低價供應工業用地，招商引資，換取稅收和就業；一手高價供應商住用地，取得賣地收入。但政府"虧本"招商引資，圖的是稅收和就業，可作為民企的華夏幸福，又能從工業園區發展中得到什麼呢？答案是它也可以和政府分享稅收收益。園區內企業繳納的稅收（地方留存部分），減去園區運營支出，華夏幸福和政府可按約定比例分成。按照法律，政府不能和企業直接分享稅收，但可以購買企業服務，以產業發展服務費的名義來支付約定的分成。

　　政府付費使用私營企業開發建設的基礎設施（如產業園區），不算什麼新鮮事。這種模式叫"政府和社會資本合作"（Public-Private Partnership, PPP），源於海外，不是中國的發明。如果非要說中國特色，可能有二。第一是項目多，規模大。截至 2020 年 5 月，全國入庫的 PPP 項目共 9 575 個，總額近 15 萬億元，但真正開工建設的項目只有四成。第二個特色是"社會資本"大都不是民營企業，而是融資平台公司或其他國企，比如本節中提到的成都文旅集團、兆潤集團、中新集團等。截至 2019 年末，在所有落地的 PPP 項目中，民營企業參與率不過三成，大都只做些獨立項目，比如垃圾或污水處理。[1] 像華夏幸福這樣負責園區整體開發的民企並不多，它打造的河北固安高新區項目也是國家級 PPP 示範項目。最近兩年，對房地產行業以及土地市場的限制越來越嚴，一些大型傳統房企也開始探索這種"產城融合"模式，效果如何尚待觀察。

　　第二章提到，政府搞城市開發和招商引資，就像運營一個商場，需要用不同的代價引入不同的商舖，實現總體收入最大化。政府還可以把這一整套運作都"外包"給如華夏幸福之類的民營企業，讓後者深度參與到招商引資的職能中來。

　　諾貝爾經濟學獎獲得者羅納德·科斯（Ronald Coase）早在 20 世紀 30 年代就問過："企業和市場的邊界在哪裏？""市場如果有效，為什麼會有企業？"這些問題不容易回答。如果追問下去，企業和政府的邊界又在哪裏？從紙面定義看，各種實體似乎涇渭分明，但從實際業務和行為模式來看，融資平台類公司就是企業和政府的混合體，而民營企業如華夏幸福，又承擔著政府的招商職能。現實世界中沒有定義，只有現象，只有環環相扣的權責關係。或者按張五常的說法，只有一系列合約安排。[2] 要想理解這些現象，需要深入調研當事人面臨的各種約束，包括能力、資源、政策、信息等，簡單的政府—市場二元觀，沒什麼用。

1　與 PPP 相關的數據來自財政部"政府和社會資本合作中心"網站（www.cpppc.org）。

2　張五常在其著作（2019）第四卷中深入探討了關於合約選擇的一般性理論。

第二節　地方政府債務

　　圖3-1總結了"土地財政"和"土地金融"的邏輯。1994年分稅制改革後，中央拿走了大部分稅收。但因為有稅收返還和轉移支付，地方政府維持運轉問題不大。但地方還要發展經濟，要招商引資，要投資，都需要錢。隨著城市化和商品房改革，土地價值飆升，政府不僅靠土地使用權轉讓收入支撐起了"土地財政"，還將未來的土地收益資本化，從銀行和其他渠道借入了天量資金，利用"土地金融"的巨力，推動了快速的工業化和城市化。但同時也積累了大量債務。這套模式的關鍵是土地價格。只要不斷地投資和建設能帶來持續的經濟增長，城市就會擴張，地價就會上漲，就可以償還連本帶利越滾越多的債務。可經濟增速一旦放緩，地價下跌，土地出讓收入減少，累積的債務就會成為沉重的負擔，可能壓垮融資平台甚至地方政府。

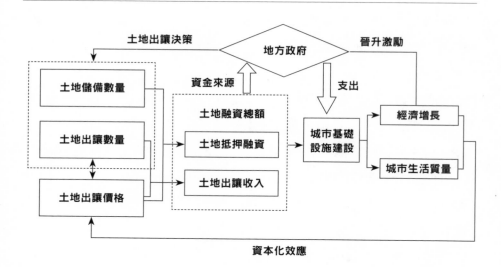

資料來源：清華大學鄭思齊等人的合作研究（2014）。

圖3-1　"土地財政"與"土地金融"

　　地方債的爆發始於 2008—2009 年。為應對從美國蔓延至全球的金融危機，我國當時迅速出台 "4 萬億" 計劃：中央政府投資 1.18 萬億元（包括汶川地震重建的財政撥款），地方政府投資 2.82 萬億元。為配合政策落地、幫助地方政府融資，中央也放寬了對地方融資平台和銀行信貸的限制。2008 年，全國共有融資平台公司 3 000 餘家，2009 年激增至 8 000 餘家，其中六成左右是縣一級政府融資平台。快速猛烈的經濟刺激，對提振急速惡化的經濟很有必要，但大水漫灌的結果必然是泥沙俱下。財政狀況不佳的地方也能大量借錢，盈利前景堪憂的項目也能大量融資。短短三五年，地方政府就積累了天量債務。直到十年後的今天，這些債務依然沒有完全化解，還存在不小的風險。

為政府開發融資：國家開發銀行與城投債

　　實業投資是個複雜而漫長的過程，不是只看著財務指標下注後各安天命，而需要在各個階段和各個環節處理各種挑戰，所以精心選擇投資合作夥伴至關重要。我國大型項目的投資建設，無論是基礎設施還是工業項目，大都有政府直接參與，主體五花八門：有投融資平台類國企，有相關行業國企，也有科研和設計院所等單位。在現有的金融體制下，有國企參與或有政府背書的項目，融資比較容易。本節聚焦城投公司的基礎設施項目融資，第四章和第六章會討論工業項目中的政府投融資，以及由政府信用催生的過度投資和債務風險。

　　20 世紀八九十年代，大部分城市建設經費要靠財政撥款。1994 年分稅制改革後，地方財力吃緊，城市化又在加速，城建經費非常緊張，如果繼續依靠財政從牙縫裏一點點摳，大規模城建恐怕遙遙無期。但要想在城市建設開發中引入銀行資金，需要解決三個技術問題。第一，需要一個能借款的公司，因為政府不能直接從銀行貸款；第二，城建開發項目繁複，包括自來水、道路、公園、防洪，等等，有的賺錢，有的賠錢，但缺了哪個都不行，所以不能以單個項目分頭借款，最好捆綁在一起，以賺錢的項目帶動不賺錢的項目；第三，僅靠財政預算收入不夠還債，要能把跟土地有關的收益用起來。

　　為解決這三個問題，城投公司就誕生了。發明這套模式的是國家開發銀行。1998 年，國家開發銀行（以下簡稱 "國開行"）和安徽蕪湖市合作，把 8 個城市建設項目捆綁在一起，放入專門創立的城投公司蕪湖建投，以該公司為單一借款人向國開行借款 10.8 億元。這對當時的蕪湖來說是筆大錢，為城市建設打下了基礎。當時還不能用土地生財，只能靠市財政全面兜底，用預算安排的償還基金做償債來源。2002 年，全國開始推行土地 "招拍掛"，政府授權蕪湖建投以土地出讓收益做質押作為還款保證。2003 年，在國開行和天津的合作中，開始允許以土地增值收益作為貸款還款來源。這些做法後來就成了全國城投公司的標準模式。[1]

　　國開行是世界上最大的開發性銀行，2018 年資產規模超過 16 萬億元人民幣，約為世界銀行的 5 倍。[2]2008 年之前，國開行是城投公司最主要的貸款來源。2008 年 "4 萬億" 財政金融刺激之後，各種商業銀行包括 "工農中建" 四大行和城市商業銀行（以下簡稱 "城商行"），才開始大規模貸款給城投公司。2010 年，在地方融資平台公司的所有貸款中，國開行約 2 萬億元，四大行 2 萬億元，城商行 2.2 萬億元，其他股份制銀行與農村合作金融機構合計 1 萬億元，城商行已經和國開行、四大行平起平坐。[3]

　　城商行主要由地方政府控制。2015 年，七成左右的城商行的第一股東是地方政府。[4]在各地招商引資競爭中，金融資源和融資能力是核心競爭力之一，因此地方政府往往掌控至少一家銀行，方便為融資平台公司和基礎設施建設提供貸款。但城商行為融資平台貸款存在兩大風險。其一，基礎設施建設項目周期長，需要中長期貸款。國開行是政策性銀行，有穩定的長期資

1　關於 "蕪湖模式" 的來龍去脈，可參考《國家開發銀行史（1994—2012）》（編委會，2013）。

2　國開行和世界銀行的資產規模來自各自年報。世界銀行資產規模僅包括國際復興開發銀行（IBRD）和國際開發協會（IDA）。

3　數據來自中國郵政儲蓄銀行風險管理部党均章和王慶華的文章（2010）。

4　數據來自西南財經大學洪正、張碩楠、張琳等人的合作研究（2017）。

金來源，適合提供中長期貸款。但商業銀行的資金大都來自短期存款，與中長期貸款期限不匹配，容易產生風險。其二，四大行的存款來源龐大穩定，可以承受一定程度的期限錯配。但城商行的存款來源並不穩定，自有資本也比較薄弱，所以經常需要在資本市場上融資，容易出現風險。以包商銀行為例，2019 年被監管機構接管，2020 年提出破產申請，屬銀行業 20 年來首次。該行吸收的存款佔其負債總額不足一半，剩餘負債幾乎全部來自銀行同業業務。[1] 這個例子雖然極端，但在 4 萬億刺激後的 10 年中，全國中小城商行普遍高度依賴同業融資。流動性一旦收緊，就可能引發連鎖反應。

城投公司最主要的融資方式是銀行貸款，其次是發行債券，即通常所說的城投債。與貸款相比，發行債券有兩個理論上的好處。其一，把債券賣給廣大投資者可以分散風險，而貸款風險都集中在銀行系統；其二，債券可以交易，價格和利率時時變動，反映了市場對風險的看法。高風險債券價格更低，利率更高。靈活的價格機制可以把不同風險的債券分配給不同類型的投資者，提高了配置效率。

但對城投債來說，這兩個理論上的好處基本都不存在。第一，絕大多數城投債都在銀行間市場發行，七八成都被商業銀行持有，流動性差，風險依然集中在銀行系統。第二，市場認為城投債有政府隱性擔保，非常安全。缺錢的地方明明風險不小，但若發債時提高一點利率，也會受市場追捧。[2] 事實證明市場是理性的。城投債從 2008 年 "4 萬億" 刺激後開始爆發，雖經歷了大小數次改革和清理整頓，但整體違約率極低。這個低風險高收益的 "怪胎" 對債券市場發展影響很大，積累的風險其實不小。

地方債務與風險

地方政府的債務究竟有多少，沒人知道確切數字。賬面上明確的 "顯性

1　數據來自《財新周刊》2019 年第 21 期的文章《央行銀保監聯合接管包商銀行全紀錄 首次有限打破同業剛兌》。

2　2010—2012 年，中央連續出台政策，收緊了銀行對融資平台的貸款，也收緊了信託等融資渠道。為繞開這些管制，融資平台開始大量發行城投債，不惜支付更高利息。

負債”不難算，麻煩主要在於各種“隱性負債”，其中融資平台公司的負債佔大頭。中外學術界和業界對中國的地方政府債務做了大量研究，所估計的地方債務總額在 2015 年到 2017 年間約為四五十萬億元，佔 GDP 的五六成，其中三四成是隱性負債。[1]

　　地方債總體水平雖然不低，但也不算特別高。就算佔 GDP 六成，再加上中央政府國債，政府債務總額佔 GDP 的比重也不足八成。相比之下，2018 年美國政府債務佔 GDP 的比重為 107%，日本更是高達 237%。[2] 而且我國地方政府借來的錢，並沒有多少用於政府運營性支出，也沒有像一些歐洲國家如希臘那樣去支付社會保障，而主要是投資在了基礎設施項目上，形成了實實在在的資產。雖然這些投資項目的回報率很低，可能平均不到 1%，但如果“算大賬”，事實上也拉動了 GDP，完善了基礎設施，方便了民眾生活，整體經濟與社會效益可能比項目回報率高。[3] 此外，我國政府外債很少。根據國家外匯管理局《2019 年中國國際收支報告》中的數據，2019 年末廣義政府（政府加央行）的外債餘額為 3 072 億美元，僅佔 GDP 的 2%。

　　但是債務風險不能只看整體，因為欠債的不是整體而是個體。如果某人欠了 1 億元，雖然理論上全國人民每人出幾分錢就夠還了，但實際上這筆債務足以壓垮這個人。地方債也是一樣的道理，不能用整體數字掩蓋局部風險。縱向上看，層級越低的政府負擔越重，風險越高。縣級債務負擔遠高於省級，因為縣級的經濟發展水平更低，財政收入更少。橫向上看，中西部的債務負擔和風險遠高於東部。[4]

　　雖然從經濟分析的角度看，地方政府投資的項目有很多外溢的經濟效益和社會效益，但在現實世界裏，還債需要借款人手中實打實的現金，虛的效

1　對隱性負債的估計有很多，數據來源差不多，結果大同小異。此處的數字參考了三種文獻：清華大學白重恩、芝加哥大學謝長泰及香港中文大學宋錚的論文（Bai, Hsieh and Song, 2016）；海通證券姜超、朱徵星、杜佳的研報（2018）；德意志銀行張智威和熊奕的論文（Zhang and Xiong, 2019）。

2　美國和日本的數據來自國際貨幣基金組織（IMF）全球債務數據庫，詳見第六章圖 6-3。

3　德意志銀行的張智威和熊奕（Zhang and Xiong, 2019）計算了 1 109 家地方政府融資平台公司的資產回報率。2016 年，回報率的中位數只有 0.8%。

4　越窮的省債務負擔越重。上海交通大學的陸銘在著作中（2016）分析了這一關係。

益沒用。融資平台投資回報率低，收入就低，還債就有困難。由於有地方政府背後支持，這些公司只要能還上利息和到期的部分本金，就能靠借新還舊來滾動和延續其餘債務。但大多數融資平台收入太少，就算是只還利息也要靠政府補貼。2017 年，除了北京、上海、廣東、福建、四川和安徽等六省市外，其他省份的融資平台公司的平均收入，若扣除政府補貼，都無法覆蓋債務利息支出。[1] 但政府補貼的前提是政府有錢，這些錢主要來自和土地開發有關的各種收入。一旦經濟遇冷，地價下跌，政府也背不起這沉重的債務。

地方債的治理與改革

　　對地方債務的治理始於 2010 年，十年間兜兜轉轉，除了比較細節的監管措施，重要的改革大概有四項。第一項就是債務置換，從 2015 年新版《預算法》生效後開始，到 2019 年基本完成。簡單來說，債務置換就是用地方政府發行的公債，替換一部分融資平台公司的銀行貸款和城投債。這麼做有三個好處。其一，利率從之前的 7%—8% 甚至更高，降低到了 4% 左右，大大減少了利息支出，緩解了償付壓力。低利率也有利於改善資本市場配置資金的效率。融資平台佔用了大量銀行貸款，也發行了大量城投債，因為有政府隱性擔保，市場認為這些借款風險很低，但利率卻高達 7%—8%，銀行（既是貸款主體，也是城投債主要買家）當然樂於做大這個低風險高收益的業務，不願意冒險借錢給其他企業，市場平均利率和融資成本也因此被推高。這種情況嚴重削弱了利率調節資金和風險的功能，需要改革。其二，與融資平台貸款和城投債相比，政府公債的期限要長得多。因為基礎設施投資的項目周期也很長，所以債務置換就為項目建設注入了長期資金，不用在短期債務到期後屢屢再融資，降低了期限錯配和流動性風險。其三，至少從理論上說，政府信用要比融資平台信用更高，債務置換因此提升了信用級別。

　　債務置換是為了限制債務增長，規範借債行為，所以地方政府不能無限

1　德意志銀行的張智威和熊奕（Zhang and Xiong, 2019）計算了 1 109 家地方政府融資平台公司的 "利息覆蓋率"，即公司收入除以利息支出得到的比值。如果這個比值大於 1，就有能力付息。

制地發債去置換融資平台債務。中央對發債規模實行限額管理：總體限額由國務院確定並報全國人大或全國人大常委會批准，各地區限額則由財政部根據各地債務風險和財力測算決定，報國務院批准。這種數量管制的好處是限額不能突破，是硬約束；壞處是比較僵硬，不夠靈活。經濟發達地區可能有更多更好的項目，但因為超過了限額而無法融資，而欠發達地區一些不怎麼樣的項目，卻因為在限額之內就能借到錢。

第二項改革是推動融資平台轉型，釐清與政府之間的關係，剝離其為政府融資的功能，同時破除政府對其形成的"隱性"擔保。融資平台公司業務中一些公共服務性質強的城建或基建項目，可以剝離出來，讓地方政府用債務置換的方式承接過去，也可以用 PPP 模式來繼續建設。然而很多平台公司負債纍纍，地方政府有限的財力也只能置換一部分，剩餘債務剝離不了，公司轉型就很困難。而且要想轉型為普通國企，公司的業務和治理架構都要改變，業務要能產生足夠的現金流，公司領導也不能再由官員兼任。所以融資平台轉型並不容易，目前還遠遠未完成。在這種情況下要想遏制其債務繼續增長，就要制止地方政府繼續為其提供隱性擔保。在近幾年的多起法院判例中，地方政府提供的擔保函均被判無效。2017 年，財政部問責了多起違規擔保。比如重慶黔江區財政局曾為當地的融資平台公司出具過融資產品本息承諾函，後黔江區政府、區財政局、融資平台公司的有關負責人均被處分。[1]

第三項改革是約束銀行和各類金融機構，避免大量資金流入融資平台。這部分監管的難點不在銀行本身，而在各類影子銀行業務。第六章會詳談相關改革，包括 2018 年出台的"資管新規"。

第四項改革就是問責官員，對過度負債的行為終身追責。這項改革從2016 年開始。2018 年，中共中央辦公廳和國務院辦公廳正式下發《地方政府隱性債務問責辦法》，要求官員樹立正確的政績觀，嚴控地方政府債務增量，終身問責，倒查責任。最近幾年也確實問責了一些幹部，案件類型主要集中在各類違規承諾，比如上文中提到的對重慶黔江區政府的問責。這種明顯違

1　詳見《財新周刊》2017 年第 21 期的封面文章《再查地方隱性負債》。

規的操作容易查處，但更重要的是那些沒有明顯違規舉債卻把錢投資到了沒效益的項目上的操作，這類行為難以確定和監管。深層次的改革，需要從根本上約束官員的投資衝動。那麼，這種衝動的體制根源在哪裏呢？

第三節　招商引資中的地方官員

幾年前，我參加中部某市的招商動員大會，有位招商業績不錯的幹部分享心得："要對招商機會有敏感度，要做一個執著的跟蹤者，不能輕言放棄。要在招商中鍛煉自己，做到'銅頭、鐵嘴、順風耳、橡皮腰、茶壺肚、兔子腿'。"銅頭，是指敢闖、敢創造機會；鐵嘴，是指能說會道，不怕磨破嘴皮；順風耳和兔子腿，指消息靈通且行動敏捷；茶壺肚，指能喝酒、能社交。這些形容非常形象，容易理解。我當時不太懂什麼是"橡皮腰"，後來聽他解釋："要尊重客商，身段該軟的時候要能彎得下腰，但在談判過程中也不能隨便讓步，若涉及本市重要利益，該把腰挺起來的時候也要挺直了。"這些特點讓我聯想到了推銷員。他接下來講的話又讓我想到了客服："要關注禮儀，注重細節，做到四條。第一，要信守承諾；第二，要記得回電話，客商的電話、信息要及時回覆；第三，遇到事情用最快的速度、最高的效率去處理；第四，要做個有心人，拜訪客商要提前做好準備工作。"

當然，台上做報告可以把話說得很漂亮，現實中可能是另一回事。後來我和該市的招商幹部打了幾次交道，他們確實非常主動，電話打得很勤，有的項目就算已經表示過不適合引入該地區，對方也還會反覆聯繫，拿新的條件和方案不斷試探，不會輕易放棄。在幾次交流中我了解到，該市招商工作的流程設置得很好，相關激勵機制也比較到位，雖然地區資源和條件有限，但招商工作的確做得有聲有色。

我國官僚體系龐大，官僚體系自古就是政治和社會支柱之一，而且一直有吸納社會精英的傳統，人力資源雄厚。根據 2010 年的第六次人口普查，25—59 歲的城市人口中上過大學的（包括專科）約佔 22%，但在政府工作人員中上過大學的超過一半。在 25—40 歲的政府工作人員中，上過大學的超過七成，而同齡城市人口中上過大學的只有三成。[1]如今社會雖然早已多元化了，優秀人才選擇很多，但"學而優則仕"的傳統和價值觀一直都在，且政府依然是我國最有資源和影響力的部門，所以每年公務員考試都非常火爆，至少要達到大專以上文化程度才能報考，而錄取比例也非常低。

本節聚焦地方官員。從人數構成上看，地方官員是官僚體系的絕對主體。按公務員總人數算，中央公務員只佔 6%，若把各類事業單位也算上，中央只佔 4%。這在世界各主要國家中是個異數。美國中央政府公務員佔比為 19%，日本為 14%，德國為 11%，而經濟合作與發展組織（OECD）成員國的平均值高達 41%。[2]

官員政績與激勵機制

事在人為，人才的選拔和激勵機制是官僚體制的核心，決定著政府運作的效果。所謂激勵機制，簡單來說就是"胡蘿蔔加大棒"：事情做好了對個人有什麼好處？搞砸了有什麼壞處？因為發展經濟是地方政府的核心任務，所以激勵機制需要將幹部個人得失與本地經濟發展情況緊密掛鉤，既要激勵地方主官，也要激勵基層公務員。

從"胡蘿蔔"角度看，經濟發展是地方官的主要政績，對其聲望和升遷有重要影響。而對廣大普通政府工作人員而言，職務晉升機會雖然很少，但實際收入與本地財政情況密切相關，也和本部門、本單位的績效密切相關，這些又都取決於本地的經濟發展。從"大棒"角度看，一方面有黨紀國法的監督懲罰體系，另一方面也有地區間招商引資的激烈競爭。為防止投資和產業流失，地方官員需要改善本地營商環境，提高效率。若某部門為了部門利益而損害整體營商環境，或部門間扯皮降低了行政效率，上級出於政績考慮

1　城市人口的教育數據來自國家統計局《中國 2010 年人口普查資料》。政府工作人員的教育數據來自 2006—2013 年的"中國社會綜合調查"微觀數據。

2　這些數字來自財政部前部長樓繼偉的文章（2018）。

也會進行干預。

　　地方主官任期有限，要想在任內快速提升經濟增長，往往只能加大投資力度，上馬各種大工程、大項目。以市委書記和市長為例，在一個城市的平均任期不過三四年，而基礎設施或工業項目最快也要兩三年才能完成，所以"新官上任三把火"燒得又快又猛：上任頭兩年，基礎設施投資、工業投資、財政支出往往都會快速上漲。而全國平均每年都有三成左右的地級市要更換市長或市委書記，所以各地的投資都熱火朝天，"政治—投資周期"比較頻繁。[1] 投資需要資金，需要土地財政和土地金融的支持。所以在官員上任的前幾年，土地出讓數量一般都會增加。而新增的土地供應大多位於城市周邊郊區，所以城市發展就呈現出了一種"攤大餅"的態勢：建設面積越擴越大，但普遍不夠緊湊，通勤時間長、成本高，加重了擁擠程度，也不利於環保。[2]

　　雖然官員的晉升動機與促進經濟增長目標之間不衝突，也對地區經濟表現有相當的解釋力，但這種偏重投資的增長模式會造成很多不良後果。[3] 2016年之前，官員升遷或調任後就無需再對任內的負債負責，而新官又通常不理舊賬，會繼續加大投資，所以政府債務不斷攀升。在經濟發展到一定階段之後，低風險高收益的工業投資項目減少，基礎設施和城市建設投資的經濟效益也在減弱，繼續加大投資會降低經濟整體效率，助推產能過剩。此外，出於政績考慮，地方官員在基礎設施投資方面常常偏重"看得見"的工程建設，比如城市道路、橋樑、地鐵、綠地等，相對忽視"看不見"的工程，比如地下管網。所以每逢暴雨，"看海"的城市就很多。[4]

1　北京大學姚洋和上海財經大學張牧揚（2013）收集了 1994—2008 年間 241 個城市 1 671 名市長和市委書記的數據，發現他們在一個城市的平均任期是 3.8 年，中位數是 3 年。中山大學楊海生和羅黨論等人（2014）則收集了 1999—2013 年間近 400 個地級市的市長和市委書記的資料，發現平均每年都有近三成的地級市中至少有 1 個人職務發生變更。大量研究顯示，地區經濟指標隨地方主官任期變動，讀者可參考北京大學周黎安著作（2017）第六章對這些研究的總結。

2　復旦大學王之、北京大學張慶華和周黎安等人的論文發現，市領導升遷和城市面積擴張之間有正向關係（Wang, Zhang and Zhou, 2020）。

3　關於省、市、縣各級地方主官晉升和當地經濟表現之間的關係，研究非常多，北京大學周黎安的著作（2017）對此進行了系統的梳理和總結。

4　遼寧大學徐業坤和馬光源（2019）研究了官員變更和本地工業企業產能過剩之間的關係。對外經貿大學吳敏和北京大學周黎安（2018）研究了官員晉升和城市"可見"基礎設施建設投入之間的關係。

　　因為官員政績激勵對地方政府投資有重要影響，所以近年來在"去槓桿、去庫存、去產能"等供給側結構性重大改革中，也包含了對地方官員政績考核的改革。2013 年，中組部發佈《關於改進地方黨政領導班子和領導幹部政績考核工作的通知》，特別強調："不能僅僅把地區生產總值及增長率作為考核評價政績的主要指標，**不能搞地區生產總值及增長率排名**。中央有關部門不能單純以地區生產總值及增長率來衡量各省（自治區、直轄市）發展成效。地方各級黨委政府不能簡單以地區生產總值及增長率排名評定下一級領導班子和領導幹部的政績和考核等次。"明確了"選人用人不能簡單以地區生產總值及增長率論英雄"這項通知之後，再加上一系列財政和金融改革措施，地方 GDP 增長率和固定資產投資增長率開始下降。[1]2019 年，中共中央辦公廳印發《黨政領導幹部考核工作條例》，明確在考核地方黨委和政府領導班子的工作實績時，要看"全面工作"，"看推動本地區經濟建設、政治建設、文化建設、社會建設、生態文明建設，解決發展不平衡不充分問題，滿足人民日益增長的美好生活需要的情況和實際成效"。

　　在官員考核和晉升中，政績非常重要，但這不代表人情關係不重要。無論是公司還是政府，只要工作業績不能百分百清楚地衡量（像送快遞件數那樣），那上級的主觀評價就是重要的，與上級的人情關係就是重要的。人情和業績之間可能互相促進：業績突出容易受領導青睞，而領導支持也有助於做好工作。但如果某些領導為擴大自己的權力和影響，在選人用人中忽視工作業績，任人唯親，就可能打擊下屬的積極性。在這類問題突出的地區，官僚體系為了約束領導的"任性"，可能在晉升中搞論資排輩，因為年齡和工齡客觀透明，不能隨便修改。但如此一來，政府部門的工作效率和積極性都

1　2013 年之後，省市 GDP 和投資增長率有所下降，這一現象及相關解釋可以參考復旦大學張軍和樊海潮等人的論文（2020）。

會降低。[1]

　　雖然地方官場的人情關係對於局部的政治經濟生態會有影響，但是否重要到對整體經濟現象有特殊的解釋力，我持懷疑態度。一方面，地方之間有競爭關係，會限制地方官員恣意行事；另一方面，人情關係網依賴其中的關鍵人物，不確定性很大，有"一人得道雞犬升天"，就有"樹倒猢猻散"。但無論是張三得志還是李四倒黴，工作都還是一樣要繼續做，發展經濟也一樣還是地方政府工作的主題。

　　政績和晉升無疑對地方一把手和領導班子成員非常重要，卻無法激勵絕大多數公務員。他們的日常工作與政績關係不大，晉升希望也十分渺茫。在龐大的政府工作人員群體中，"縣處級"及以上的幹部大約只佔總人數的1%。平均來說，在一個縣裏所有的正科實職幹部中，每年升副縣級的概率也就1%，而從副縣級幹部到縣委副書記，還要經歷好幾個崗位和台階，動輒數年乃至數十年。[2] 因此絕大多數政府工作人員最在意的激勵並不是晉升，而是實際收入以及一些工作福利，包括工資、獎金、補助、補貼、實惠的食堂、舒適的辦公條件，等等。這些收入和福利都與本地經濟發展和地區財政緊密相關，在地區之間甚至同一地區的部門之間，差異很大。大部分人在日常工作中可以感受到這種差異，知道自己能從本地發展和本單位發展中得到實惠。若有基層部門破壞營商環境，也會受到監督和制約。

　　經濟學家注重研究有形的"獎懲"，強調外部的激勵機制和制度環境，但其實內心的情感驅動也非常重要。任何一個組織，無論是公司還是政府，都不可能只靠外部獎懲來激勵員工。外部獎懲必然要求看得見的工作業績，而絕大多數工作都不像送快遞，沒有清清楚楚且可以實時衡量的業績，因

1　在我國官場晉升中，政績和人情都重要，是互補關係，讀者可參考聖地亞哥加州大學賈瑞雪、大阪大學下松真之和斯德哥爾摩大學大衛‧塞姆（David Seim）等人的論文（Jia, Kudamatsu and Seim, 2015）。關於組織中人情關係和工作表現的基本經濟學理論，可以參考芝加哥大學普倫德加斯特（Prendergast）和托佩爾（Topel）的論文（1996），以及復旦大學陳碩、長江商學院范昕宇、香港中文大學朱志韜的論文（Chen, Fan and Zhu, 2020）。

2　"縣處級"幹部佔政府工作人員的比例，來自密歇根大學洪源遠的著作（Ang, 2020）。基層正科晉升副縣級的概率，來自北京大學周黎安的著作（2017）。

此需要使命感、價值觀、願景等種種與內心感受相關的驅動機制。"不忘初心""家國情懷""為人民服務"等，都是潛在的精神力量。而"德才兼備、以德為先"的幹部選拔原則，也正是強調了內在驅動和自我約束的重要性。[1]

腐敗與反腐敗

政府投資和土地金融的發展模式，一大弊端就是腐敗嚴重。與土地有關的交易和投資往往金額巨大，且權力高度集中在個別官員手中，極易滋生腐敗。近些年查處的大案要案大多與土地有關。在最高檢《檢察日報》從 2008 年到 2013 年報道的腐敗案例中，近一半與土地開發有關。[2] 隨著融資平台和各種融資渠道的興起，涉嫌腐敗的資金又嫁接上了資本市場和金融工具，變得更加隱秘和龐大。黨的十八大以來，"反腐敗"成為政治生活的主題之一，並一直保持了高壓態勢。截至 2019 年底，全國共立案審查縣處級及以上幹部 15.6 萬人，包括中管幹部 414 人和廳局級幹部 1.8 萬人。[3]

從經濟發展的角度看，我國的腐敗現象有兩個顯著特點。第一，腐敗與經濟高速增長長期並存。這與"腐敗危害經濟"這一過度簡單化的主流觀念衝突，以腐敗為由唱空中國經濟的預測屢屢落空。第二，隨著改革的深入，政府和市場間關係在不斷變化，腐敗形式也在不斷變化。20 世紀 80 年代的腐敗案件大多與價格雙軌制下的"官倒"和各種"投機倒把"有關；90 年代的案件則多與國企改革和國有資產流失有關；21 世紀以來，與土地開發相關的案件成了主流。[4]

要理解腐敗和經濟發展之間的關係，關鍵是要理解不同腐敗類型的不同影響。腐敗大概可以分為兩類。第一類是"掠奪式"腐敗，比如對私營企業

1　斯坦福大學的克雷普斯（Kreps）教授是經濟激勵理論的大家，他寫過一本關於"公司如何激勵員工"的通俗小書（2018）。在這本書中，經濟學強調的"外部激勵"（incentive）只佔一部分，而管理學更加重視的"內心驅動"（motivation）則佔了大量篇幅。

2　數據來自復旦大學陳碩和中山大學朱琳的合作研究（2020）。

3　數據來自中央紀委國家監委網站上署名鍾紀言的文章《把"嚴"的主基調長期堅持下去》。

4　改革開放以來各種腐敗形式的詳細數據和分析，可以參考復旦大學陳碩和中山大學朱琳的論文（2020）以及密歇根大學洪源遠的著作（Ang, 2020）。

敲詐勒索、向老百姓索賄、盜用挪用公款等，這類腐敗對經濟增長和產權保護極其有害。隨著我國各項制度和法制建設的不斷完善、各種監督技術的不斷進步，這類腐敗已大大減少。比如在 20 世紀八九十年代，不規範的罰款和亂收費很多，常見的解決方式是私下給辦事人員現金，以免去更高額的罰款或收費。如今這種情況少多了，罰款要有憑證，要到特定銀行或通過手機繳納，錢款來去清楚，很難貪腐。我國也基本沒有南亞和非洲一些國家常見的"小偷小摸"式腐敗，比如在機場過檢時在護照裏夾錢、被警察找茬要錢等。近些年，我國整體營商環境不斷改善。按照世界銀行公佈的"營商環境便利度"排名，我國從 2010 年的全球第 89 位上升至 2020 年的第 31 位，而進入我國的外商直接投資近五年來也一直保持在每年 1 300 億美元左右的高位。

　　第二類腐敗是"官商勾連共同發財式"腐敗。比如官員利用職權把項目批給關係戶企業，而企業不僅要完成項目、為官員貢獻政績，也要在私下給官員很多好處。這類腐敗發生在招商引資過程中，而相關投資和建設可以促進經濟短期增長，所以腐敗在一段時期內可以和經濟增長並存。但從經濟長期健康發展來看，這類腐敗會帶來四大惡果。其一，長期偏重投資導致經濟結構扭曲，資本收入佔比高而勞動收入佔比低，老百姓收入和消費增長速度偏慢。第七章會討論這種扭曲。其二，扭曲投資和信貸資源配置，把大量資金浪費在效益不高的關係戶項目上，推升債務負擔和風險。第六章會討論這種風險。其三，權錢交易擴大了貧富差距。第五章會分析不平等對經濟發展的影響。其四，地方上可能形成利益集團，不僅可能限制市場競爭，也可能破壞政治生態，出現大面積的"塌方式腐敗"。黨的十八大以來，中央數次強調黨內決不允許搞團團夥夥、拉幫結派、利益輸送，強調構建新型政商關係，針對的就是這種情況。

　　黨的十八大以來的反腐運動，是更為廣闊的系統性改革的一部分，其中既包括"去槓桿"等經濟結構改革，也包括防範金融風險改革，還包括各類生產要素尤其是土地的市場化改革。這些改革的根本目的，是轉變過去的經濟發展模式，所以需要打破在舊有模式下形成的利益集團。在改革尚未完成之前，反腐敗會長期保持高壓態勢。2020 年，哈佛大學的研究人員公佈了一項針對我國城鄉居民獨立民調的結果，這項調查從 2003 年開始，訪談人數超過 3 萬人。調查結果顯示，黨的十八大以後的反腐成果得到了廣泛的認可。2016 年，約 65% 的受訪者認為地方政府官員整體比較清廉，而 2011 年這一比例只有 35%。[1] 居民對中央政府的滿意度長期居於高位，按百分制計算約 83 分；對地方政府的滿意度則低一些，省政府約 78 分，縣鄉政府約 70 分。

但在尚未完成轉型之前，習慣了舊有工作方式的地方官員在反腐高壓之下難免會變得瞻前顧後、縮手縮腳。2016 年，中央開始強調 "庸政懶政怠政也是一種腐敗"，要破除 "為官不為"。2018 年，中共中央辦公廳印發《關於進一步激勵廣大幹部新時代新擔當新作為的意見》，強調 "建立健全容錯機制，寬容幹部在改革創新中的失誤錯誤，把幹部在推進改革中因缺乏經驗、先行先試出現的失誤錯誤，同明知故犯的違紀違法行為區分開來；把尚無明確限制的探索性試驗中的失誤錯誤，同明令禁止後依然我行我素的違紀違法行為區分開來；把為推動發展的無意過失，同為謀取私利的違紀違法行為區分開來。" 這些措施如何落到實處，還有待觀察。

改革開放 40 年以來，社會財富飛速增長，腐敗現象在所難免。美國在 19 世紀末和 20 世紀初的所謂 "鍍金年代" 中，各類腐敗現象也非常猖獗，"裙帶關係" 愈演愈烈，經濟腐化政治，政治又反過來腐化經濟，形成了所謂的 "系統性腐敗"（systematic corruption）。之後經過了數十年的政治和法治建設，才逐步緩解。[2] 從長期來看，反腐敗是國家治理能力建設的一部分，除了專門針對腐敗的制度建設之外，更為根本的措施還是簡政放權、轉變政府角色。正如黨的十九大報告所提出的，要 "轉變政府職能，深化簡政放權，創新監管方式，增強政府公信力和執行力，建設人民滿意的服務型政府"。

1　數據來自哈佛大學坎寧安（Cunningham）、賽什（Saich）和圖列爾（Turiel）等人的研究報告（2020）。

2　關於美國這一時期的腐敗和治理，馬里蘭大學經濟史學家沃利斯（Wallis）的論文（2006）很精彩。

結　語

　　1994 年分稅制改革後，財權集中到了中央，但通過轉移支付和稅收返還，地方政府有足夠的財力維持運轉。但幾乎所有省份，無論財政收入多寡，債務都在飛速擴張。可見政府債務問題根源不在收入不夠，而在支出太多，因為承擔了發展經濟的任務，要扮演的角色太多。因此債務問題不是簡單的預算“軟約束”問題，也不是簡單修改政府預算框架的問題，而是涉及政府角色的根本性問題。改革之道在於簡政放權，從生產投資型政府向服務型政府逐步轉型。

　　算賬要算兩邊，算完了負債，當然還要算算借債投資所形成的資產，既包括基礎設施，也包括實體企業。給基礎建設投資算賬，不能只盯著項目本身的低回報，還要算給經濟和社會帶來的整體效益。但說歸說，這筆“大賬”怎麼算並沒有一致認可的標準，爭議很大。然而無論怎麼爭，這筆賬總歸應該考慮人口密度和設施利用率。在小城市修地鐵、在百萬人口的城市規劃建設幾十萬人口的新城、在遠離供應鏈的地方建產業園區，再怎麼吹得天花亂墜，也很難讓人看到效益。至於實體企業，很多行業在資金“大水”漫灌之下盲目擴張，導致產能過剩和產品價格下跌。但同時也有很多行業在寬鬆的投資環境中迅速成長，躋身世界一流水準，為產業轉型升級做出了卓越貢獻，比如光電顯示、光伏、高鐵產業等。下一章就來講講它們的故事。

◎
擴展閱讀

　　本章討論的所有話題，包括拆遷、招商引資、地方債務、戶籍與城市化等，都能在周浩導演的傑出紀錄片《大同》（又名《中國市長》）中看到。該片記錄了大同市原市長耿彥波重建這座城市的故事。2013年，耿彥波調離大同，至今已過去七年有餘，如今網絡上針對當年那場造城運動以及耿彥波本人的評論褒貶不一，對照影片中記錄的各種當年的故事和衝突，引人深思。

　　篇幅所限，本章沒有展開分析官員行為對經濟的各種影響。北京大學周黎安的傑作《轉型中的地方政府：官員激勵與治理（第二版）》（2017）全面、系統、深入地探討了這個問題。馮軍旗在北京大學的博士論文《中縣幹部》（2010）生動細緻，是了解我國縣域官場的上佳之作。密歇根大學洪源遠的著作 *China's Gilded Age: the Paradox of Economic Boom and Vast Corruption*（Ang, 2020）討論了我國近些年來的各類腐敗現象，與美國過去及現在的腐敗做了對比，解釋了腐敗為什麼可以與經濟增長共存。該書也對研究腐敗的文獻做了全面的梳理，有參考價值。

　　如今的主流經濟學教材中很少涉及"土地"。在生產和分配中，一般只講勞動和資本兩大要素，土地僅被視作資本的一種。而在古典經濟學包括經典馬克思主義經濟學的傳統中，土地和資本是分開的，地主和資本家也是兩類人。這種變化與經濟發展的階段有關：在工業和服務業主導的現代經濟中，農業的地位大不如前，所以農業最重要的資本投入——"土地"——也就慢慢被"資本"吞沒了。然而土地和一般意義上的資本畢竟不同（供給量固定、沒有折舊等），且如今房產和地產已成為國民財富中最重要的組成部分，所以應該

重新把土地納入主流微觀和宏觀經濟學的框架，而不是僅將
其歸類到 “城市經濟學” 或 “房地產經濟學” 等分支。幾位
英國經濟學家的著作 *Rethinking the Economics of Land and
Housing*（Ryan-Collins, Lloyd and Macfarlane, 2017）是一次
有意義的嘗試。

第四章
工業化中的政府角色

2019 年初，我訪問台北，遇到一位美國企業的本地高管，他說："你們大陸的經濟學跟我在哈佛商學院學的不一樣啊，市場競爭和供給需求嘛，你們企業背後都有政府補貼和支持，我們怎麼競爭得過，企業都被搞死了哇，這麼搞不行哇。"我說："×總，這企業又不是人，哪有什麼死活，就是資源重組嘛。台灣工程師現在在大陸的工資比以前高，產品質量比以前好，價格比以前便宜，不是挺好嗎？貴公司去年在武漢落地的廠子，投資百億元，跟地方政府要補貼和優惠的時候，那可是一點也不讓步，一點也不'市場經濟'啊，哈哈。"他說："補貼嘛，能拿還是要多拿。哎，你回去可別說不該給我們補貼呀！"

現實世界沒有黑白分明的"市場"和"政府"分界，只有利益關係環環相扣的各種組合。我國經濟改革的起點是計劃經濟，所以地方政府掌握著大量資源（土地、金融、國企等），不可避免會介入實業投資。由於實業投資的連續性、複雜性和不可逆性（第三章），政府的介入必然也是深度的，與企業關係複雜而密切，不容易退出。

在每個具體行業中，由於技術、資源、歷史等因素，政企合作的方式各不相同。鋼鐵是一回事，芯片是另一回事。因此，討論和分析政府干預和產業政策，不能脫離具體行業細節，否則易流於空泛。社會現象複雜多變，任何理論和邏輯都可以找到不少反例，因為邏輯之外還有天時、地利、人和，不確定性和人為因素對結果影響非常大，而結果又直接影響到對過程和理論的評判。成功了才是寶貴經驗，失敗了只有慘痛教訓。產業政策有成功有失敗，市場決策也有成功有失敗，用一種成功去質疑另一種失敗，或者用一種失敗去推崇另一種成功，爭論沒有盡頭。

　　因此，本章的重點是具體案例。行業和企業如何借力政府來發展？實行了哪些具體政策？政府資金如何投入和退出，又如何影響行業興衰和技術起落？首先要了解基本事實和經過，才能評判結果。經濟學的數學模型和統計數據不是講道理的唯一形式，也不一定是最優形式，具體的案例故事常常比抽象的道理更有力量，啟發更大。[1] 在行業或產業研究中，案例常常包含被模型忽視的大量重要信息，尤其是頭部企業的案例。依賴企業財務數據的統計分析，通常強調行業平均值。但平均值信息有限，因為大多數行業 "二八分化" 嚴重，頭部企業與中小企業基本沒有可比性。財務數據也無法捕捉大企業的關鍵特徵：大企業不僅是技術的匯聚點和創新平台，也是行業標準的制定者和產業鏈核心，與政府關係歷來深厚複雜，在資本主義世界也是如此。

　　本章前兩節是兩個行業案例：液晶顯示和光伏。敘述的切入點依然是地方政府投融資。讀者可以再次看到地方融資平台或城投公司、招商引資競爭、土地金融等，只不過這一次的投資對象不是基礎設施和產業園區，而是具體的工業企業。第三節介紹近些年興起的政府產業投資基金，這種基金不僅是一種新的招商引資方式和產業政策工具，也是一種以市場化方式使用財政資金的探索。

第一節　京東方與政府投資

　　2020 年 "雙 11" 期間，戴爾 27 吋高清液晶顯示屏在天貓的售價為 949 元。2008 年，戴爾 27 吋液晶顯示器售價 7 599 元，還遠遠達不到高清，不是窄

1　關於這個道理，更詳細的闡述可以參考諾貝爾經濟學獎得主喬治・阿克爾洛夫（George Akerlof）的文章（2020）和另一位諾獎得主羅伯特・希勒（Robert Shiller）的著作（2020）。

邊框，也沒有護眼技術。2020 年，3 000 多元就可以買到 70 吋的高清液晶電視，各種國產品牌都有。而在 2008 年，只有三星和索尼能生產這麼大的液晶電視，售價接近 40 萬元，是今天價格的 100 倍，在當時相當於北京、上海的小半套房。

　　驚人的價格下跌背後是技術進步和國產替代。顯示屏和電視，硬件成本近八成來自液晶顯示面板。2008 年，面板行業由日韓和中國台灣企業主導，大陸企業的市場佔有率可以忽略不計。2012 年，我國進口顯示面板總值高達 500 億美元，僅次於集成電路、石油和鐵礦石。到了 2020 年，大陸企業在全球市場的佔有率已接近四成，成為世界第一，徹底擺脫了依賴進口的局面，湧現出了一批重量級企業，如京東方、華星光電、深天馬、維信諾等。國產顯示面板行業的崛起不僅推動了彩電和顯示器等價格的直線下降，也推動了華為和小米等國產手機價格的下降，促成了使用液晶屏幕的各類國產消費電子品牌的崛起。

　　在顯示面板企業的發展過程中，地方政府的投資發揮了關鍵作用。以規模最大也最重要的公司京東方為例，其液晶顯示面板在手機、平板電腦、筆記本電腦、電視等領域的銷量近些年來一直居於全球首位。[1] 根據其 2020 年第三季度的報告，前六大股東均是北京、合肥、重慶三地國資背景的投資公司，合計佔股比例為 23.8%。其中既有綜合類國資集團（如北京國有資本經營管理中心），也有聚焦具體行業的國有控股集團（如北京電子控股），還有上一章討論的地方城投公司（如合肥建投和重慶渝富）。投資方式既有直接股權投資，也有通過產業投資基金（見本章第三節）進行的投資。

京東方和政府投資的故事

　　20 世紀 90 年代末和 21 世紀初，我國大陸彩電行業的重頭戲碼是各種價格戰。當時大陸的主流產品還是笨重的顯像管（CRT）電視，建設了大量

1　數據來自中信證券袁健聰等人的行業分析報告（2020）。

顯像管工廠。但其時國際技術主流卻已轉向了平板液晶顯示，徹底取代顯像管之勢不可逆轉，而佔液晶電視成本七八成的顯示面板，大陸卻沒有相關技術，完全依賴進口。大陸花了近 20 年才讓彩電工業價值鏈的 95% 實現了本土化，但由於沒跟上液晶顯示的技術變遷，一夜之間價值鏈的 80% 又需要依賴進口。[1] 而主要的面板廠商都在日韓和中國台灣，他們常常聯手操縱價格和供貨量。2001 年至 2006 年，三星、LG、奇美、友達、中華映管、瀚宇彩晶等六家主要企業，在韓國和中國台灣召開了共計 53 次 "晶體會議"，協商作價和聯合操縱市場，使得液晶面板一度佔到電視機總成本的八成。2013 年，發改委依照《價格法》（案發時候還沒有《反壟斷法》，後者自 2008 年起施行）中操縱市場價格的條款，罰了這六家企業 3.5 億元。歐美也對如此惡劣的價格操縱行為做了處罰：歐盟罰了他們 6.5 億歐元，美國罰了他們 13 億美元。[2]

　　在這一背景下，具有自主技術和研發能力的京東方逐漸進入了人們的視野。這家企業的前身是老國企 "北京電子管廠"，經過不斷改制和奮鬥，21 世紀初已經具備了生產小型液晶顯示面板的能力。這些能力大多源自 2005 年在北京亦莊經濟技術開發區建設的 5 代線，這是國內第二條 5 代線，當時非常先進，距離全球第一條 5 代線（韓國 LG）的建成投產時間也不過三年。[3] 這條生產線收購自韓國企業，投資規模很大。當時的融資計劃是設立一家公司在中國香港上市，為項目建設融資，但這個上市計劃失敗了。可生產線已經開始建設，各種設備的訂單也已經下了，於是在北京市政府與國開行的協調下，9 家銀行組成銀團，由建設銀行北京分行牽頭，貸款給京東方 7.4 億美元。北京市政府也提供了 28 億元的借款，以國資委的全資公司北京工業發展投資管理有限公司為借款主體。這筆政府借款後來轉為了股份，在二級市場套現後還賺了一筆。此外，在 5 代線建設運營期間，北京市政府還先後給予

1　數據來自北京大學路風的企業史傑作（2016）。如無注明，本節關於京東方發展歷程的介紹均來自該書。

2　見財新網 2013 年 1 月 4 日報道《發改委就三星等壟斷液晶面板價格案答問》，以及《中國貿易報》2016 年 8 月 2 日報道《中企面臨反壟斷三大挑戰四大風險》。

3　簡單來說，"X 代線" 中的 X 數字越高，產出的屏幕就越大。比如 5 代線的主打產品是 17 吋屏，6 代線的主打產品是 32 吋屏。

兩次政策貼息共 1.8 億元，市財政局也給了一筆專項補助資金 5 327 萬元。[1]

天有不測風雲。京東方 5 代線的運氣不好，在液晶面板大起大落的行業周期中，投在了波峰，產在了波谷。其主打產品即 17 吋顯示屏的價格從動工建設時的每片 300 美元暴跌到了量產時的每片 150 美元。2005 年和 2006 年兩年，京東方虧損了 33 億元，北京市政府無力救助。若銀團貸款不能展期，就會有大麻煩。銀團貸款展期必須所有參與的銀行都同意，而 9 家銀行中出資最少的 1 家小銀行不同意，反覆協調後才做通工作，但其中的風險和難度也讓京東方從此改變了融資模式。其後數條生產線的建設都採用股權融資：先向項目所在地政府籌集足夠的資本金，剩餘部分再使用貸款。

2008 年，京東方決定在成都建設 4.5 代線，第一次試水新的融資模式。這條生產線總投資 34 億元，其中向成都市兩家城投公司定向增發股票 18 億元，剩餘 16 億元採用銀團貸款，由國開行牽頭。兩家城投公司分別是成都市政府的全資公司成都工業投資集團（現名成都產業投資集團）和成都高新區管委會的全資公司成都高新投資集團。這兩家公司不僅有大量與土地開發和融資相關的業務（見第三章），也是當地國資最重要的產業投資平台。與北京 5 代線項目相比，成都 4.5 代線的資本金充足多了，京東方運氣也好多了。這條以小屏幕產品為主的生產線，投產後正好趕上了智能手機的爆發，一直盈利，也為京東方佈局手機屏幕領域佔了先機。

但當時最賺錢的市場還是電視。主流的 27 吋和 32 吋大屏幕電視，顯示面板完全依賴進口。但建設一條可生產大屏幕的 6 代線（可生產 18—37 吋屏幕）所需投資超過百億元，融資是個大問題。2005—2006 年，國內彩電巨頭 TCL、創維、康佳、長虹等計劃聯手解決 "卡脖子" 問題，於是拉來了京東方，在深圳啟動了 "聚龍計劃"，想藉助財力雄厚的深圳市政府的投資，在當地建設 6 代線。但信息流出後，日本夏普開始遊說深圳市政府，提出甩開技術落後的京東方，幫深圳建設一條投資 280 億元的 7.5 代線。由於夏普的技術和經驗遠勝京東方，深圳市政府於是在 2007 年與夏普簽署合作協議，京東方

1　貸款和補貼的具體數字，來自財新網 2007 年 4 月 16 日的文章《瘋狂的液晶》。

出局，"聚龍計劃"流產。但僅一個多月之後，夏普就終止了與深圳的合作。當時上海的上廣電（上海廣電信息產業股份有限公司）也計劃和京東方在昆山合作建設一條 6 代線，但夏普再次上門攪局，提出與上廣電合作，將京東方踢出局。隨後不久，夏普再次找借口退出了與上廣電的合作。

夏普的兩次攪局推遲了我國高世代產線的建設，但也給了合肥一個與京東方合作的機會。2008 年的合肥，財政預算收入 301 億元，歸屬地方的只有161 億元，想建一條投資 175 億元的 6 代線，非常困難，經濟和政治決策風險都很大。但當時的合肥亟待產業升級、提振經濟發展，領導班子下了很大決心，甚至傳說一度要停了地鐵項目來建設這條 6 代線。融資方案仍然採用京東方在成都項目中用過的股票定向增發，但因為投資金額太大、合肥政府財力不足，所以這次增發對象不限於政府，也面向社會資本。但合肥政府承諾出資 60 億元，並承諾若社會資本參與不足、定向增發不順利時，兜底出資 90億元，可以說是把家底押上了。在這個過程中，夏普又來攪局，但因為京東方已經吃過兩次夏普的虧，所以在與合肥合作之初就曾問過市領導：如果夏普來了怎麼辦？領導曾表示過絕不動搖，所以這次攪局沒有成功。

上一章說過，在經濟發展起步階段，資本市場和信用機制都不完善，因此以信用級別高的政府為主體來融資和投資，更為可行。這不僅適用於與土地有關的債務融資，也適用於股權融資。在合肥 6 代線項目的股票定向增發上，市政府參與的主體又是兩家城投公司，市政府的全資公司合肥建投和高新區管委會的全資公司合肥鑫城。[1] 二者的參與帶動了社會資本：2009 年的這次定向增發一共融資 120 億元，兩家城投公司一共只出資了 30 億元，其他 8家社會投資機構出資 90 億元。[2] 與成都項目類似，定向增發之外，京東方再次利用了國開行牽頭的銀團貸款，金額高達 75 億元。

合肥 6 代線是我國第一條高世代生產線，也是新中國成立以來安徽省最大的一筆單體工業投資。這條生產線生產出了大陸第一台 32 吋液晶屏幕，讓

1　合肥建投通過其全資子公司合肥藍科投資有限公司參與了這次增發。

2　數據來自京東方 2009—2011 年的年報。從京東方的角度看，大規模定向增發的募資其實不容易，需要找到足夠多的機構投資者。倘若合肥政府財力雄厚的話，本不需要這麼麻煩。

合肥一躍成為被關注的高技術製造業基地。不僅很多中央領導來視察，周邊經濟發達的江浙滬領導也都組團來考察，為合肥和安徽政府贏得了聲譽。京東方後來又在合肥建設了 8.5 代（2014 年投產）和 10.5 代生產線（2018 年投產），吸引了大量上下游廠商落地合肥，形成了產業集群，使合肥成為我國光電顯示產業的中心之一。

　　2008 年全球金融危機爆發和 "4 萬億" 計劃出台之後，京東方進入了快速擴張階段。2009 年初，中央首次將發展 "新型顯示器件" 列入政策支持範圍。[1] 6 月，合肥 6 代線開工建設。8 月，京東方 8.5 代線的奠基儀式在北京亦莊經濟技術開發區舉行，徹底打破了韓日和中國台灣地區對大陸的技術和設廠封鎖。接下來的一兩個月內，坐不住的境外廠商開始迅速推進與大陸的實質性合作。夏普和南京的熊貓集團開始合資建線，LG 和廣州簽約建設 8 代線，三星則和蘇州簽約建設 7.5 代線。中國台灣的面板廠商也開始呼籲台灣當局放開對大陸的技術限制，允許台商在大陸設廠。但這些合資項目並沒有獲得我國政府的快速批准，京東方贏得了一些發展時間。

　　在這一快速擴張階段，京東方的基本融資模式都是 "擴充資本金 + 銀團貸款"。地方政府投資平台既可以參與京東方股票定向增發來擴充其資本金，也可以用土地使用權收益入股。在鄂爾多斯生產線的建設過程中，地方政府甚至拿出了 10 億噸煤礦的開採權。此外，地方城投公司也可以委託當地銀行向京東方提供低息甚至免息委託貸款。比如在北京亦莊 8.5 代線的建設過程中，亦莊開發區的全資公司亦莊國投就曾委託北京銀行向京東方貸款 2 億元，年利率僅為 0.01%。[2] 再比如，2015 年京東方在成都高新區建設新的產線，高新區管委會的全資公司成都高投就先後向京東方提供委託貸款 44 億元，年利率為 4.95%，但所有利息都由高新區政府全額補貼。[3]

1　　2009 年國務院發佈《電子信息產業調整和振興規劃》。

2　　見京東方 2009 年年報。

3　　這部分貸款貼息由高新區政府支付給成都高投，算作這家城投公司的營業外收入，而不算在京東方的賬上，雖然補貼的是京東方。這些財務細節來自成都高新投資集團在債券市場上的募集說明書，感興趣的讀者可以從上海清算所的網站上下載。

　　2014 年，京東方做了最大的一筆股票定向增發，總額為 449 億元，用於北京、重慶、合肥等地的產線建設。這筆增發的參與者中前三位都是當地的政府投資平台：北京約 85 億元，重慶約 62 億元，合肥約 60 億元。[1]2015 年之後，隨著新世代產線的投資規模越來越大，京東方基本上停止了新的股票定向增發，而讓地方政府平台公司通過銀團貸款或其他方式去籌集資金。比如 2015 年開工建設的合肥 10.5 代線項目，計劃投資 400 億元，項目資本金 220 億元，銀團貸款 180 億元。在這 220 億中，市政府通過本地最大的城投公司合肥建投籌集 180 億，京東方自籌 40 億。籌資過程中也利用了政府產業投資基金（如合肥芯屏產業投資基金）這一新的方式引入了外部資金（見本章第三節）。[2]

　　京東方的發展路徑並非孤例。位列國內顯示面板第二位的 TCL 華星光電雖然是民營企業，但同樣也是在政府投資推動下發展的。2007 年 "聚龍計劃" 流產後，TCL 集團的董事長李東生屢次嘗試與外商合資引進高世代面板產線，均告失敗，於是他與深圳市政府商議組建團隊自主建設 8.5 代線。該項目計劃投資 245 億元，是深圳歷史上最大的單體投資工業項目。首期出資 100 億，TCL 從社會上募集 50 億，深圳市通過國資委旗下的投資公司深圳市投資控股有限公司出資 50 億（具體由子公司深超投資執行）。這個項目風險很大，因為 TCL 和京東方不同，並沒有相關技術儲備和人才，基本依靠從台灣挖來的工程師團隊。深圳市政府為降低風險，還將 15% 的股份賣給了三星。這些股份後來大部分被湖北省政府的投資基金收購，用於建設華星光電在武漢的生產線。2013—2017 年，華星光電營業收入從 155 億元漲到 306 億元，淨利潤從 3.2 億元漲到 49 億元。正是因為有華星光電，在家電行業逐漸敗退的 TCL 集團才成功轉向面板生產，2019 年正式更名為 TCL 科技。[3]

1　見京東方 2014 年年報。

2　關於合肥建投對 10.5 代線的資金投入細節，來自其公司網站上的 "大事記"。

3　華星光電和 TCL 的數據來自《財新周刊》2019 年第 2 期文章《李東生闖關》。

經濟啟示

現代工業的規模經濟效應很強。顯示面板行業一條生產線的投資動輒百億，只有大量生產才能拉低平均成本。因此新企業的進入門檻極高，不僅投資額度大，還要面對先進入者已經累積的巨大成本和技術優勢。若新企業成功實現大規模量產，不僅自身成本會降低，還會搶佔舊企業的市場份額，削弱其規模經濟，推高其生產成本，因此一定會遭遇舊企業的各種打壓，比如三星可以打價格戰，夏普也可以到處攪局。

經濟學教科書中關於市場競爭的理論一般都是講國內市場，不涉及國際市場，所以新進入者可以尋求一切市場手段去打破在位者的優勢，比如資本市場併購、挖對方技術團隊等。若在位者的打壓手段太過分，還可以訴諸《反壟斷法》。但在國際市場上，由國界和政治因素造成的市場扭曲非常多。關稅和各種非關稅壁壘不過是常規手段，價格操控、技術封鎖、併購審查等也是家常便飯。比如中國公司去海外溢價收購外國公司，標的公司聞風股價大漲，股東開心，皆大歡喜，但對方政府卻不允許，市場經濟的道理講不通。若資源不能流動和重組，市場競爭、優勝劣汰及比較優勢等傳統經濟學推理的有效性，都會受到挑戰。

行政手段造成的扭曲往往只有行政力量才能破解，但這並不意味著政府就一定該幫助國內企業進入某個行業，關鍵還要看國內市場規模。在一個只有幾百萬人口的小國，政府若投資和補貼國內企業，這些企業無法利用國內市場的規模經濟來降低成本，必須依賴出口，那政府的投入實際上是在補貼外國消費者。但在我國，使用液晶屏幕的很多終端產品比如電視和手機，其全球最大的消費市場就在國內，所以液晶顯示產業的外溢性極強。若本國企業能以更低的價格生產（不一定非要有技術優勢，能夠拉低國際廠商的漫天要價也可以），政府就可以考慮扶持本國企業進入，這不僅能打破國際市場的扭曲和壟斷，還可以降低國內下游產業的成本，促進其發展。[1]

1　產業之間的聯繫緊密而複雜，猶如巨網。有些產業的外溢性極強，政府若扶持這些產業，會對整個經濟產生正面影響。這方面研究很多，比如普林斯頓大學劉斯原的論文（Liu, 2019）。

政府投資上游產業的同時也促進下游產業的發展，這種例子有不少。20 世紀 70 年代初，美國在越南戰爭中失利，重新調整亞洲戰略。尼克松宣佈終止對其亞洲盟友的直接軍事支持。時任韓國總統朴正熙相應地調整了產業發展戰略，著力發展重工業，以夯實國防基礎。自 1973 年起，韓國政府通過國家投資基金（National Investment Fund）和韓國產業銀行（Korea Development Bank）將大量資金投入六大 "戰略行業"：鋼鐵、有色金屬、造船、機械、電子、石化。這一產業發展戰略在當時受到了很多質疑。1974 年，世界銀行在一份報告中明確表示，對韓國的產業目標能否實現持保留意見，認為這些產業不符合韓國的比較優勢，並建議把紡織業這個資金和技術壁壘較低的行業作為工業化的突破口。[1] 韓國人沒聽他們的。後來不僅這些戰略行業本身發展得很好，培育了世界一流的造船業以及浦項製鐵和三星電子這樣的世界頂尖企業，而且大大降低了下游產業投入品的價格，推動了下游產業如汽車行業的發展，培育出了現代集團這樣的一流車企。1979 年，朴正熙遇刺身亡，韓國產業政策開始轉型，原有的很多扶持政策被廢止。但這些產業的基礎已經扎穩，後來長期保持著良好的發展。[2]

京東方和華星光電等企業的崛起，帶動了整個光電顯示產業鏈向我國集聚。這也是規模效應的體現，因為規模不夠就吸引不到上下游企業向周圍集聚。一旦行業集聚形成，企業自身的規模經濟效應就會和行業整體的規模經濟效應疊加，進一步降低運輸和其他成本。光電顯示面板產業規模大、鏈條長，目前很多上游環節（顯示材料、生產設備等）依然由國外廠商主導，利潤率高於面板製造環節。但京東方等國內面板生產企業的發展，拉動了眾多國內企業進入其供應鏈，而其中用到的很多技術和材料，也可以用於其他產業（比如半導體），從而帶動了我國很多相關行業的發展。不僅如此，無論是

1　關於世界銀行的質疑，來自史塔威爾（Studwell）關於亞洲發展的著作（2014）。

2　關於韓國 20 世紀 70 年代的產業政策有很多研究，基本過程和事實是清楚的。但嚴謹的微觀數據分析尤其是對上下游產業的價格和產出等影響的估計，最近才有，詳見澳大利亞國立大學萊恩（Lane）的論文（2019）。當然，政府扶持不是產業發展的充分條件，還有很多其他的因素在發揮作用，但政府扶持和大量資金的投入無疑是這些產業高速發展的必要條件。

京東方的競爭對手還是合作夥伴，諸多海外企業紛紛在我國設廠，也帶動了我國上游配套企業的發展。[1]

規模經濟和產業集聚也會刺激技術創新。市場大，利潤就大，就能支撐更大規模的研發投入。產業的集聚還會帶來技術和知識的外溢，促進創新。根據世界知識產權組織（WIPO）每年的報告，從 2016 年到 2019 年，國際專利申請數量最多的全球十大公司中，每年都有京東方（還有華為）。

創新當然是經濟持續增長的源動力，但創新是買不來的，只能靠自己做。創新必須基於知識和經驗的積累，所以只能自己動手"邊做邊學"，否則永遠也學不會。只有自己動手，不是靠簡單的模仿和引進，才能真正明白技術原理，才能和產業鏈上的廠商深入交流，才能學會修改設計以適應本土客戶的要求，也才能逐步實現自主創新。若單純依靠進口或引進，沒有自己設廠和學習的機會，那本國的技術就難以進步，很多關鍵技術都會受制於人，這樣的國際分工和貿易並不利於長期經濟增長。[2] 很多關於我國工業發展的紀錄片中都詳細記錄了我國各行業工人、工程師、科學家們在生產過程中的艱難摸索和自主創新，本章的"擴展閱讀"中會推薦其中一些作品。這就好比學生學習寫論文，不自己動手研究、動手做、動手寫，只靠閱讀別人的東西，理解永遠只能停留在表面，停留在知識消費的層次，不可能產出新知。就算全天下的論文和書籍都擺在面前，一個人也不會自動成為科學家。

強調自主創新不是提倡閉關鎖國。當然沒必要所有事情都親力親為，況且貿易開放也是學習的捷徑，和獨立自主並不矛盾。[3] 但在大多數工業化國家，相當大一部分研發支出和技術創新均來自本土的大型製造業（非自然資

1　關於光電顯示產業鏈國產化的分析報告很多，因為其中不少國內企業規模已經不小，成了上市公司，比如三利譜和精測電子等。外商直接投資（FDI）對本地供應鏈企業的正面拉動作用，有很多研究，幾乎算國際經濟學領域的定論了，讀者可以參考哈夫拉內克（Havranek）和伊爾索娃（Irsova）的總結性論文（2011）。

2　國際貿易並不是無條件雙贏的。在引入動態規模經濟和學習效應之後，自由貿易可能會損害一國的經濟增長和社會福利。讀者可參考諾貝爾獎得主克魯格曼（Krugman）的論文（1987）、倫敦政經學院阿溫·楊（Alwyn Young）的論文（1991）或數學家戈莫里（Gomory）和經濟學家鮑莫爾（Baumol）的著作（2000）。

3　關於自主創新，北京大學路風的著作（2016，2019，2020）中有很多精彩而獨到的分析。

源類）企業。[1] 這也正是我們從京東方的發展故事中所看到的。像我國這樣一個大國，需要掌握的核心技術及產品種類和數量，遠遠多過一些中小型國家。第七章會進一步討論這個話題。

"東亞經濟奇跡" 一個很重要的特點，就是政府幫助本土企業進入複雜度很高的行業，充分利用其中的學習效應、規模效應和技術外溢效應，迅速提升本土製造業的技術能力和國際競爭力。假如韓國按照其 1970 年顯示出的 "比較優勢" 來規劃產業，就應該聽從世界銀行的建議去發展紡織業。但韓國沒有這麼做，而是一頭扎進了本國根本沒有的產業。到了 1990 年，韓國最具 "比較優勢" 的十大類出口商品，比如輪船和電子產品，1970 年時根本就不存在。[2] 可見 "比較優勢" 具有很大的不確定性，是可以靠人為創造的。其實 "比較優勢" 並不神秘，就是機會成本低的意思。而對於沒幹過的事情，事前其實無從準確判斷機會成本，沒幹過怎麼知道呢？

中國也是如此。政府和私人部門合力進入很多複雜的、傳統上沒有比較優勢的行業，但經過多年發展，其產品如今在國際上已經有了比較優勢。[3] 從 2000 年到 2018 年，我國出口商品的複雜程度從世界第 39 位上升到了第 18 位。[4] 這不僅反映了技術能力和基礎設施等硬件質量的提升，也反映了營商環境和法制環境等軟件質量的提升。因為複雜的產品和產業鏈涉及諸多交易主體和複雜商業關係，投資和交易金額往往巨大，所以對合同的制訂和執行、營商環境穩定性、合作夥伴間信任關係等都有很高要求。各國產品的複雜程度與本國法制和營商環境之間直接相關。[5] 而按照世界銀行公佈的 "營商環境便利度" 排名，我國已從 2010 年的世界第 89 位上升至 2020 年的第 31 位。

1　具體數據參見 IMF 兩位經濟學家的論文（Cherif and Hasanov, 2019）。

2　韓國的出口數據來自 IMF 兩位經濟學家的論文（Cherif and Hasanov, 2019）。北京大學林毅夫關於 "比較優勢" 和產業升級的理論被稱為 "新結構經濟學"，讀者可以閱讀他的著作（2014），其中也包括很多學者對這一理論的討論以及林教授的回應。這些對話和爭論非常精彩，可以幫助理解和澄清很多問題。

3　中國人民大學劉守英和楊繼東（2019）統計了我國 1 240 種出口商品的 "顯性比較優勢"，其中有 196 種商品 2016 年在國際上有比較優勢，但 1995 年沒有。這些新增產品很多來自複雜程度較高的行業，比如機械、電器、化工等。

4　產品複雜度的數據來自哈佛大學國際發展中心的 "The Atlas of Economic Complexity" 項目。

5　密歇根大學列夫琴科（Levchenko）的論文（2007）分析了制度質量和產品複雜性之間的關聯。

地方政府競爭

在各地招商引資競爭中，地方政府為了吸引京東方落戶本地，開出的條件十分優厚。上一章曾討論過，城投公司的基礎設施投資，不能只看項目本身的財務回報，還要看對當地經濟的整體帶動。這道理對產業類投資也適用。京東方不僅自身投資規模巨大，且帶來的相關上下游企業的投資也很大，帶動的 GDP、稅收及就業十分可觀。曾有合肥市政府相關人士反駁外界對其投資京東方的質疑："不要以為我們不會算賬，政府是要算細賬的。一個京東方生產線，從開始建就能拉動 300 億元的工業投資，建成之後的年產值就是千億級別。從開建到完全投產不到五年時間，五年打造一個千億級別的高新技術產業，這種投資效率非常高了。" [1]

新興製造業在地理上的集聚效應很強，因為紮堆生產可以節約原材料和中間投入的運輸成本，而且同行聚集在一起有利於知識和技術交流，外溢效應很強。因此產業集群一旦形成，自身引力會不斷加強，很難被外力打破。但在產業發展早期，究竟在哪個城市形成產業集群，卻有很多偶然因素。[2] 大部分新興製造業對自然條件要求不高，不會特別依賴先天自然資源，而且我國基礎設施發達，物流成本低，所以一些內陸的中心城市雖然沒有沿海城市便利，但條件也不是差很多。這些城市若能吸引一些行業龍頭企業落戶，就有可能帶來一大片相關企業，在新興產業的發展中佔得一席之地，比如合肥的京東方和鄭州的富士康等。

由於京東方生產線投資巨大，很自然首先要謀求與財力雄厚的深圳或上海合作，但兩次都被夏普攪局，就給了合肥和成都機會。2001 年，中國加入WTO 後，廣東和江浙滬發展迅猛，而合肥、成都、武漢等內地中心城市則亟

1　來自 2013 年《環球企業家》的文章《燒錢機器京東方：國開行 200 億融資背後的政商邏輯》。轉引自搜狐財經頻道 https://m.sohu.com/n/364543762/。

2　在 "新經濟地理學" 或 "空間經濟學" 的理論中，產業一旦形成，經濟力量就會加速地理集聚。但對集聚的具體位置而言，"初始條件" 影響很大，對初始條件的微小干預就可能影響最終的產業地理格局。無論是中國還是美國，若追溯很多產業集聚地區的歷史根源，都會發現一些偶然因素曾發揮過關鍵作用，比如在京東方的例子中是合肥時任領導的支持。克魯格曼寫過一本小冊子（2002），講述了這種偶然性和經濟力量的結合對產業地理格局的影響。

待產業轉型，提振經濟發展，這些城市為此願意冒險，全力投資新興產業。京東方在合肥先後投資建設了三條生產線，吸引了大量配套企業，使合肥成為我國光電顯示產業的主要基地之一。已如前文所述，這一產業使用的很多技術又與其他產業直接相關，比如芯片和半導體，所以合肥政府利用和京東方合作的經驗和產業基礎，後來又吸引了兆易創新等半導體行業龍頭企業，設立了合肥長鑫，成為我國內存（DRAM）製造產業的中心之一。2008 年至 2019 年，合肥的實際 GDP（扣除物價因素）上漲了 3.4 倍，高於全國 GDP 同期上漲幅度（2.3 倍）。2020 年，合肥 GDP 總量破萬億，新晉"萬億 GDP 城市"（2020 年末共有 23 個城市）。

　　這種發展效應自然會引發其他地區的模仿，不少城市都上馬了液晶面板生產線，而政府扶持也吸引了一些並無技術實力和競爭力的小企業進入該行業，引發了對產能過剩的擔憂。[1] 顯示面板是一個周期性極強的行業：市場價格高漲時很多企業進入，供給快速增加，推動價格大跌，讓不少企業倒閉，而低價又會刺激和創造出更多新的需求和應用場景，推動需求和價格再次上漲。這種周期性的產能過剩已經清洗掉了很多企業，行業中心也在一輪輪的清洗中從美國轉到日本，再到韓國和我國台灣地區，再到大陸。也許在未來的世界，屏幕會無處不在，連房間的整面牆壁甚至窗戶，都會是屏幕。但也有可能會有不可思議的"黑科技"出世，完全消滅掉現有顯示技術，就像當年液晶技術消滅掉顯像管技術一樣。沒人能夠預知未來，但招商引資競爭所引發的重複建設確實屢見不鮮，尤其在那些技術門檻較低、投資額度較小的行業，比如曾經的光伏行業。

第二節　光伏發展與政府補貼

　　光伏就是用太陽能發電。2012 年前後，我國很多光伏企業倒閉，全行業進入寒冬。所以在很長一段時間裏，無論在政府、學術界還是媒體眼中，光

1　見《財新周刊》2019 年第 44 期的文章《面板產能過剩　地方國資投資衝動暗藏隱憂》。

伏都是產業政策和政府補貼失敗的"活靶子"。但假如有人在當年滔天的質疑聲中悄悄買入一些光伏企業的股票，比如隆基股份，現在也有幾十倍的收益了。實際上，經過當年的行業洗牌之後，我國的光伏產業已經成為全球龍頭，國內企業（包括其海外工廠）的產能佔全球八成。該產業的幾乎全部關鍵環節，如多晶硅、硅片、電池、組件等，我國企業都居於主導地位。[1] 在規模經濟和技術進步的驅動之下，光伏組件的價格在過去十年（2010—2019）下降了 85%，同期的全球裝機總量上升了 16 倍。我國國內市場也已成為全球最大的光伏市場，裝機總量佔全球的三分之一。[2] 光伏已經和高鐵一樣，成為"中國製造"的一張名片。

光伏產業的故事

20 世紀 70 年代，阿拉伯世界禁運石油，油價飆漲，"石油危機"爆發，刺激了美國政府扶持和發展新能源產業。卡特政府大量資助光伏技術研究，補貼產業發展。80 年代初，美國光伏市場佔全球市場的 85% 以上。但隨後里根上台，油價回落，對光伏的支持和優惠政策大都廢止。產業鏈開始向政府補貼更慷慨的德國和日本轉移。這一時期，澳大利亞新南威爾士大學的馬丁・格林（Martin Green）教授發展了很多新技術，極大提升了光伏發電的效率，被譽為"光伏之父"。他的不少學生後來都成了我國光伏產業的中堅，其中就包括施正榮博士。[3]

2001 年，施正榮在無錫市政府的支持下創辦了尚德，佔股 25%，無錫的三家政府投資平台（如無錫國聯發展集團）和五家地方國企（如江蘇小天鵝集團）共出資 600 萬美元，佔股 75%。可以說無錫政府扮演了尚德"天使投資人"的角色。2005 年，尚德成為中國首家在紐交所上市的"民營企業"，

1　我國光伏產業規模的數據來自中信證券弓永峰和林劼的研究報告（2020）。

2　全球光伏組件價格的降幅估算來自能源專家、普利策獎得主耶金（Yergin）的著作（2020）。全球和我國裝機總量的數據來自全球可再生能源行業智庫 REN21 的報告（2020）。

3　關於光伏產業的早期發展史，可以參考西瓦拉姆（Sivaram）的專著（2018）。

因為在上市前引入了高盛等外資，收購了全部國資股份。施本人的持股比例也達到 46.8%，上市後一躍成為中國首富。這種造富的示範效應非常強烈，刺激各地政府紛紛上馬光伏項目。2005 年，在江西新餘市政府的一系列扶持之下，賽維集團成立。2007 年就成為江西首家在紐交所上市的公司，創始人彭小峰成為江西首富。2010 年，在海內外上市的中國光伏企業已超過 20 家。[1]

2008 年，各地加大了對基礎設施和工業項目的投資，包括光伏。主要手段還是廉價土地、稅收優惠、貼息貸款等。在刺激政策與地方政府的背書之下，尚德和賽維等龍頭企業開始大規模負債擴張。2011 年初，尚德規模已經不小，但無錫政府又提出 "5 年內再造一個尚德"，劃撥幾百畝土地，鼓勵尚德再造一個 5 萬人的工廠，並幫助其獲得銀行貸款。2011 年，賽維已經成了新餘財政的第一貢獻大戶，創造就業崗位 2 萬個，納稅 14 億元，相當於當年新餘財政總收入的 12%。[2]

與以滿足國內需求為主的液晶顯示面板行業不同，這一時期的光伏產品主要出口歐美市場，尤其是德國和西班牙，因為其發電成本遠高於火電和水電，國內消費不起。2011 年的光伏出口中，57% 出口歐洲，15% 出口美國。雖然國內從 2009 年起也陸續引入了一些扶持和補貼政策（如 "金太陽工程"），補貼光伏裝機，但總量並不大。2010 年，國內市場只佔我國光伏企業銷量的 6%。[3]

因為光伏發電成本遠高於傳統能源，所以光伏的海外需求也離不開政府補貼。歐洲的補貼尤其慷慨。德國不僅對裝機有貸款貼息優惠，還在 2000 年就引入了後來被全球廣泛借鑒的 "標杆電價" 補貼（feed-in tariff，FiT）。光伏要依靠太陽能，晚上無法發電，電力供應不穩定，會對電網造成壓力，因此電網一般不願意接入光伏電站。但在 "標杆電價" 制度下，電網必須以固

1　光伏上市公司數量來自《中國改革》2010 年第 4 期文章《太陽能中國式躍進》。

2　數據來自《財新周刊》2017 年第 37 期的文章《破產重整的賽維樣本》。

3　光伏企業數量和出口的數據來自興業證券朱玥的報告（2019）。國內市場銷量佔比數據來自西瓦拉姆（Sivaram）的著作（2018）。

定價格持續購買光伏電量，期限 20 年，該價格高於光伏發電成本。這種價格補貼會加到終端電價中，由最終消費者分攤。這個固定價格會逐漸下調，以刺激光伏企業技術進步，提高效率。但事實上，價格下降速度慢於光伏的技術進步和成本下降速度，所以投資光伏發電有利可圖。可以說我國光伏產業不僅是國內地方政府扶持出來的，也得益於德國、西班牙、意大利等國政府的"扶持"。在歐美市場，我國企業藉助規模效應、政府補貼以及產業集聚帶來的成本優勢，對其本土企業造成了不小衝擊。

2009 年到 2011 年，美國金融危機和歐債危機相繼爆發，歐洲各國大幅削減光伏補貼。同時，為應對我國企業的衝擊，美國和歐盟從 2011 年底開始陸續對我國企業展開"反傾銷，反補貼"調查，關稅飆升。其實，這一時期我國專門針對光伏的補貼總量很有限，大部分補貼不過都是地方招商引資中的常規操作，比如土地優惠和貸款貼息，並非具體針對光伏。只有光伏產業集聚的江蘇省在 2009 年率先推出了與德國類似的"標杆電價"補貼，確定 2009 年光伏電站入網電價為每度 2.15 元，遠高於每度約 0.4 元的煤電上網電價。補貼資金源於向省內電力用戶（不包括居民和農業生產用電）收取電價附加費，建立省光伏發電扶持專項資金。為鼓勵企業提高效率、降低成本，江蘇將 2010 年和 2011 年的"標杆電價"降為每度 1.7 元和 1.4 元。[1]

在 2008 年金融危機和"雙反"調查前幾年，我國光伏企業已經在急速擴張中積累了大量產能和債務，如今出口需求銳減，大量企業開始破產倒閉，包括曾經風光無限的尚德和賽維，光伏產業進入寒冬。在這種背景之下，光伏的主要市場開始逐漸向國內轉移。

2011 年，中央政府開始分階段對光伏施行"標杆電價"補貼，要求電網按固定價格（1.15 元／度）全額購買光伏電量，並從 2013 年起實行地區差別定價。[2] 具體來說，是把全國分為三類資源區，I 類是西北光照強的地區，II

1　參見《江蘇省光伏發電推進意見》（蘇政辦發［2009］85 號）。

2　2011 年 7 月，發改委發佈《關於完善太陽能光伏發電上網電價政策的通知》，核定上網電價為每度電 1.15
　　元。2013 年 8 月，在《國家發展改革委關於發揮價格槓桿作用促進光伏產業健康發展的通知》發佈後，開
　　始實行分區上網電價。

類是中西部，III 類是東部，每度電上網電價分別定為 0.9/0.98/1 元。與當時煤電的平均上網電價約 0.4 元相比，相當於每度電補貼 0.6 元。對分佈式光伏則每度電補貼 0.42 元。在資金來源方面，是向電力終端用戶徵收"可再生能源電價附加"，上繳中央國庫，進入"可再生能源發展基金"。除中央的電價補貼之外，很多省市也有地方電價補貼。比如上海就設立了"可再生能源和新能源發展專項資金"，對光伏電站實行每度電 0.3 元的固定補貼，資金來自本級財政預算和本市實行的差別電價電費收入。[1]

與世界各國一樣，我國的電價補貼也隨時間逐步下調，以引導光伏企業不斷降低成本。2016—2017 年，我國兩次調低三類地區的"標杆電價"至每度電 0.65/0.75/0.85 元，下降幅度達到 28%/23%/15%。實際上，企業的效率提升和成本降幅遠快於補貼降幅，同期光伏組件價格每年的下降幅度均超過 30%，所以投資光伏電站有利可圖，裝機規模因此快速上升。2016—2017 年兩年，我國光伏組件產量佔全球產量的 73%，而光伏裝機量佔全球的 51%，不僅是全球最大的產地，也成了最大的市場。[2]

但裝機量的急速上漲造成了補貼資金嚴重不足，拖欠補貼現象嚴重。如果把對風電的欠補也算上的話，2018 年 6 月，可再生能源補貼的拖欠總額達到 1 200 億元。很多光伏電站建在陽光充足且地價便宜的西部，但當地人口密度低、經濟欠發達，用電量不足，消納不了這麼多電。跨省配電不僅成本高，且面臨配電體系固有的很多制度扭曲，所以電力公司經常以未拿到政府拖欠的補貼為由，拒絕給光伏電廠結算，導致甘肅、新疆等西部省份的"棄光"現象嚴重。[3]

在這種大背景下，2018 年 5 月 31 號"531 新政"出台，大幅降低了補貼電價，也大幅縮減了享有補貼的新增裝機總量，超過這個量的新增裝機，不再能享受補貼指標。這個政策立即產生了巨大的行業衝擊，影響不亞於當年

1　上海對不同用電量實行差別定價。《上海市可再生能源和新能源發展專項資金扶持辦法》中詳細規定了對海上風電和光伏電站的補貼辦法。

2　數據來自興業證券朱玥的報告（2019）。

3　欠補總額的數據來自《財新周刊》2018 年第 25 期的封面文章《巨額補貼難支　光伏斷奶》。關於電網建設和消納新能源電量之間的矛盾，相關報道很多，在此不一一列舉。

歐美的 "雙反"。當年第四季度，政策重新轉暖。9 月，歐盟取消了對我國企業長達五六年的 "雙反" 措施，光伏貿易恢復正常。歐盟的 "雙反" 並未能挽救歐洲企業，除了在最上游的硅料環節，大多歐洲企業已經退出光伏產業。2019 年，我國開始逐步退出固定電價的補貼方式，實行市場競價。而由於多年的技術積累和規模經濟，光伏度電成本已經逼近燃煤電價，正在邁入平價上網時代。2020 年，海內外上市的中國光伏企業股價飛漲，反映了市場對光伏技術未來的樂觀預期。

經濟啟示

如果承認全球變暖事關人類存亡，那就必須發展可再生能源。即便不承認全球變暖，但承認我國傳統能源嚴重依賴進口的局面構成了國家安全隱患，那也必須發展新能源。但傳統能源已經積累了多年的技術和成本優勢，新能源在剛進入市場時是沒有競爭力的。就拿十幾年前的光伏來說，度電成本是煤電的十幾倍甚至幾十倍，若只靠市場和價格機制，沒人會用光伏。但新能源的技術升級和成本下降，只有在大規模的生產和市場應用中才能逐步發生，不可能只依靠實驗室。實驗技術再突破，若沒有全產業鏈的工業化量產和技術創新，就不可能實現規模經濟和成本下降。研發和創新從來不只是象牙塔裏的活動，離不開現實市場，也離不開邊幹邊學的企業。

所以新能源技術必須在沒有競爭優勢的時候就進入市場，這時候只有兩個辦法：第一是對傳統能源徵收高額碳稅或化石燃料稅，增加其成本，為新能源的發展製造空間；第二是直接補貼新能源行業。第一種辦法明顯不夠經濟，因為在新能源發展早期，傳統能源佔據九成以上的市場，且成本低廉，對其徵收重稅會大大加重稅收負擔，造成巨大扭曲。所以更加合理的做法是直接補貼新能源，加速其技術進步和成本降低，待其市場份額不斷擴大、成本逼近傳統能源之後，再逐漸降低補貼，同時對傳統能源徵稅，加速其退出。[1]

1　關於傳統能源向新能源轉變的動態過程及其中最優的稅收和補貼政策組合，可以參考麻省理工學院的阿西莫格魯（Acemoglu）等人的論文（2016）。

　　因此無論是歐美還是日韓，光伏的需求都是由政府補貼創造出來的。中國在開始進入這個行業時，面臨的是一個"三頭在外"的局面：需求和市場來自海外，關鍵技術和設備來自海外，關鍵原材料也來自海外。所以基本就是一個代工行業，處處受制於人。但當時光伏發電成本太高，國內市場用不起。在地方政府廉價的土地和信貸資源支持下，大量本土光伏企業在海外打"價格戰"，用低價佔領市場，並在這個過程中不斷技術創新，逐步進入技術更複雜的產業鏈上游，以求在產能過剩導致的激烈競爭中佔據優勢。但由於最終市場在海外，所以一旦遭遇歐美"雙反"，就從需求端打擊了全行業，導致大量企業倒閉。

　　但企業不是"人"，不會在"死"後一了百了，積累的技術、人才、行業知識和經驗，並不會隨企業破產而消失。一旦需求回暖，這些資源就又可以重新整合。2013 年以後，國內市場需求打開，光伏發展進入新階段。因為整條產業鏈都在國內，所以同行溝通成本更低，開始出現全產業鏈的自主和協同創新，各環節共同優化，加速了技術進步和成本下降。這又進一步擴大了我國企業的競爭優勢，更好地打開了國外市場。2018 年以後，不僅歐洲"雙反"結束，低價高效的光伏技術也刺激了全球需求的擴張，全球市場遍地開花。我國企業當年開拓海外市場的經驗和渠道優勢，現在又成了它們競爭優勢的一部分。

　　從光伏產業的發展來看，政府的支持和補貼與企業成功不存在必然的因果關係。歐美日等先進國家不僅起步早、政府補貼早，而且企業佔據技術、原料和設備優勢，在和中國企業的競爭中還藉助了"雙反"等一系列貿易保護政策，但它們的企業最終衰落，紛紛退出市場。無論是補貼也好、貿易保護也罷，政策最多可以幫助企業降低一些財務風險和市場風險，但政府不能幫助企業克服最大的不確定性，即在不斷變化的市場中發展出足夠的能力和競爭優勢。如果做不到這一點，保護和補貼政策最終會變成企業的尋租工具。這一點不僅對中國適用，對歐美也適用。但這個邏輯不能構成反對所有產業政策的理由。產業發展，無論政府是否介入，都沒有必然的成功或失敗。就新能源產業而言，補貼了雖然不見得會成功，但沒有補貼這個行業就不可能存在，也就談不上在發展過程中逐漸擺脫對補貼的依賴了。

從光伏產業的發展中，我們還可以看到 "東亞產業政策模式" 的另一個特點：強調出口。當國內市場有限時，海外市場可以促進競爭，迫使企業創新。補貼和優惠政策難免會產生一些低效率的企業，但這些企業在面對挑剔的海外客戶時，是無法過關的。而出口量大的公司，往往是效率相對高的公司，它們市場份額的擴大，會吸納更多的行業資源，壓縮國內低效率同行的生存空間，淘汰一些落後產能。[1] 當然，像我國這樣的大國，要應對的國際局勢變幻比小國更加複雜，所以不斷擴大和穩定國內市場，才是行業長期發展的基礎。另一方面，若地方政府利用行政手段阻礙落後企業破產，就會阻礙優勝劣汰和效率提升，加劇產能過剩的負面影響。

地方政府競爭與重複建設

地方政府招商引資的優惠政策，會降低產業進入門檻，可能會帶來重複投資和產能過剩。這是在關於我國產業政策的討論中經常被批評的弊端，光伏也是常被提及的反面教材。過度投資和產能過剩本身並不是什麼新鮮事，就算沒有政府干預，也是市場運行的常態。因為投資面對的是不可知的未來，自由市場選擇的投資水平不可能恰好適應未來需求。尤其產業投資具有很強的不可逆性，沒下注的還可以駐足觀望，但下了注的往往難以收手，所以投資水平常常不是過少就是過多。若市場樂觀情緒瀰漫，投資者往往一擁而上，導致產能過剩，產品價格下跌，淘汰一批企業，而價格下跌可能刺激新一輪需求上升，引發新的過剩投資。這種供需動態匹配和調整過程中周期性的產能過剩是市場經濟的常態。但也正是因為這種產能過剩，企業才不得

1　進入全球市場會提升本國企業效率，不僅是由於基於比較優勢的國際分工可以提升效率，也是由於更大規模的市場會提升高效企業的市場份額，壓縮低效企業的生存空間，這便是經典貿易理論 "Melitz 模型" 的核心思想。讀者可以參考哈佛大學梅里茲（Melitz）和多倫多大學特雷夫萊（Trefler）的介紹性文章（2012）。

不在這場生存遊戲中不斷創新，增加競爭優勢，加速優勝劣汰和技術進步。[1]

　　在我國，還有起碼三個重要因素加劇了"重複投資"。首先，在發展中國家可以看到發達國家的發展過程，知道很多產品的市場需求幾乎是確定的，也知道相關的生產技術是可以複製的。比如大家都知道中國老百姓有錢之後會買冰箱、彩電、洗衣機，需求巨大，也能引進現成的生產技術，而國內產能還沒發展起來，人人都有機會，所以投資一擁而上。其次，地方政府招商引資的很多優惠和補貼，比如低價土地和貼息貸款，都發生在工廠建設階段，且地方領導更換頻繁，倘若談好的項目不趕緊上馬，時間拖久了優惠政策可能就沒有了。雖然企業不能完全預料建成投產後的市場需求，但投產後市場若有變化，總是有辦法通過調整產量去適應。但如果當下不開工建設，很多機會和資源就拱手讓人了，所以要"大幹快上"。再次，地方往往追隨中央的產業政策。哪怕本地條件不夠，也可能投資到中央指定的方向上，這也是會引發各地重複投資的因素之一。[2]

　　"重複投資"並不總是壞事。在經濟發展早期，各地政府扶持下的工業"重複投資"至少有兩個正面作用。首先，當地工廠不僅提供了就業，也為當地農民轉變為工人提供了學習場所和途徑。"工業化"最核心的一環是把農民變成工人，這不僅僅是工作的轉變，也是思想觀念和生活習慣的徹底轉變。這個轉變不會自動發生，需要學習和培訓，而這種學習和培訓只能在工廠中完成。在鄉鎮企業興起的年代，統一的國內大市場尚未形成，各地都在政府扶持下重複建設各種小工廠，生產效率和技術水平都很低。但正是這種"離土不離鄉"的工廠，讓當地農民熟悉了工業和工廠，培養了大量工人，為後來我國加入 WTO 後真正利用勞動力優勢成為世界工廠奠定了基礎。從這個角度看，"工廠"承擔了類似"學校"的教育功能，有很強的正外部性，應當

1　不確定性對投資行為和經濟周期的影響，是經濟學的重要議題之一，有很長的研究傳統。讀者可參考斯坦福大學布魯姆（Bloom）對這個領域精彩且通俗的介紹（2014）。

2　第一個因素被稱為"潮湧現象"，詳見北京大學林毅夫、巫和懋和邢亦青的論文（2010）。第二個因素被稱為"Oi-Hartman-Abel"效應，即企業可以通過擴張（此處指建廠）獲得好處，同時可以通過收縮（此處指投產後調整產能）避免風險，詳見斯坦福大學布魯姆（Bloom）的論文（2014）。第三個因素，即各地產業扶持目標逐漸和中央產業政策趨同的現象，見復旦大學趙婷和陳釗的論文（2019）。

予以扶持和補貼。

　　"重複投資"的第二個好處是加劇競爭。蜂擁而上的低水平產能讓"價格戰"成為我國很多產品的競爭常態。所以在很長一段時間內，"成本創新"是本土創新的主流。雖然西方會將此譏諷為"仿造"和"山寨"，但其實成本創新和功能簡化非常重要。因為很多在發達國家已經更新迭代了多年的產品，小到家電大到汽車，我國消費者都是第一次使用。這些複雜精密的產品價格高昂，讓試用者望而卻步。如果犧牲一些功能和質量能讓價格大幅下降，就有利於產品推廣。當消費者開始熟悉這些產品後，會逐步提升對質量的需求。正因如此，很多國產貨都經歷了所謂"山寨＋價格戰"的階段。但行業正是在這種殘酷的競爭中迅速洗牌，將資源和技術快速向頭部企業集中，質量迅速提高。就拿家電行業來說，國產貨從起步到質優價廉、服務可靠、設計精美，佔領了大部分國內市場，也就是 20 年的時間。其他很多消費者熟悉的產品，也大都如此。[1]

　　所以不管有沒有政府扶持，要害都不是"重複建設"，而是"保持競爭"。市場經濟的根本優勢不是決策優勢。面對不可知的未來，誰也看不清，自由市場上，失敗也比成功多得多。市場經濟的根本優勢是可以不斷試錯，在競爭中優勝劣汰。[2]能保持競爭性的產業政策，與只扶持特定企業的政策相比，效果往往更好。[3]但所謂"特定"，不好界定。就算中央政府提倡的產業政策是普惠全行業的，並不針對特定企業，但到了地方政府，政策終歸要落實到"特定"的本地企業頭上。若地方政府保護本地企業，哪怕是低效率的"僵屍企業"也要不斷輸血和挽救，做不到"劣汰"，競爭的效果就會大打折扣，導致資源的錯配和浪費。這是很多經濟學家反對產業政策的主要原因。尤其是，我國地方政府有強烈的"大項目"偏好，會刺激企業擴張投資。企業一

1　中歐商學院葉恩華（George Yip）和布魯斯·馬科恩（Bruce Mckern）的著作（2016）系統分析了我國企業成本創新的很多案例。

2　關於市場經濟的核心不是決策優勢而是優勝劣汰的思想，已故經濟學家阿爾欽（Alchian）半個多世紀前的文章（1950）今天看依然精彩。

3　我國競爭性的產業政策，比如針對全行業的補貼、稅收減免、低息貸款等，對提升行業技術水平和效率有正面作用，參見哈佛大學阿吉翁（Aghion）和馬里蘭大學蔡婧等人的論文（2015）。

且做大，就涉及就業、穩定和方方面面的利益，不容易破產重組。這在曾經的光伏巨頭——江西賽維的破產重整案中表現得淋漓盡致。

如前所述，2011 年，賽維已經成了新餘財政的第一貢獻大戶，創造就業崗位 2 萬個，納稅 14 億元，相當於當年新餘財政總收入的 12%。在政府背書之下，賽維獲得了大量銀行授信，遠超其資產規模。自 2012 年起，賽維的債務就開始違約。地方政府屢次注入資金，並動員包括國開行在內的數家銀行以各種方式救助，結果卻越陷越深。2016 年，賽維總資產為 137 億元，但負債高達 516 億元，嚴重資不抵債。其破產重整方案由地方政府直接主導，損害了債權人利益。當受償率太低的債權人無法接受重整方案時，地方法院又強制裁決，引發了媒體、法律和金融界的高度關注。[1]

所以產業政策要有退出機制，若效率低的企業不能退出，"競爭性"就是一句空話。"退出機制"有兩層含義。第一是政策本身要設計退出機制。比如光伏的"標杆電價"補貼，一直在降低，所有企業都非常清楚補貼會逐漸退出，平價上網時代終會來臨，所以有動力不斷提升效率和降低成本。第二是低效企業破產退出的渠道要順暢。這不僅涉及產業政策，也涉及更深層次的要素配置市場化改革。如果作為市場主體和生產要素載體的企業退出渠道不暢，要素配置的市場化改革也就難以深化。然而"破產難"一直是我國經濟的頑疾。一方面，債權銀行不願走破產程序，因為會暴露不良貸款，無法再掩蓋風險；另一方面，地方政府也不願企業（尤其是大企業）走破產程序，否則職工安置和民間借貸等一系列矛盾會公開化。在東南沿海等市場化程度較高的地區，破產程序相對更加規範。同樣是光伏企業，無錫尚德和上海超日的破產重整就更加市場化，債權人的受償率要比江西賽維高很多，這兩個案例均被最高人民法院列為了"2016 年十大破產重整典型案例"。但總體看來，無論是破產重整還是破產清算，我國在企業退出方面的制度改革和建設還有很長的路要走。

1　詳細情況可以參考《財新周刊》2017 年第 37 期的報道《破產重整的賽維樣本》。

第三節　政府產業引導基金

最近幾年，產業升級和科技創新是個熱門話題。一講到對高科技企業的資金支持，大多數人首先會想到硅谷風格的風險投資。然而美式的風險投資基金不可能直接大規模照搬到我國，而是在移植和適應我國的政治經濟土壤的過程中，與地方政府的財政資金實現了嫁接，產生了政府產業引導基金。這種地方政府投資高新產業的方式，脫胎於地方政府投融資的傳統模式。在地方債務高企和"去產能、去槓桿"等改革的大背景下，政府引導基金從2014 年開始爆發式增長，規模在五年內翻了幾番。根據清科的數據，截至2019 年 6 月，國內共設立了 1 686 隻政府引導基金，到位資金約 4 萬億元；而根據投中的數據，引導基金數量為 1 311 隻，規模約 2 萬億元。[1]

政府產業引導基金既是一種招商引資的新方式和新的產業政策工具，也是一種以市場化方式使用財政資金的探索。理解這種基金不僅有助於理解我國的產業發展，也是深入了解 "漸進性改革" 的絕佳範例。引導基金和私募基金這種投資方式緊密結合，所以要了解引導基金，需要先從了解私募基金開始。

私募基金與政府引導基金

私募基金，簡單說來就是一群人把錢交給另一群人去管理和投資，分享投資收益。稱其為 "私募"，是為了和公眾經常買賣的 "公募" 基金區別開。私募基金對投資人資格、募資和退出方式等都有特殊規定，不像公募基金的份額那樣可以每天買賣。圖 4-1 描繪了私募基金的基本運作方式。出錢的人叫 "有限合夥人"（limited partner，以下簡稱 LP），管錢和投資的人叫 "普通合夥人"（general partner，以下簡稱 GP）。LP 把錢交給 GP 投資和運作，

1　清科和投中是兩家研究私募基金的國內機構。私募基金的信息披露不完全、不透明，所以不同的估計差別很大，此處的數字引自《財新周刊》2020 年第 39 期的封面報道《監管十萬億私募股權基金》。在私募基金行業，基金的目標規模通常並不重要，實際募資和到位資金一般遠小於目標規模。媒體上經常看到的天文數字般的政府引導基金目標規模，沒有太大意義。

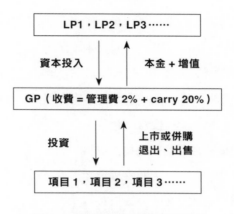

圖 4–1　私募基金基本運作模式

同時付給 GP 兩種費用：一種是基本管理費。一般是投資總額的 2%，無論虧賺，每年都要交。另一種是績效提成，行話叫 "carry"。若投資賺了錢，GP 要先償還 LP 的本金和事先約定的基本收益（一般為 8%），若還有多餘利潤，GP 可從中提成，一般為 20%。

　　舉個簡化的例子。LP 投資 100 萬元，基金延續兩年，GP 每年從中收取 2 萬元管理費。若兩年後虧了 50 萬，那 GP 就只能掙兩年總共 4 萬的管理費，把剩下的 46 萬還給 LP，LP 認虧。若兩年後掙了 50 萬，GP 先把本金 100 萬還給 LP，再給 LP 約定的每年 8% 的收益，也就是 16 萬。GP 自己拿 4 萬元管理費，剩下 30 萬元的利潤，GP 提成 20% 也就是 6 萬，剩餘 24 萬歸 LP。最終，GP 掙了 4 萬元管理費和 6 萬元提成，LP 連本帶利總共拿回 140 萬元。

　　GP 的投資對象既可以是上市公司公開交易的股票（二級市場），也可以是未上市公司的股權（一級市場），還可以是上市公司的定向增發（一級半市場）。若投資未上市公司的股權，那最終的 "退出" 方式就有很多種，比如把公司包裝上市後出售股權、把股權出售給公司管理層或其他投資者、把公司整體賣給另一家併購方等。

　　LP 和 GP 這種特殊的稱呼和合作方式，法律上稱為 "有限合夥制"。與常見的股份制公司相比，"有限合夥" 最大的特點是靈活。股份制公司一般要求"同股同權"和"同股同利"。無論持股多少，每一股附帶的投票權和分紅權是一樣的，持有的股票數量越多，權利越多。但在"有限合夥"中，出錢的是 LP，做投資決定的卻是 GP，LP 的權利相當有限。不僅如此，若最後賺了錢，最初基本沒出錢的 GP 也可以分享利潤的 20%。[1] 此外，股份公司在註冊時默認是永續經營的，但私募基金卻有固定存續期，一般是 7—10 年。在此期限內，基金要經歷募資、投資、管理、退出等四個階段（統稱"募投管退"），到期後必須按照合夥協議分錢和散夥。[2]

在這種合作方式下，活躍在投資舞台鎂光燈下的自然就是做具體決策的 GP。很多投資業績出眾的 GP 管理機構和明星管理人大名鼎鼎。他們的投資組合不僅財務回報率高，而且包括了諸多家喻戶曉的明星企業，行業影響力很大。這些明星 GP 受市場資金追捧，募集的基金規模動輒百億元。

相比之下，出錢的 LP 們反倒低調得多。國際上規模大的 LP 大都是機構投資者，比如美國最大的 LP 就包括加州公立系統僱員養老金（CalPERS）和賓州公立學校僱員退休金（PSERS）等。一些國家的主權投資機構也是聲譽卓著的 LP，比如新加坡的淡馬錫和 GIC、挪威主權財富基金（GPFG）等。而國內最大的一類 LP 就是政府產業引導基金，其中既有中央政府的基金比如規模龐大的國家集成電路產業投資基金（即著名的"大基金"），也有地方政府的基金，比如深圳市引導基金及其管理機構深圳創新投資基團（即著名的"深創投"）。

與地方政府投資企業的傳統方式相比，產業引導基金或投資基金有三個特點。第一，大多數引導基金不直接投資企業，而是做 LP，把錢交給市場化的私募基金的 GP 去投資企業。一支私募基金的 LP 通常有多個，不止有政府

1　在實際運作中，LP 也會設計各種各樣的機制來監督和激勵 GP，使其行事符合 LP 利益。比如出資較多的 LP 可能要求參與 GP 的投資決策，在 GP 的投資決策委員會中有一席投票權或否決權，或者派出觀察員。再比如在組建基金時，GP 通常也會象徵性地投入一些錢，以示與 LP 利益綁定，一般就是 LP 出資總額的 1%—2%。

2　私募基金興起於美國，與資本市場上的"槓桿收購"（leverage buy-out）緊密相關。這種金融工具的興起，背後有複雜的經濟和社會背景，包括對公司角色認知的轉變、全球化後勞資關係的轉變、金融管制放鬆等。美國智庫 CEPR 的阿佩爾鮑姆（Appelbaum）和康奈爾大學巴特（Batt）的著作（2014）對私募基金和槓桿收購的時代背景和邏輯做了精彩的分析和介紹。

引導基金，還有其他社會資本。因此通過投資一支私募基金，有限的政府基金就可以帶動更多社會資本投資目標產業，故稱為 "產業引導" 基金。同時，因為政府引導基金本身就是一支基金，投資對象又是各種私募基金，所以也被稱為 "基金中的基金" 或 "母基金"（fund of funds, FOF）。第二，把政府引導基金交給市場化的基金管理人運作，實質上是借用市場力量去使用財政資金，其中涉及諸多制度改革，也在實踐中遭遇了各種困難（見下文）。第三，大多數引導基金的最終投向都是 "戰略新興產業"，比如芯片和新能源汽車，而不允許投向基礎設施和房地產，這有別於基礎設施投資中常見的政府和社會資本合作的 PPP 模式（見第三章）。

　　上一章介紹城投公司的時候解釋過，政府不可以直接向銀行借貸，所以需要設立城投公司。政府當然也不可以直接去資本市場上做股權投資，所以在設立引導基金之後，也需要成立專門的公司去管理和運營這支基金，通過這些公司把基金投資到其他私募基金手中。這些公司的運作模式大概分為三類。第一類與城投公司類似，是政府獨資公司，如曾經投資過京東方的北京亦莊國投，就由北京經濟技術開發區國有資產管理辦公室持有 100% 股權。第二類是混合所有制公司。比如受託管理深圳市引導基金的深創投，其第一大股東是深圳市國資委，但持股佔比只有 28% 左右。第三類則有點像上一章中介紹的華夏幸福。很多小城市的引導基金規模很小，政府沒有能力也沒有必要為其組建一家專業的基金管理公司，所以乾脆把錢委託給市場化的母基金管理人去運營，比如盛世投資集團。

　　政府引導基金的概念很容易理解。在國際上，作為機構投資者的 LP 早就有了多年的運作經驗，組建了國際行業協會，與全球各種機構型 LP 分享投資與治理經驗。[1] 但從我國實踐來看，政府引導基金的發展，需要三個外部條件。首先是制度條件。要想讓財政預算資金進入風險很大的股權投資領域，必須要有制度和政策指引，否則沒人敢做。其次是資本市場的發育要比較成熟。政府基金要做 LP，市場上最起碼得有足夠多的 GP 去管理這些資金，還

1　如 2002 年在華盛頓成立的 "機構類 LP 協會"（Institutional Limited Partner Association, ILPA）。

要有足夠大的股權交易市場和退出渠道，否則做不起來。再次是產業條件。產業引導基金最終要流向高技術、高風險的戰略新興行業，而只有經濟發展到一定階段後，這樣的企業才會大批出現。

政府引導基金興起的制度條件

2005 年，發改委和財政部等部門首次明確了國家與地方政府可以設立創業投資引導基金，通過參股和提供融資擔保等方式扶持創投企業的設立與發展。[1]2007 年，新修訂的《合夥企業法》施行，LP/GP 式的基金運作模式正式有了法律保障。本土第一批有限合夥制人民幣基金隨後成立。2008 年，國務院為設立引導基金提供了政策基礎，明確其宗旨是 "發揮**財政資金**的**槓桿放大**效應，增加創業投資資本的供給，克服單純通過市場配置創業投資資本的市場失靈問題"。明確了政府引導基金可以按照 "母基金" 的方式運作，可以引入社會資本共同設立 "子基金"，增加對創業企業的投資。同時要求引導基金按照 "政府引導、市場運作、科學決策、防範風險" 的原則進行市場化運作。這 16 個字成了各地引導基金設立和運作的基本原則。[2]

政府的錢以 "股權" 形式進入還未上市的企業之後，如果有一天企業上市，這些 "國有股份" 怎麼辦？要不要按照規定在 IPO（首次公開募股）時將 10% 的股份劃轉給社保基金？[3] 如果要劃轉，那無論是地方政府還是其他政府出資人，恐怕都不願意。因此，為提高國有資本從事創業投資的積極性，2010 年財政部等部門規定：符合條件的國有創投機構和國有創投引導基

1　2005 年，國家發展改革委與科技部、財政部、商務部、中國人民銀行等多部委聯合發佈《創業投資企業管理暫行辦法》。

2　2008 年，國務院辦公廳轉發發展改革委等部門《關於創業投資引導基金規範設立與運作的指導意見》。

3　2002 年財政部規定，海外上市的國有企業要把發行股數的 10% 劃轉給全國社保基金理事會持有。2009 年，財政部、國資委、證監會、社保基金會聯合印發《境內證券市場轉持部分國有股充實全國社會保障基金實施辦法》：凡在境內 IPO 的含國有股的股份有限公司，除國務院另有規定的，均須按 IPO 時實際發行股份數量的 10%，將部分國有股轉由社保基金會持有；國有股東持股數量少於應轉持股份數量的，按實際持股數量轉持。

金，可在 IPO 時申請豁免國有股轉持義務。[1]

GP 的收費也是個問題。雖然 2% 的管理費和 20% 的業績提成是國際慣例，但如果掌管的是財政資金，也該收取這麼高比例的提成麼？2011 年，財政部和發改委確認了財政資金與社會資本收益共享、風險共擔的原則，明確了 GP 在收取管理費（一般按 1.5%—2.5%）的基礎上可以收取增值收益部分的 20%，相當於承認了 GP 創造的價值，不再將 GP 僅僅視作投資"通道"。[2]

以上政策為政府產業引導基金奠定了制度基礎，但其爆發式發展卻是在 2014 年前後，最直接的"導火索"是圍繞新版《預算法》的一系列改革。改革之前，地方政府經常利用預算內設立的各種專項基金去招商引資，為企業提供補貼（如第三章中介紹的成都市政府對成都文旅的補貼）。而在 2014 年改革後，國務院開始嚴格限制地方政府對企業的財政補貼。這些原本用於補貼和稅收優惠的財政資金，就必須尋找新的載體和出路，不能趴在賬上。因為新《預算法》規定，連續兩年還沒花出去的錢，可能將被收歸同級或上級財政統籌使用。[3]

到了這個階段，基本制度框架已經搭好，地方政府也需要為一大筆錢尋找出路，產業引導基金已是蓄勢待發。但這畢竟是個新事物，還需要更詳細的操作指南。自 2015 年起，財政部和發改委陸續出台了一系列針對政府引導基金的管理細則，為各地提供了行動指南。其中最重要的是兩點。第一，再次明確"利益共享、風險共擔"原則，允許使用財政資金的政府投資基金出現虧損。第二，明確了財政部門雖然出資，但"一般不參與基金日常管理事務"，並且明確要求各地財政部門配合，"積極營造政府投資基金支持產業發

---

1   2010 年，財政部聯合國資委和證監會、社保基金會發佈《關於豁免國有創業投資機構和國有創業投資引導基金國有股轉持義務有關問題的通知》。

2   2011 年，財政部和發改委發佈《新興產業創投計劃參股創業投資基金管理暫行辦法》。

3   2014 年，國務院發佈《國務院關於清理規範稅收等優惠政策的通知》，規定"未經國務院批准，各地區、各部門不得對企業規定財政優惠政策。對違法違規制定與企業及其投資者（或管理者）繳納稅收或非稅收入掛鉤的財政支出優惠政策，包括先徵後返、列收列支、財政獎勵或補貼，以代繳或給予補貼等形式減免土地出讓收入等，堅決予以取消"。關於財政結餘資金，新版《預算法》規定："各級政府上一年預算的結轉資金，應當在下一年用於結轉項目的支出；連續兩年未用完的結轉資金，應當作為結餘資金管理。"

展的良好環境"，推動政府投資基金實現市場化運作。[1]

之後，政府引導基金就進入了爆發期。根據清科數據，2013 年全國設立的政府引導基金已到位資金約 400 億元，而 2014 年一年就暴增至 2 122 億元，2015 年 3 773 億元，2016 年超過了 1 萬億元。很多著名的產業引導基金都創辦於這一階段，比如 2014 年工信部設立的"國家集成電路產業投資基金"（即"大基金"），首期規模將近 1 400 億元。大多數地方政府的引導基金也成立於這個階段。

政府引導基金興起的金融和產業條件

引導基金大多採用"母基金"方式運行，與社會資本共同投資於市場化的私募基金，通過後者投資未上市公司的股權。這種模式的繁榮，需要三個條件：有大量的社會資本可以參與投資、有大量的私募基金管理人可以委託、有暢通的投資退出渠道。其中最重要的是暢通的資本市場退出渠道。

21 世紀頭十年，為資本市場發展打下制度基礎的是三項政策。第一，2003 年黨的十六屆三中全會通過《中共中央關於完善社會主義市場經濟體制若干問題的決定》，2004 年國務院發佈《關於推進資本市場改革開放和穩定發展的若干意見》，為建立多層次資本市場體系，完善資本市場結構和風險投資機制等奠定了制度基礎。第二，2005 年開始的股權分置改革，解決了非流通股上市流通的問題，是證券市場發展史上里程碑式的改革。[2] 第三，2006 年新修訂的《公司法》開始實施，正式把發起人股和風投基金持股區別對待。上市後發起人股仍實行 3 年禁售，但風投基金的禁售期可縮短至 12 個月，拓寬了退出渠道。同年，證監會以部門規章的形式確立了 IPO 的審核標準。[3]

1　2015 年最後兩個月，財政部連續發佈《政府投資基金暫行管理辦法》和《關於財政資金注資政府投資基金支持產業發展的指導意見》。

2　我國股市上曾經有三分之二的股權不能流通，這種"股"和"權"分置的狀況讓非流通股股東的權益受到嚴重限制，造成了很多扭曲。2005 年 4 月，證監會發佈《關於上市公司股權分置改革試點有關問題的通知》，股權分置改革開始。

3　2006 年，證監會發佈《首次公開發行股票上市管理辦法》。

這些政策出台前後，上海和深圳的交易所也做了很多改革，拓寬了上市渠道。2004 年和 2009 年，中小企業板和創業板分別在深交所開板。2013年，新三板擴容全國。2019 年，科創板在上交所開市，並試行註冊制。國內上市渠道拓寬後，改變了過去股權投資機構 "兩頭在外"（海外募資，海外上市、退出）的尷尬格局。2008 年全球金融危機後，我國的股權投資基金開始由人民幣基金主導，外幣基金不再重要。

至於可以與政府引導基金合作的 "社會資本"，既包括大型企業的投資部門，也包括其他資本市場的機構投資者。後者也隨著 21 世紀的各項改革而逐步 "解放"，開始進入股權投資基金行業。比如，在 2010 年至 2014 年間，保監會的一系列規定讓保險資金可以開始投資非上市公司股權以及創投基金。[1]

所以 2006 年至 2014 年，我國的股權投資基金發展很快，一大批優秀的市場化基金管理機構和人才開始湧現。2014 年，境內 IPO 重啟，股權投資市場開始加速發展。也是從這一年起，政府引導基金的發展趨勢和股權投資基金整體的發展趨勢開始合流，政府資金開始和社會資本融合，出現了以市場化方式運作財政資源的重要現象。政府引導基金也逐漸成為各類股權投資基金最為重要的 LP 之一。

絕大多數政府引導基金最終都投向了戰略性新興產業（以下簡稱 "戰新產業"），這是由這類產業的三大特性決定的。首先，扶持和發展戰新產業是國家戰略，將財政預算資金形成的引導基金投向這些產業，符合政策要求，制度上有保障。從 "十二五" 規劃到 "十三五" 規劃，國務院都對發展戰新產業做了專門的規劃，將其視為產業政策的重中之重。要求 2015 年戰新產業增加值佔 GDP 的比重需達到 8%（已實現）；2020 年達到 15%；2030 年，戰新產業應該發展成推動我國經濟持續健康發展的主導力量，使我國成為世界戰新產業重要的製造中心和創新中心。在這兩個五年規劃中，都提出要加大和創新財稅與金融政策對戰新產業的支持，明確鼓勵發揮財政資金引導作

1　2010 年，保監會發佈《保險資金股權投資暫行辦法》，允許符合條件的保險公司直接投資於非上市公司股權，或者將總資產的 4% 投資於股權投資基金。2014 年，保監會發佈《關於保險資金投資創業投資基金有關事項的通知》，為險資進入創投基金掃清了障礙。

用，吸引社會資本，擴大投資規模，促進戰新產業快速發展。

其次，戰新產業處於技術前沿，高度依賴研發和創新，不確定性很大，所以更需要能共擔風險並能為企業解決各類問題的"實力派"股東。從企業角度看，引入政府基金作為戰略投資者，不僅引入了資金，也引入了能幫企業解決困難的政府資源。而從政府角度看，股權投資最終需要退出，不像補貼那樣有去無回。因此至少從理論上說，與不用償還的補貼相比，產業基金對被投企業有更強的約束。

再次，很多戰新產業正處在發展早期，尚未形成明顯的地理集聚，這讓很多地方政府（如投資京東方的合肥、成都、武漢等）看到了在本地投資佈局的機會。而"十三五"關於發展戰新產業的規劃也鼓勵地方以產業鏈和創新協同發展為途徑，發展特色產業集群，帶動區域經濟轉型，形成創新經濟集聚發展新格局。

引導基金的成績與困難

最近幾年，在公眾熟知的很多新技術領域，比如新能源、芯片、人工智能、生物醫藥、航空航天等，大多數知名企業和投資基金的背後都有政府引導基金的身影。2018 年 3 月，美國貿易代表辦公室（USTR）發佈了針對我國產業和科技政策的"301 調查報告"，其中專門用了一節來講各類政府產業引導基金。[1] 調查發佈後，該報告中提到的基金還收到了一些同行發來的"讚"：工作業績突出啊，連美國人都知道你們了。

引導基金成效究竟如何，當然取決於這些新興產業未來的發展情況。成了，引導基金就是巨大的貢獻；不成，就是巨大的浪費。投資的道理由結果決定，歷來如此，當下言之尚早。從目前情況看，撇開投資方向和效益不論，引導基金的運營也面臨多種困難和挑戰。與上一章中的地方政府融資平台不同，這些困難不是因為地價下跌或債台高築，而屬於運用財政資金做風

1　見美國貿易代表辦公室的"301 調查報告"："Findings of the Investigation into China's Acts, Policies, and Practices Related to Technology Transfer, Intellectual Property, and Innovation"。

險投資的體制性困難。主要有四類。

第一類是財政資金保值增值目標與風險投資可能虧錢之間的矛盾。雖然原則上引導基金可以虧錢，但對基金的經營管理者而言，虧了錢不容易向上級交待。當然，對大多數引導基金而言，只要不虧大錢，投資的財務回報率高低並非特別重要，關鍵還是招商引資，藉助引導基金這個工具把產業帶回本地，但這就帶來了第二類困難。

第二類困難源自財政資金的地域屬性與資本無邊界之間的矛盾。在成熟的資本市場上，機構類 LP 追求的就是財務回報，並不關心資金具體流向什麼區域，哪裏掙錢就去哪裏。但地方政府引導基金源自地方財政，本質還是招商引資工具，所以不可能讓投資流到外地去，一定要求把產業帶到本地來。但前兩章反覆強調過，無論是土地還是稅收優惠，都無法改變招商引資的根本決定因素，即本地的資源稟賦和經濟發展前景。在長三角、珠三角以及一些中心城市，大企業雲集，各種招商引資工具包括引導基金，在完成招商目標方面問題不大。但在其他地區，引導基金招商作用其實不大，反而造成了新的扭曲。有些地方為吸引企業，把本該是股權投資的引導基金變成了債權工具。比如說，引導基金投資一億元，本應是股權投資，同賺同虧，但基金卻和被投企業約定：若幾年後賺了錢，企業可以低價回購這一億元的股權，只要支付本金再加基本利率（2%—5%）就行；若企業虧了錢，可能也需要通過其他方式來償還這一億元本金。這就不是股權投資了，而是變相的低息貸款。再比如，引導基金為吸引其他社會資本一起投資，承諾未來可以收購這些社會資本的股權份額，相當於給這些資本托了底，消除了它們的投資風險，但同時也給本地政府增加了一筆隱性負債。這種"名股實債"的方式違背了股權投資的原則，也違背了"去槓桿"和解決地方政府債務問題的初衷，是中央明確禁止的。[1]

第三類困難源於資本市場。股權投資對市場和資金變化非常敏感，尤其

1　根據海通證券姜超、朱徵星、杜佳等人的估計（2018），截至 2017 年底，由 PPP 和政府基金所形成的各類"名股實債"，總額約 3 萬億元。2017 年初，發改委出台《政府出資產業投資基金管理暫行辦法》，明確禁止"名股實債等變相增加政府債務的行為"。

在私募基金領域。在一支私募基金中，作為 LP 之一的政府引導基金出資份額一般不會超過 20%。換句話說，若沒有其他 80% 的社會資本，這支私募基金就可能募集失敗。在 2018 年 "資管新規" 出台（見第六章）之後，各種社會資本急劇萎縮，大批私募基金管理機構倒閉，很多引導基金也獨木難支，難有作為。

　　第四類困難是激勵機制。私募基金行業收入高，對人才要求也高。而引導基金的管理機構脫胎自政府和國企，一般沒有市場化的薪酬，吸引不了很多專業人才，所以才採用 "母基金" 的運作方式，把錢交給市場化的私募基金 GP 去管理。但要想和 GP 有效溝通、監督其行為、完成產業投資目標，引導基金管理機構的業務水平也不能落伍，也需要吸引和留住人才，所以需要在體制內調整薪酬結構。各地做法差異很大。在市場化程度高、制度比較靈活的地方如深圳，薪酬也更加靈活一些。但在大部分地區，薪酬激勵機制仍是很難突破的瓶頸。

結　語

　　經濟發展是企業、政府、社會合力的結果，具體合作方式取決於各自佔有的資源，而這些資源稟賦的分佈格局由歷史決定。我國的經濟改革脫胎於計劃經濟，政府手中掌握大量對產業發展至關重要的資源，如土地、銀行、大學和科研機構等，所以必然會以各種方式深度參與工業化進程。政府和市場間沒有黑白分明的界限，幾乎所有的重要現象，都是這兩種組織和資源互動的結果。要想認識複雜的世界，需要小心避免政府和市場的二分法，下過於簡化的判斷。

　　因此，本章盡量避免抽象地談論產業發展和政府干預，著重介紹了兩個具體行業的發展過程和一個特定產業政策工具的運作模式，希望幫助讀者了解現象的複雜和多面性。大到經濟發展模式、小到具體產業政策，不存在脫離了具體場景、放之四海而皆準的答案，必須具體問題具體分析，並根據現實變化不斷調整。政策工具需要不斷發展和變化，因為政府能力和市場條件也在不斷發展和變化。在這個意義上，深入了解發達國家的真實發展歷程，了解其經歷的具體困難和脫困方式，比誇誇其談的"華盛頓共識"更有啟發。

　　20 世紀 90 年代中期至 21 世紀初期，基礎設施不完善、法制環境不理想、資本市場和社會信用機制不健全，因此以信用級別高的地方政府和國企為主體、以土地為槓桿，可以撬動大量資源，加速投資進程，推動快速城市化和工業化。這種模式的成就有目共睹，但也會帶來如下後果：與土地相關的腐敗猖獗；城市化以"地"為本，忽略了"人"，民生支出不足，教育、醫療等公共服務供給滯後；房價飛漲，債務急升；經濟過度依賴投資，既表現在民眾收入不高所以消費不足，也表現在過剩產能無法被國內消化、向國際輸出時又引起貿易失衡和衝突。這些都是近些年的熱點問題，催生了諸多改革，本書下篇將逐一展開討論。

◎

擴展閱讀

　　工業生產離日常生活比較遠，所以如果對這個話題感興趣，最好還是先從感性認識入手。近些年中央電視台拍了很多關於我國工業的紀錄片，其中《大國重器》《超級工程》《創新中國》《大國工匠》《軍工記憶》等都值得一看。工業和技術的發展很不容易，有很多重要的非經濟因素，如奮鬥精神和家國情懷等，這些在上述影像記錄中都能看到。

　　關於行業和企業的研究著作，我首先推薦北京大學路風的《光變：一個企業及其工業史》（2016），講的是京東方和光電顯示行業的故事。這本大書充滿了精彩的細節，雖然是單一行業和企業的故事，但如此深度和詳細的記錄，國內罕見。其中很多對技術工人和經理的訪談非常寶貴，有很多被傳統分析和理論抽象掉的重要信息。路風教授研究其他行業的文章結集也都很好，比如《走向自主創新：尋找中國力量的源泉》（2019）和《新火：走向自主創新2》（2020），講述了我國汽車、大飛機、核能、高鐵等行業的發展故事。而對於新工業革命、信息技術、人工智能等領域中的企業和投資故事，吳軍的《浪潮之巔》通俗精彩，已經出到了第四版（2019）。

　　如果想從更宏大的歷史背景和國家興衰角度去看待工業投資和發展，我從諸多傑作中推薦三種讀物。其共同點是“能大能小”，講的是經濟發展和歷史大故事，但切入點還是具體產業和企業。哈佛商學院麥克勞的《現代資本主義：三次工業革命中的成功者》（1999）和哈佛大學史學家貝克特的《棉花帝國》（2019）都是傑作，書名解釋了內容。史塔威爾的《亞洲大趨勢》（2014）講的是我們的近鄰日韓以及中國自己的成功故事，也對比了一些東南亞的失敗故事，思路和結構

清楚，案例易懂。無論是制度也好、戰略也罷，終究離不開
人事關係。事在人為，理解這其中所蘊含的隨機性，是理解
所謂“entrepreneurship”的起點。相比於“企業家精神”，這
個詞更應該翻譯為“進取精神”，不僅企業家，官員、科學
家、社會各界都離不開這種精神。

下篇

宏觀現象

　　上篇介紹了地方政府推動經濟發展的模式。這種模式的第一個特點是城市化過程中“重土地、輕人”，優點是可以快速推進城市化和基礎設施建設，缺點是公共服務供給不足，推高了房價和居民債務負擔，拉大了地區差距和貧富差距。第五章分析這些內容，並介紹土地流轉和戶籍改革等要素市場的改革。第二個特點是招商引資競爭中“重規模、重擴張”，優點是推動了企業成長和快速工業化，缺點是加重了債務負擔。企業、地方政府、居民三部門債務互相作用，加大了經濟整體的債務和金融風險。第六章分析這些內容，並介紹“供給側結構性改革”，詳述“去庫存、去產能、去槓桿”及“防範化解重大金融風險”。第三個特點是發展戰略“重投資、重生產、輕消費”，優點是拉動了經濟快速增長，擴大了對外貿易，使我國迅速成為製造業強國，缺點是經濟結構不平衡。對內，資源向企業部門轉移，居民收入和消費佔比偏低，不利於經濟長期穩定發展；對外，國內無法消納的產能向國外輸出，加劇了貿易衝突。第七章分析這些內容，並介紹黨的十九大重新定義“主要矛盾”後的相關改革，詳述“形成以國內大循環為主體、國內國際雙循環相互促進的新發展格局”所需要的改革。

第五章
城市化與不平衡

教書久了，對年輕人不同階段的心態深有體會。大一新生剛從中學畢業，無憂無慮，愛思考"為什麼"；大四畢業生和研究生則要走向社會，扛起工作和生活的重擔，普遍焦慮，好琢磨"怎麼辦"。大多數人的困境可以概括為：有心儀工作的城市房價太高，而房價合適的城市沒有心儀的工作。夢想買不起，故鄉回不去。眼看著大城市一座座高樓拔地而起，卻難覓容身之所。為什麼房子這麼貴？為什麼歸屬感這麼低？為什麼非要孤身在外地闖蕩，不能和父母家人在一起？這些問題都與地方政府推動經濟發展的模式有關。

城市化需要投入大量資金建設基礎設施，"土地財政"和"土地金融"是非常有效的融資手段。通過出讓城市土地使用權，可以積累以土地為信用基礎的原始資本，推動工業化和城市化快速發展。中國特有的城市土地國有制度，為政府壟斷土地一級市場創造了條件，將這筆隱匿的財富變成了啟動城市化的巨大資本，但也讓地方財源高度依賴土地價值，依賴房地產和房價。房價連著地價，地價連著財政，財政連著基礎設施投資，於是經濟增長、地方財政、銀行、房地產之間就形成了"一榮俱榮，一損俱損"的複雜關係。

這種以土地為中心的城市化忽視了城市化的真正核心：人。地價要靠房價拉動，但房價要由老百姓買單，按揭要靠買房者的收入來還。所以土地的資本化，實質是個人收入的資本化。支撐房價和地價的，是人的收入。忽略了人，忽略了城市化本該服務於人，本該為人創造更好的環境和更高的收

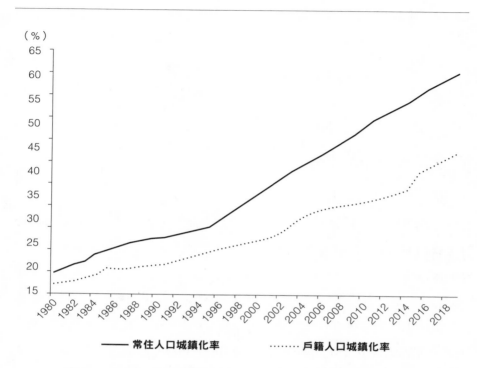

（%）

數據來源：萬得數據庫與國家統計局歷年《國民經濟和社會發展統計公報》。

圖 5–1　城鎮人口佔總人口比重

入，城市化就入了歧途。

　　1980 年，我國城鎮常住人口佔總人口比重不足兩成，2019 年超過了六成（見圖 5–1）。短短 40 年，超過 5 億人進了城，這是不折不扣的城市化奇跡。但若按戶籍論，2019 年的城鎮戶籍人口只佔總人口的 44%，比常住人口佔比少了 16 個百分點。也就是說有超過 2 億人雖然常住城鎮，卻沒有當地戶口，不能完全享受到應有的公共服務（如教育），因為這些服務的供給是按戶籍人數來規劃的。這種巨大的供需矛盾，讓城市新移民沒有歸屬感，難以在城市中安身立命，也讓"留守兒童、留守婦女、留守老人"成為巨大的社會問題。近年來一系列改革措施的出台，都是為了扭轉這種現狀，讓城市化以人為本。

　　本章第一節分析房價和土地供需間的關係，討論高房價帶來的日益沉重的居民債務負擔。第二節分析地區間發展不平衡，其根源之一在於土地和人口等生產要素流動受限，所以近年來在土地流轉和戶籍制度等方面的改革非常重要。第三節分析我國經濟發展過程中出現的貧富差距，這一現象也和房價以及要素市場改革有關。

第一節　房價與居民債務

　　1994 年分稅制改革（第二章）是很多重大經濟現象的分水嶺，也是城市化模式的分水嶺。1994 年之前實行財政包乾制，促進了鄉鎮企業的崛起，為工業化打下了基礎，但農民離土不離鄉，大多就地加入鄉鎮企業，沒有大量向城市移民。分稅制改革後，鄉鎮企業式微，農民工大潮開始形成。從圖 5–1 中可以清楚地看到，城鎮常住人口自 1995 年起加速上漲，城市化逐漸進入了以"土地財政"和"土地金融"為主要推手的階段。這種模式的關鍵是房價，所以城市化的矛盾焦點也是房價。房價短期內受很多因素影響，但中長期主要由供求決定。無論是發達國家還是發展中國家，房屋供需都與人口結構密切相關，因為年輕人是買房主力。年輕人大都流入經濟發達城市，但這些城市的土地供應又受政策限制，因此房屋供需矛盾突出，房價居高不下。

房價與土地供需

　　現代經濟集聚效應很強，經濟活動及就業越來越向大城市集中。隨著收入增長和生活水平提高，人們高價競爭城市住房。這種需求壓力是否會推升房價，取決於房屋和住宅用地供給是否靈活。若政策嚴重限制了供給，房價上漲就快。一個地區的土地面積雖然固定，但建造住宅的用地指標可以調整；同一塊住宅開發用地上，容積率和綠化面積也可以調整。[1] 這些調整都受

1　容積率就是建築面積和其下土地面積的比值，比值越高，建築面積越大，樓層越高，容納的人也越多。給定土地位置，規劃容積率越高越值錢。廈門大學傅十和與暨南大學谷一楨等人的論文（Brueckner et al., 2017）發現，我國房地產開發限制越嚴格的地方，容積率和地價間關聯越緊密。

政策的影響。美國雖然是土地私有制，但城市建設和用地規劃也要受政府管制。比如舊金山對新建住房的管制就特別嚴格，所以即使在 20 世紀 90 年代房價也不便宜。在 21 世紀初的房地產投機大潮中，舊金山的住房建設指標並沒有增加，房價於是飆升。再比如亞特蘭大，住房建設指標能夠靈活調整，因此雖然也有大量人口湧入，但房價一直比較穩定。[1]

我國的城市化速度很快，居民收入增長的速度也很快，所以住房需求和房價上漲很快。按照國家統計局的數據，自 1998 年住房商品化改革以來，全國商品房均價在 20 年間漲了 4.2 倍。但各地漲幅大不相同。三四線城市在 2015 年實行貨幣化棚改（見第六章）之前，房價漲幅和當地人均收入漲幅差不多；但在二線城市，房價就比人均收入漲得快了；到了一線城市，房價漲幅遠遠超過了收入：2015 年之前的十年間，北、上、廣、深房價翻了兩番，年均增速 13%。[2]

地區房價差異的主要原因是供需失衡。人口大量湧入的大城市，居住用地的供給速度遠趕不上人口增長。2006 年至 2014 年，500 萬人和 1 000 萬人以上的大城市城區人口增量佔全國城區人口增量的近四成，但居住用地增量才佔全國增量的兩成，房價自然快速上漲。而在 300 萬人以下尤其是 100 萬人以下的小城市中，居住用地增量比城鎮人口增量更快，房價自然漲不上去。從地理分佈上看，東部地區的城鎮人口要比用地增速高出近 10%，住房十分緊張；而西部和東北地區則反過來，建設用地指標增加得比人口快。[3]

中國對建設用地指標實行嚴格管理，每年的新增指標由中央分配到省，再由省分配到地方。這些指標無法跨省交易，所以即使面對大量人口流入，東部也無法從西部調劑用地指標。2003 年後的十年間，為了支持西部大開發並限制大城市人口規模，用地指標和土地供給不但沒有向人口大量流入的東部傾斜，反而更加向中西部和中小城市傾斜。2003 年，中西部土地供給面積佔全國新增供給的比重不足三成，2014 年上升到了六成。2002 年，中小城市

1　舊金山和亞特蘭大的例子來自哈佛大學格萊澤（Glaeser）和沃頓商學院吉尤科（Gyourko）的論文（2018）。

2　各類城市房價和人均可支配收入數據來自賓夕法尼亞大學方漢明等人的論文（Fang et al., 2015）。

3　不同地區城鎮人口和土地數據來自恆大經濟研究院任澤平、夏磊和熊柴的著作（2017）。

建成區面積佔全國的比重接近一半，2013 年上升到了 64%。[1] 土地流向與人口流向背道而馳，地區間房價差距因此越拉越大。

　　然而這種土地傾斜政策並不能改變人口流向，人還是不斷向東部沿海和大城市集聚。這些地區不僅房價一直在漲，大學的高考錄取分數也一直在漲。中西部房價雖低，但年輕人還是願意到房價高的東部，因為那裏有更多的工作機會和資源。傾斜的土地政策並沒有留住人口，也很難留住其他資源。很多資本利用了西部的優惠政策和廉價土地，套取了資源，又回流到東部去"炒"房地產，沒在西部留下可持續發展的經濟實體，只給當地留下了一堆債務和一片空蕩蕩的工業園區。

　　建設用地指標不能在全國交易，土地使用效率很難提高。地方政府招商引資競爭雖然激烈，也經常以土地作為手段，卻很難持續提高土地資源利用效率。發達地區土地需求旺盛，地價大漲，本應增加用地指標，既滿足需求也抑制地價。但因為土地分配受制於行政邊界，結果卻是欠發達地區能以超低價格（甚至免費）大量供應土地。這種"東邊乾旱，西邊澆水"的模式需要改革。2020 年，中央提出要對建設用地指標的跨區域流轉進行改革，探索建立全國性建設用地指標跨區域交易機制（見第二節），已是針對這一情況的改革嘗試。[2]

房價與居民債務：歐美的經驗和教訓

　　居民債務主要來自買房，房價越高，按揭就越高，債務負擔也就越重。各國房價上漲都是因為供不應求，一來城市化過程中住房需求不斷增加；二來土地和銀行按揭的供給都受政治因素影響。

　　在西方，"自有住房"其實是個比較新的現象，"二戰"之前，大部分人並沒有自己的房子。哪怕在人少地多的美國，1900—1940 年的自有住房率也

1　數字來自復旦大學韓立彬和上海交通大學陸銘的論文（2018），他們詳細分析了土地供給政策傾斜和地區間房價分化。

2　2020 年 4 月發佈了《中共中央 國務院關於構建更加完善的要素市場化配置體制機制的意見》。

就 45% 左右。"二戰"後這一比率才開始增長，到 2008 年全球金融危機之前達到 68%。英國也差不多，"二戰"前的自有住房率基本在 30%，戰後才開始增長，全球金融危機前達到 70%。[1] 正因為在很長一段時間裏英美大部分人都租房，所以主流經濟學教材在講述供需原理時，幾乎都會用房租管制舉例。1998 年，我第一次了解到房租管制，就是在斯蒂格利茨的《經濟學》教科書中。邏輯雖容易理解，但並沒有直觀感受，因為當時我認識的人很少有租房的，農民有宅基地，城裏人有單位分房。城市住房成為全民熱議的話題，也是個新現象。

歐美自有住房率不斷上升，有兩個後果。第一是對待房子的態度變化。對租房族來說，房子就是個住的地方，但對房主來說，房子是最重要的資產。隨著房子數量和價格的攀升，房產成了國民財富中最重要的組成部分。1950 年至 2010 年，英國房產價值佔國民財富的比例從 36% 上升到 57%，法國從 28% 升到 61%，德國從 28% 升到 57%，美國從 38% 升到 42%。[2] 第二個變化是隨著房主越來越多，得益於房價上漲的人就越來越多。所以政府為討好這部分選民，不願讓房價下跌。無房者也想盡快買房，趕上房價上漲的財富快車，政府於是順水推舟，降低了買房的首付門檻和按揭利率。

美國房地產市場和選舉政治緊密相關。美國的收入不平等從 20 世紀七八十年代開始迅速擴大，造成了很多政治問題。而推行根本性的教育或稅制等方面的改革，政治阻力很大，且難以在短期見效。相比之下，借錢給窮人買房就容易多了，既能緩解窮人的不滿，讓人人都有機會實現"美國夢"，又能抬高房價，讓房主的財富也增加，拉動他們消費，創造更多就業，可謂一舉多得。於是政府開始利用房利美（Fannie Mae）和房地美（Freddie Mac）公司（以下簡稱"兩房"）來支持窮人貸款買房。"兩房"可以買入銀行的按

1　美國的數字來自哈佛大學的研究報告（Spader, McCue and Herbert, 2016）。英國的數字來自三位英國經濟學家的著作（Ryan-Collins, Lloyd and Macfarlane, 2017）。

2　歐洲房產價值佔國民財富比例大幅上升，與"二戰"後經濟復甦與重建有關。美國上升幅度相對較小，部分是因為美國在戰後成為超級大國，所以作為分母的國民財富增幅巨大。各國財富構成的數據來自巴黎經濟學院皮凱蒂（Piketty）和伯克利加州大學祖克曼（Zucman）的論文（2014）。

揭貸款，相當於借錢給銀行發放更多按揭。[1]1995 年，克林頓政府規定"兩房"支持低收入者的房貸要佔到總資產的 42%。2000 年，也就是克林頓執政的最後一年，這一比率提高到 50%。2004 年，小布什政府將這一比率進一步提高到 56%。[2]"兩房"也樂此不疲，因為給窮人的貸款利潤較高，風險又似乎很低。此外，對購房首付的管制也越來越鬆。2008 年全球金融危機前很多房貸的首付為零，引發了投機狂潮，推動房價大漲。根據 Case-Shiller 房價指數，2002 年至 2007 年，美國房價平均漲了將近 60%。危機之後，房價從 2007 年的最高點一直下跌到 2012 年，累積跌幅 27%，之後逐步回升，2016 年才又回到十年前的高點。

　　房價下挫和收入下降會加大家庭債務負擔，進而抑制消費。消費佔美國 GDP 的七成，全球金融危機中消費大幅下挫，把經濟推向衰退。危機前房價越高的地區，危機中消費下降越多，經濟衰退也越嚴重，失業率越高。[3]歐洲情況也大致如此。大多數歐洲國家在 2008 年之前也經歷了長達十年的房價上漲。漲幅越大的國家居民債務負擔越重（絕大多數債務是房貸），危機中消費下降也越多。[4]

　　房地產常被稱作"經濟周期之母"，根源就在於其內在的供需矛盾：一方面，銀行可以通過按揭創造幾乎無限的新購買力；而另一方面，不可再生的城市土地供給卻有限。這對矛盾常常會導致資產泡沫與破裂的周期循環，是金融和房地產不穩定的核心矛盾。而房地產不僅連接著銀行，還連接著千家萬戶的財富和消費，因此影響很大。

1　"兩房"並非國企，而是和政府聯繫非常緊密的私企，屬於"政府支持企業"（government-sponsored enterprise），享受各種政府優惠，也承擔政策任務。"兩房"可以從財政部獲取信用額度，幾乎相當於政府對其債務的隱形擔保，雖然法律上政府並無擔保義務。

2　數據來自芝加哥大學拉詹（Rajan）的著作（2015）。

3　傳統的經濟周期理論非常注重投資的作用。雖然投資佔 GDP 的比重在發達國家相對較小，但波動遠比消費劇烈，常常是經濟周期的主要推手。隨著對債務研究的深入，經濟學家越來越重視消費對經濟周期的影響。普林斯頓大學邁恩（Mian）和芝加哥大學蘇非（Sufi）的著作（2015）詳細介紹了美國居民部門的債務和消費情況。

4　美聯儲舊金山分行的研究報告（Glick and Lansing, 2010）顯示：2008 年之前的 10 年間，歐美主要國家的房價和居民負債高度正相關，而負債越多的國家危機之後消費下降也越多。

房價與居民債務：我國的情況

　　2008 年之後的 10 年，我國房價急速上漲，按揭總量越來越大，居民債務負擔上漲了 3 倍多（圖 5–2）。2018 年末，居民債務佔 GDP 的比重約為 54%，雖仍低於美國的 76%，但已接近德國和日本。根據中國人民銀行的信貸總量數據，居民債務中有 53% 是住房貸款，24% 是各類消費貸（如車貸）。[1] 這一數據可能還低估了與買房相關的債務。實際上一些消費貸也被用來買了房，比如違規用於購房首付。而且人民銀行的數據還無法統計到民間借貸等非正規渠道。

　　圖 5–2 中債務負擔的分母是 GDP，這一比率常用於跨國比較，但它低估了居民的實際債務負擔。還債不能用抽象的 GDP，必須用實實在在的收入。2019 年末，中國人民銀行調查統計司調查了全國 3 萬餘戶城鎮居民（農民負債率一般較低，大多沒有房貸）的收入和債務情況。接近六成家庭有負債，平均債務收入比為 1.6，也就是說債務相當於 1.6 倍的家庭年收入。這個負擔不低，接近美國。2000 年，美國家庭負債收入比約為 1.5，2008 全球金融危機前飆升至 2.1，之後回落到 1.7 左右。[2]

　　根據中國人民銀行的這項調查，城鎮居民 2019 年的負債中有 76% 是房貸。而從資產端看，城鎮居民的主要財產也就是房子。房產佔了家庭資產的近七成，其中六成是住房，一成是商舖。而在美國居民的財富中，72% 是金融資產，房產佔比不到 28%。[3] 中國人財富的壓艙石是房子，美國人財富的壓艙石是金融資產。這個重大差別可以幫助理解兩國的一些基本政策，比如中國對房市的重視以及美國對股市的重視。

　　總體看來，我國居民的債務負擔不低，且仍在快速上升。最主要的原因是房價上漲。居民債務的攀升已然影響到了消費。以買車為例，這是房子

1　剩餘 23% 是各種經營性貸款。我國的統計口徑把所有部門分為政府、居民、企業，但居民中還包括各種非法人企業，比如個體戶，所以居民貸款中含有經營性貸款。

2　我國的數據來自中國人民銀行調查統計司的報告（2020）。美國數據來自美聯儲紐約分行的《家庭債務與信用季報》（*Quarterly Report on Household Debt and Credit*）。

3　美國居民財富組成的數據來自美聯儲發佈的 2019 年度美國金融賬戶組成數據。

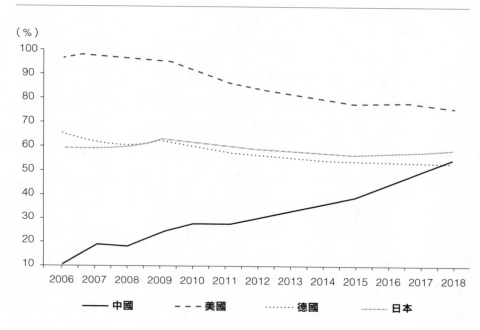

數據來源：IMF 全球債務數據庫。此處債務僅包括銀行貸款和債券。

圖 5-2　居民債務佔 GDP 比重

之外最貴的消費品類，對宏觀經濟非常重要，約佔我國社會商品零售總額的 10%。車是典型的奢侈品，需求收入彈性很大，收入增加時需求大增，收入減少時需求大減。隨著居民債務增加，每月還債後的可支配收入減少，所以經濟形勢一旦變差，買車需求就會大減。我國家用轎車市場經歷了多年高速增長，2018 年的私家車數量是 2005 年的 14 倍。但是從 2018 年下半年開始，"貿易戰" 升級，未來經濟形勢不確定性增大，轎車銷量開始下降，一直到 2019 年底，幾乎每個月同比都在下降。在新冠肺炎疫情影響之下，2020 年 2 月份的銷量同比下跌八成，3 月份同比下跌四成，各地於是紛紛出台刺激汽車消費的政策。

房價與居民債務風險

按照中國人民銀行的調查數據，北京居民的戶均總資產（不是淨資產，未扣除房貸和其他負債）是 893 萬元，上海是 807 萬元，是新疆（128 萬元）和吉林（142 萬元）的六七倍。這個差距大部分來自房價。房價上漲也拉大了同城之內的不平等。房價高的城市房屋空置率往往也高，一邊很多人買不起房，一邊很多房子空置。如果把房子在內的所有家庭財富（淨資產）算在一起的話，按照上述中國人民銀行的調查數據，2019 年最富有的 10% 的人佔有總財富的 49%，而最窮的 40% 的人只佔有總財富的 8%。[1]

房價上漲不僅會增加按揭債務負擔，還會拉大貧富差距，進而刺激低收入人群舉債消費，這一現象被稱為 "消費下滲"（trickle-down consumption），這在發達國家是很普遍的。[2]2014—2017 年間，我國收入最低的 50% 的人儲蓄基本為零甚至為負（入不敷出）。[3] 自 2015 年起，信用卡、螞蟻花唄、京東白條等各種個人消費貸激增。根據中國人民銀行關於支付體系運行情況的數據，2016—2018 年這三年，銀行信用卡和借記卡內合計的應償還信貸餘額年均增幅接近 30%。2019 年，信用卡風險浮現，各家銀行紛紛剎車。

在負債的人當中，低收入人群的債務負擔尤其重。城鎮居民的平均債務收入比約為 1.6，而年收入 6 萬元以下的家庭債務收入比接近 3。資產最少的 20% 的家庭還會更多使用民間借貸，風險更大。[4]2020 年，隨著螞蟻金服上市被叫停，各種討論年輕人 "縱慾式消費" 的文章在社交媒體上討論熱烈，都與消費類債務急升的大背景有關。這種依靠借債的消費無法持續，因為錢都被花掉了，沒有形成未來更高的收入，債務負擔只會越來越重。

1　中央財經大學張川川、國務院發展研究中心賈珅、北京大學楊汝岱研究了房價和空置率的正向關係，認為二者同時受到收入不平等擴大的影響（2016）。

2　即低收入群體通過借貸消費，可參考芝加哥大學貝特朗（Bertrand）和莫爾斯（Morse）的論文（2016）。

3　儲蓄不平等的數據來自西南財經大學的甘犁、趙乃寶和孫永智等人的研究（2018）。

4　中國人民銀行調查統計司的報告（2020）指出，資產最少的 20% 的負債家庭中，民間借貸佔債務的比重將近 10%。年收入 6 萬元以下家庭的債務收入比數據來自中國人民銀行金融穩定分析小組的報告（2019）。

居民債務居高不下，就很難抵禦經濟衰退，尤其是房產價格下跌所引發的經濟衰退。低收入人群的財富幾乎全部是房產，其中大部分是欠銀行的按揭，負債率很高，很容易受到房價下跌的打擊。在 2008 年美國的房貸危機中，每 4 套按揭貸款中就有 1 套資不抵債，很多窮人的資產一夜清零。2007 年至 2010 年，美國最窮的 20% 的人，淨資產從平均 3 萬美元下降到幾乎為零。而最富的 20% 的人，淨資產只下跌了不到 10%，從平均 320 萬美元變成了 290 萬美元，而且這種下跌非常短暫。2016 年，隨著股市和房市的反彈，最富的 10% 的人實際財富（扣除通貨膨脹）比危機前還增長了 16%。但收入底部的 50% 的人，實際財富被腰斬，回到了 1971 年的水平。40 年的積累，在一場危機後蕩然無存。[1]

我國房價和居民債務的上漲雖然也會引發很多問題，但不太可能突發美國式的房貸和金融危機。首先，我國住房按揭首付比例一般高達 30%，而不像美國在金融危機前可以為零，所以銀行風險小。除非房價暴跌幅度超過首付比例，否則居民不會違約按揭，損失掉自己的首付。2018 年末，我國個人住房貸款的不良率僅為 0.3%。[2] 其次，住房按揭形成的信貸資產，沒有被層層嵌套金融衍生品，在金融體系中來回翻滾，規模和風險被放大幾十倍。2019 年末，我國住房按揭資產證券（RMBS）總量佔按揭貸款的總量約 3%，而美國這個比率為 63%，這還不算基於這種證券的各種衍生產品。[3] 再次，由於資本賬戶管制，外國資金很少參與我國的住房市場。綜上所述，像美國那樣由房價下跌引發大量按揭違約，並觸發衍生品連鎖雪崩，再通過金融市場擴散至全球的危機，在我國不太可能會出現。

要化解居民債務風險，除了遏制房價上漲勢頭以外，根本的解決之道還在於提高收入，尤其是中低收入人群的收入，鼓勵他們到能提供更多機會和

1　此處數字來自普林斯頓大學邁恩和芝加哥大學蘇非的著作（2015）以及德國波恩大學三位經濟學家的論文（Kuhn, Schularick and Steins, 2020）。

2　數據來自中國人民銀行金融穩定分析小組的報告（2019）。

3　我國住房按揭資產證券數據來自萬得數據庫。2019 年末的美國數據也包含了商業地產，按揭總量數據來自美聯儲，住房按揭資產證券總量數據來自 sifma 網站。

更高收入的地方去工作。讓地區間的經濟發展和收入差距成為低收入人群謀求發展的機會，而不是變成人口流動的障礙。

第二節　不平衡與要素市場改革

2017 年黨的十九大報告指出：我國社會主要矛盾已經轉化為人民日益增長的美好生活需要和不平衡不充分的發展之間的矛盾。這是自 1981 年黨的十一屆六中全會提出 "我國所要解決的主要矛盾"（即人民日益增長的物質文化需要同落後的社會生產之間的矛盾）以來，中央首次重新定義 "主要矛盾"，說明經濟政策的根本導向發生了變化。

過去 40 年間，我國居民收入差距有明顯擴大，同期很多發達國家的收入差距也在擴大，與它們相比，我國的收入差距有兩個特點：一是城鄉差距，二是地區差距。2018 年，城鎮居民人均可支配收入是農村居民的 2.7 倍，而北京和上海的人均可支配收入是貴州、甘肅、西藏等地的 3.5 倍。這兩項差距都與人口流動受限有關。

人口流動與收入平衡

低收入人群想要提高收入，最直接的方式就是到經濟發達城市打工，這些城市能為低技能工作（如快遞或家政）提供不錯的收入。若人口不能自由流動，被限制在農村或經濟落後地區，那人與人之間的收入差距就會拉大，地區和城鄉間的收入差距也會拉大。目前，我國人口流動依然受限，以地方政府投資為主推動的城市化和經濟發展模式是重要因素之一。重土地輕人，民生支出不足，相關公共服務（教育、醫療、養老等）供給不足，不利於外來人口在城市中真正安家落戶，不利於農村轉移勞動力在城市中謀求更好的發展。地方政府長期倚重投資，還會導致收入分配偏向資本，降低勞動收入佔比，對中低收入人群尤其不利。第七章會討論這種分配結構及其帶來的各種問題，本節先聚焦人口流動問題。

在深入分析之前，我們先來看看如果人口可以自由流動，地區間平衡是個什麼樣子。圖5-3（a）中的柱子代表美國各州GDP佔美國全國的比重，折線則代表各州人口佔比。美國各州GDP規模差別很大，僅加州就佔了美國GDP的15%，而一些小州的佔比連1%都不到。GDP衡量的是經濟總量，人口越多的地方GDP自然越大，所以圖中折線的高度和柱子高度差不多。假如一個州的GDP佔比為3%，人口佔比差不多也是3%。換句話說，州與州之間雖然規模差別很大，但人均GDP差別很小，無論生活在哪個州，平均生活水平都差不太多。

這種規模不平衡但人均平衡的情況，和我國的情況差別很大。圖5-3（b）是我國各省份的情況，柱子與折線的高度差別很大，有高有低，省省不同。在廣東、江蘇、浙江、上海和北京等發達地區，折線比柱子低很多，人口規模遠小於經濟規模，更少的人分更多的收入，自然相對富有。而在其他大多數省份，柱子比折線低很多，經濟規模小於人口規模，更多的人分更少的收入，自然相對貧窮。[1]

要想平衡地區間的發展差距，關鍵是要平衡人均差距而不是規模差距。想達到地區間規模的平均是不可能的。讓每個城市都像上海和北京一樣，或者在內地再造長三角和珠三角這樣巨大的工業和物流網絡（包括港口），既無可能也無必要。現代經濟越來越集聚，即使在歐美和日本，經濟在地理上的集聚程度也依然還在加強，沒有減弱。[2] 所以理想的狀況是達到地區間人均意義上的平衡。而要實現這種均衡，關鍵是讓勞動力自由流動。人的收入不僅受限於教育和技能，也受限於所處環境。目前城鎮常住人口只佔總人口的六成，還有四成人口在農村，但農業產出僅佔GDP的一成。四成人口分一成收入，收入自然就相對低。就算部分農民也從事非農經濟活動（這部分很難統計），收入也還是相對低。所以，要鼓勵更多人進入城市，尤其是大城市。因為大城市市場規模大，分工細，哪怕低技能的人生產率和收入也更高。比如

---

1   本圖設計來自上海交通大學陸銘的著作（2016），我更新了數據。

2   上海交通大學陸銘的著作（2016）指出，發達國家的經濟集聚和城市化還在繼續。

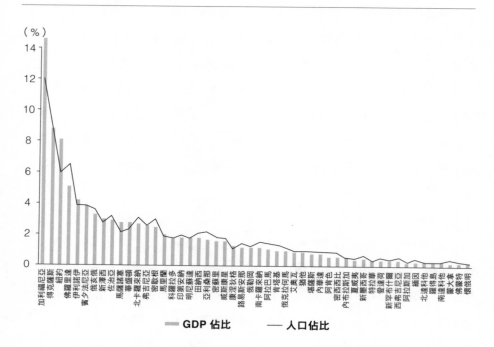

圖 5–3（a）　2019 年美國各州佔全國 GDP 和人口比重

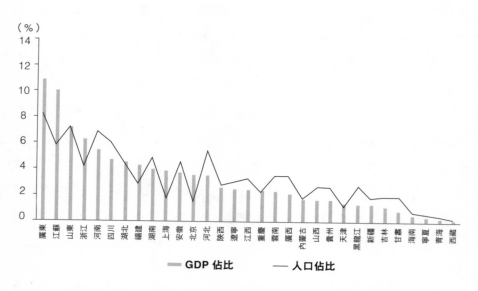

圖 5–3（b）　2019 年中國各省份佔全國 GDP 和人口的比重[1]

城市裏一個早點攤兒可能就夠養活一家人，甚至有機會發展成連鎖生意。而在農村，早餐都在家裏吃，市場需求小，可能都沒有專門做早餐的生意。類似的例子還有家政、外賣、快遞、代駕、餐廳服務員等。因為人口密度高和市場需求大所帶來的分工細化，這些工作在大城市的收入都不低。

正是這些看上去低技能的服務業工作，支撐著大城市的繁華，也支撐著所謂"高端人才"的生活質量。若沒有物美價廉的服務，生活成本會急升。我家門口有一片商業辦公樓宇，離地鐵站很近，有不少餐廳。前幾年很多服務業人員離開，餐廳成本急升，一些餐廳倒閉了，剩下的也都漲了價，於是帶飯上班的白領就多了起來。如果一個城市只想要高技能人才，結果多半會事與願違：服務業價格會越來越高，收入會被生活成本侵蝕，各種不便利也會讓生活質量下降，"高端人才"最終可能也不得不離開。靠行政規劃來限制人口規模，成功例子不多。人口不斷流入的城市，規劃人口往往過少；而人口不斷流出的城市，規劃人口往往過多。

城市規模擴大和人口密度上升，不僅能提高本地分工程度和生產率，也能促進城市與城市之間、地區與地區之間的分工。有做高端製造的，也有做中低端製造的，有做大規模農場的，也有搞旅遊的。各地區發展符合自身優勢的經濟模式，互通有無，整體效率和收入都會提高。就算是專搞農業的地方，人均收入也會提升，不僅因為規模化後的效率提升，也因為人口基數少了，流動到其他地方搞工商業去了。

讓更多人進入城市，尤其是大城市，邏輯上的好處是清楚的，但在現實中尚有很多爭議，主要是擔心人口湧入會造成住房、教育、醫療、治安等資源緊張。這種擔心可以理解，任何城市都不可能無限擴張。勞動力自由流動意味著有人來也有人走，若擁擠帶來的代價超過收益，自會有人離開。至於教育、醫療等公共服務，緩解壓力的根本之道是增加供給，而不是限制需求。湧入城市的人是來工作和謀生的，他們不僅分享資源，也會創造資源。舉個例子來說，2019 年末，上海 60 歲以上的老年人口共 512 萬，佔戶籍總人口的 35%，老齡化嚴重。若沒有不斷湧入的城市新血，社保怎麼維持？養老服務由誰來做？但如果為這些新移民提供的公共服務覆蓋有限，孩子上學難，看病報銷難，他們便無法安居樂業。存在了很多年的"留守"問題，也還會持續下去。

土地流轉與戶籍改革

增加城市中的學校和醫院數量，可能還相對容易些，增加住房很困難。大城市不僅土地面積有限，而且由於對建設用地指標的管制，就算有土地也蓋不了房子。假如用地指標可以跟著人口流動，人口流出地的用地指標減少，人口流入地的指標增多，就可能緩解土地供需矛盾、提高土地利用效率。而要讓建設用地指標流轉起來，首先是讓農村集體用地參與流轉。我國的土地分為兩類（見第二章）：城市土地歸國家所有，可以在市場上流轉；農村土地歸集體所有，流轉受很多限制。要想增加城市土地供應，最直接的辦法是讓市區和近郊的集體建設用地參與流轉。比如在北京市域內，集體建設用地佔建設用地總量的五成，但容積率平均只有 0.3—0.4，建設密度遠低於國有土地。上海的集體建設用地佔總建設用地三成，開發建設強度也大大低於國有土地。[1]

關於集體土地入市，早在 2008 年黨的十七屆三中全會審議通過的《中共中央關於推進農村改革發展若干重大問題的決定》裏就有了原則性條款："逐步建立**城鄉統一的建設用地市場**，對依法取得的農村集體經營性建設用地，必須通過統一有形的土地市場、以公開規範的方式轉讓土地使用權，在符合規劃的前提下**與國有土地享有平等權益**。"但地方有地方的利益，這些原則當時未能落到實處。2008 年後的數年間，地方政府的主要精力還是在"土地財政 / 金融"的框架下徵收集體用地，擴張城市。

自 2015 年起，全國 33 個試點縣市開始試行俗稱"三塊地"的改革，即農村土地徵收、集體經營性建設用地入市以及宅基地制度改革。在此之前也

1　　數據來自國務院發展研究中心邵挺、清華大學田莉、中國人民大學陶然的論文（2018）。

有一些零星的地方試點和創新，比較有名的是重慶的"地票"制度。若一個農民進了城，家裏閒置兩畝宅基地，他可以將其還原成耕地，據此拿到兩畝地"地票"，在土地交易所裏賣給重慶市域內需要建設指標的區縣。按每畝"地票"均價 20 萬元算，扣除兩畝地的復耕成本約 5 萬元，淨所得為 35 萬元。農戶能分到其中 85%（其餘 15% 歸村集體），差不多 30 萬元，可以幫他在城裏立足。每年國家給重慶主城區下達的房地產開發指標約 2 萬畝，"地票"制度每年又多供應了 2 萬畝，相當於土地供給翻了一番，所以房價一直比較穩定。[1]

2017 年，中央政府提出，"在租賃住房供需矛盾突出的超大和特大城市，開展集體建設用地上建設租賃住房試點"。[2] 這是一個體制上的突破，意味著城市政府對城市住宅用地的壟斷將被逐漸打破。2019 年，第一批 13 個試點城市選定，既包括北、上、廣等一線城市，也包括瀋陽、南京、武漢、成都等二線城市。[3] 同年，《土地管理法》修正案通過，首次在法律上確認了集體經營性建設用地使用權可以直接向市場中的用地者出讓、出租或作價出資入股，不再需要先行徵收為國有土地。農村集體經營性用地與城市國有建設用地從此擁有了同等權能，可以同等入市，同權同價，城市政府對土地供應的壟斷被打破了。

所謂"集體經營性建設用地"，只是農村集體建設用地的一部分，並不包括宅基地，後者的面積佔集體建設用地的一半。雖然宅基地改革的政策尚未落地，但在住房需求旺盛的地方，宅基地之上的小產權房乃至宅基地本身的"非法"轉讓，一直存在。2019 年新的《土地管理法》對宅基地制度改革只做了些原則性規定：國家允許進城落戶的村民依法自願有償退出宅基地，鼓勵農村集體經濟組織及其成員盤活利用閒置宅基地和閒置住宅。2020 年，中央

1　"地票"價格和土地供應數據來自重慶市前市長黃奇帆的著作（2020）。

2　2017 年發佈的《住房城鄉建設部 國土資源部關於加強近期住房及用地供應管理和調控有關工作的通知》。

3　2019 年，國土資源部與住房和城鄉建設部印發《利用集體建設用地建設租賃住房試點方案》，確定北京、上海、瀋陽、南京、杭州、合肥、廈門、鄭州、武漢、廣州、佛山、肇慶、成都等 13 個城市為第一批試點。

又啟動了新一輪的宅基地制度改革試點，繼續探索"三權分置"，即保障宅基地農戶資格權、農民房屋財產權、適度放活宅基地和農民房屋使用權。強調要守住"三條底線"：土地公有制性質不改變、耕地紅線不突破、農民利益不受損。在這些改革原則之下，具體的政策細則目前仍在探索階段。

　　土地改革之外，在"人"的城鎮化和戶籍制度等方面也推出了一系列改革。2013 年，首次中央城鎮化會議召開，明確提出"以人為本，推進以人為核心的城鎮化"。2014 年，兩會報告中首次把人口落戶城鎮作為政府工作目標，之後開始改革戶籍制度。逐步取消了農業戶口與非農業戶口的差別，建立了城鄉統一的"居民戶口"登記制度，並逐步按照常住人口（而非戶籍人口）規模來規劃公共服務供給，包括義務教育、就業服務、基本養老、基本醫療衛生、住房保障等。[1]2016 年，中央政府要求地方改進用地計劃安排，實施"人地掛鈎"，要依據土地利用總體規劃和上一年度進城落戶人口數量，合理安排城鎮新增建設用地計劃，保障進城落戶人口用地需求。[2]

　　戶籍制度改革近兩年開始加速。2019 年，發改委提出："城區常住人口100 萬—300 萬的 II 型大城市要全面取消落戶限制；城區常住人口 300 萬—500 萬的 I 型大城市要全面放開放寬落戶條件，並全面取消重點群體落戶限制。超大特大城市要調整完善積分落戶政策，大幅增加落戶規模、精簡積分項目，確保社保繳納年限和居住年限分數佔主要比例。……允許租賃房屋的常住人口在城市公共戶口落戶。"[3] 目前，在最吸引人的特大和超大城市，落戶門檻依然不低。雖然很多特大城市近年都加入了"搶人才大戰"，放開了包括本科生在內的高學歷人才落戶條件，甚至還提供生活和住房補貼等，但這些舉措並未惠及農村轉移人口。這種情況最近也開始改變。2020 年 4 月以來，南昌、昆明、濟南等省會城市先後宣佈全面放開本市城鎮落戶限制，取

1　在居民戶口制度下，原城鎮戶口居民基本不受影響，原農業戶居民可以繼續保有和農村土地相關的權益（如土地承包經營權和宅基地使用權），且在社會保障方面同城鎮居民接軌。

2　2016 年，國土資源部聯合五家中央部委印發《關於建立城鎮建設用地增加規模同吸納農業轉移人口落戶數量掛鈎機制的實施意見》。

3　國家發展改革委《2019 年新型城鎮化建設重點任務》。

消落戶的參保年限、學歷要求等限制，實行 "零門檻" 准入政策。

　　一國之內，產品的流動和市場化最終會帶來生產要素的流動和市場化。農產品可以自由買賣，農民可以進城打工，農村土地的使用權最終也該自主轉讓。人為限定城市土地可以轉讓而集體土地不能轉讓，用戶籍把人分為三六九等，除非走計劃經濟的回頭路，否則難以持久。就算不談權利和價值觀，隨著市場化改革的深入，這些限定性的制度所帶來的扭曲也會越來越嚴重，代價會高到不可維持，比如留守兒童、留守婦女、留守老人所帶來的巨大社會問題。

　　城市化的核心不應該是土地，應該是人。要實現地區間人均收入均衡、縮小貧富差距，關鍵也在人。要真正幫助低收入群體，就要增加他們的流動性和選擇權，幫他們離開窮地方，去往能為他的勞動提供更高報酬的地方，讓他的人力資本更有價值。同時也要允許農民所擁有的土地流動，這些土地資產才會變得更有價值。

　　2020 年 4 月發佈的《中共中央　國務院關於構建更加完善的要素市場化配置體制機制的意見》（以下簡稱《意見》），全面闡述了包括土地、勞動力、資本、技術等生產要素的未來改革方向。針對土地，《意見》強調 "建立健全**城鄉統一的建設用地市場** …… 制定出台農村集體經營性建設用地入市指導意見"。針對勞動力，要求 "**深化戶籍制度改革**。推動超大、特大城市調整完善積分落戶政策，探索推動在長三角、珠三角等城市群率先實現戶籍准入年限同城化累計互認。放開放寬除個別超大城市外的城市落戶限制，試行**以經常居住地登記戶口制度**。建立城鎮教育、就業創業、醫療衛生**等基本公共服務與常住人口掛鈎機制，推動公共資源按常住人口規模配置**。" 總的改革方向，就是讓市場力量在各類要素分配中發揮更大作用，讓資源更加自由流動，提高資源利用效率。

第三節　經濟發展與貧富差距

在我國城市化和經濟發展的過程中，貧富差距也在擴大。本節討論這一問題的三個方面。第一，我國十幾億人在 40 年間擺脫了貧困，大大縮小了全世界 70 億人之間的不平等。第二，在經濟快速增長過程中，雖然收入差距在拉大，但低收入人群的收入水平也在快速上升，社會對貧富差距的敏感度在一段時間之內沒有那麼高。第三，在經濟增長減速時，社會對不平等的容忍度會減弱，貧富差距更容易觸發社會矛盾。

收入差距

中國的崛起極大地降低了全球不平等。按照世界銀行對極端貧困人口的定義（每人每天的收入低於 1.9 美元），全世界貧困人口從 1981 年的 19 億下降為 2015 年的 7 億，減少了 12 億（圖 5-4）。這是個了不起的成就，因為同期的世界總人口還增加了約 30 億。但如果不算中國，全球同期貧困人口只減少了不到 3 億人。而在 1981 年至 2008 年的近 30 年間，中國以外的世界貧困人口數量基本沒有變化。可以說，全球的減貧成績主要來自中國。[1]

中國的崛起也徹底改變了全球收入分佈的格局。1990 年，全球共有 53 億人，其中最窮的一半人中約四成生活在我國，而最富的 20% 裏幾乎沒有中國人，絕大多數是歐美人。到了 2016 年，全球人口將近 74 億，其中最窮的一半人中只有約 15% 是中國人，而最富的另一半人中約 22% 是中國人。我國佔全球人口的比重約為 19%，因此在全球窮人中中國人佔比偏低，在中高收入組別中中國人佔比偏高。[2] 按國別分，全球中產階級人口中我國所佔的比重也最大。

我國的改革開放打破了計劃經濟時代的平均主義，收入差距隨著市場經

1　世界銀行定義的每天 1.9 美元的極端貧困收入標準，按 2011 年購買力平價調整後相當於每年 2 441 元人民幣。而我國 2011 年的農村最低貧困線標準是每年 2 300 元，城鎮的貧困線標準則高於世行標準。

2　全球人口按不同收入組別在各國之間的分佈，來自“全球不平等實驗室”的報告（World Inequality Lab 2017）。

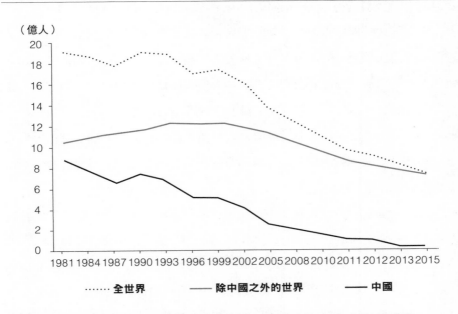

數據來源：世界銀行。此處極端貧困人口的定義為每人每日收入少於 1.9 美元。

圖 5-4　世界極端貧困人口數量變化

濟改革而擴大。衡量收入差距的常用指標是 "基尼係數"，這是一個 0 到 1 之間的數字，數值越高說明收入差距越大。20 世紀 80 年代初，我國居民收入的基尼係數約為 0.3，2017 年上升到了 0.47。[1] 按照國家統計局公佈的居民收入數據，2019 年收入最高的 20% 人群佔有全部收入的 48%，而收入最低的 20% 人群只佔有全部收入的 4%。

雖然收入差距在擴大，但因為經濟整體在飛速增長，所以幾乎所有人的絕對收入都在快速增加。經濟增長的果實是普惠的。1988 年至 2018 年，無論是在城鎮還是在農村，人均實際可支配收入（扣除物價上漲因素）都增加了 8—10 倍。無論是低收入人群、中等收入人群還是高收入人群，收入都在快速增加。以城鎮居民為例，雖然收入最高的 20% 其實際收入 30 年間增長了約

1　基尼係數的數字來自北京師範大學李實和朱夢冰的論文（2018）。

13 倍，但收入最低的 40% 和居中的 40% 的收入也分別增長了 6 倍和 9 倍。[1]

經濟增長過程伴隨著生產率的提高和各種新機會的不斷湧現，雖然不一定會降低收入差距，但可以在一定程度上遏制貧富差距在代際間傳遞。如果每代人的收入都遠遠高於上一代人，那人們就會更看重自己的勞動收入，繼承自父母的財富相對就不太重要。對大多數 "70 後" 來說，生活主要靠自己打拚，因為父母當年收入很低，儲蓄也不多。經濟和社會的劇烈變化，也要求 "70 後" 必須掌握新的技能、離開家鄉在新的地方工作，父母的技能和在家鄉的人脈關係，幫助有限。

但對 "80 後" 和 "90 後" 來說，父母的財富和資源對子女收入的影響就大了。[2] 原因之一是財富差距在其父母一代中就擴大了，財產性收入佔收入的比重也擴大了，其中最重要的是房產。在一二線城市，房價的漲幅遠遠超過了收入漲幅。[3] 房產等有形財產與人力資本不同。人力資本無法在代際之間不打折扣地傳承，但房產和存款卻可以。聰明人的孩子不見得更聰明，"學霸" 的孩子也不見得就能成為 "學霸"。即使不考慮後天教育中的不確定性，僅僅是從遺傳角度講，父母一代特別突出的特徵（如身高和智商等）也可能在下一代中有所減弱。因為這種 "均值回歸" 現象，人力資本很難百分之百地遺傳。但有形資產的傳承則不受這種限制，若沒有遺產稅，100 萬元傳給下一代也還是 100 萬元，100 平方米的房子傳給下一代也還是 100 平方米。

累積的財富差距一般遠大於每年的收入差距，因為有財富的人往往更容易積累財富，資產回報更高，可選擇的投資方式以及應對風險的手段也更多。如前文所述，按照國家統計局公佈的城鎮居民收入數據：2019 年收入最高的 20% 的人佔有全部收入的 48%，而最低的 20% 的人只佔 4%。而按照中國人民銀行對城鎮居民的調查數據，2019 年淨資產最高的 20% 的家庭佔有居

1　城鎮低收入人群的平均實際收入年均增長率為 6.2%，中等收入人群為 7.6%，高收入人群為 8.9%。

2　新加坡國立大學樊灝、易君健和浙江大學張俊森的論文（Fan, Yi and Zhang, 2021）研究了父母收入對子女收入的影響。

3　房價和收入增長數據可參考賓夕法尼亞大學方漢明等人的研究（Fang et al., 2015）。

民全部淨資產的 65%，而最低的 20% 只佔有 2%。[1] 在經濟發達、資產增值更快的沿海省份，父母累積的財產對子女收入的影響，比在內地省份更大。[2] 當經濟增速放緩、新創造的機會變少之後，年輕人間的競爭會更加激烈，而其父母的財富優勢會變得更加重要。如果 "拚爹" 現象越來越嚴重的話，社會對不平等的容忍程度便會下降，不安定因素會增加。

對收入差距的容忍度

收入差距不可能完全消除，但社會也無法承受過大的差距所帶來的劇烈衝突，因此必須把不平等控制在可容忍的範圍之內。影響不平等容忍程度的因素有很多，其中最重要的是經濟增速，因為經濟增速下降首先衝擊的是窮人收入。不妨想像正在排隊的兩隊人，富人隊伍前進得比窮人快，但窮人隊伍也在不停前進，所以排隊的窮人相對來說比較有耐心。但如果窮人的隊伍完全靜止不動，哪怕富人隊伍的前進速度也減慢了，困在原地的窮人也會很快失去耐心而騷動起來。這種現象被稱為 "隧道效應"（tunnel effect），形容隧道中兩條車道一動一靜時，靜的那條的焦慮和難耐。[3]

上文提到，1988 年以來，我國城鎮居民中高收入群體的實際收入（扣除物價因素）增長了約 13 倍，低收入群體和中等收入群體的收入也分別增長了 6 倍和 9 倍。在 "經濟蛋糕" 膨脹的過程中，雖然高收入群體切走了更大一塊，但所有人分到的蛋糕都比以前大多了，因此暫時可以容忍貧富差距拉大。美國情況則不同，自 20 世紀 70 年代以來，窮人（收入最低的 50%）的實際收入完全沒有增長，中產（收入居中的 40%）的收入近 40 年的累積增幅不過區區 35%，而富人（收入最高的 10%）的收入卻增長了 2.5 倍。因此社會

1　數據來自中國人民銀行調查統計司的報告（2020）。

2　在沿海省份，"80 後" 收入與其父母收入的相關性，高於 "70 後"；但在內陸，這一相關性在 "80 後" 與 "70 後" 之間變化不大。這一發現來自新加坡國立大學樊瀟、易君健以及浙江大學張俊森的論文（Fan, Yi and Zhang, 2021）。

3　這一效應由已故的傳奇經濟學家赫希曼（Hirschman）提出，詳見其文集（Hirschman, 2013）。他也討論了影響不平等容忍度的諸多因素，如人群相似性與家庭觀念等。

越來越無法容忍貧富差距。2008 年的全球金融危機讓窮人財富大幅縮水，貧富差距進一步擴大，引發了"佔領華爾街運動"，之後特朗普當選，美國政治和社會的分裂越來越嚴重。

　　另一個影響不平等容忍度的因素是人群的相似性。改革開放前後，絕大多數中國人的生活經歷都比較相似，或者在農村的集體生產隊幹活，或者在城鎮的單位上班。在這種情況下，有些人先富起來可能會給另一些人帶來希望："既然大家都差不多，那我也可以，也有機會。" 20 世紀 90 年代很多人"下海"發了財，而其他人在羨慕之餘也有些不屑："他們哪裏比我強？我要去的話我也行，只不過我不想罷了。"但如果貧富差距中參雜了人種、膚色、種姓等因素，那人們感受就不一樣了。這些因素無法靠努力改變，所以窮人就更容易憤怒和絕望。最近這些年，美國種族衝突加劇，根本原因之一就是黑人的貧困。黑人家庭的收入中位數不及白人的六成，且這種差距可能一代代延續下去。一個出身貧困（父母家庭收入屬於最低的 20%）的白人，"逆襲"成為富人（同代家庭收入最高的 20%）的概率是 10.6%，而繼續貧困下去的概率是 29%。但對一個出身貧困的黑人來說，"逆襲"的概率只有區區 2.5%，但繼續貧困的概率卻高達 37%。[1]

　　家庭觀念也會影響對不平等的容忍度。在家庭觀念強的地方，如果子女發展得好、有出息，自己的生活就算是有了保障，對貧富差距容忍度也會比較高，畢竟下一代還能趕上。而影響子女收入最重要的因素就是經濟增長的大環境。我國的"70 後"和"80 後"中絕大多數人的收入都超過父輩。若父母屬於收入最低的 40% 人群，子女收入超過父母的概率接近九成；即便父母屬於收入居中的 40% 人群，子女超越的概率也有七成。這種情況很像美國的"戰後黃金一代"。美國的"40 後"和"50 後"收入超越父母的概率很接近我國的"70 後"和"80 後"。但到了美國的"80 後"，這概率就低多了：如果父母是窮人（收入最低的 40%），子女超越的概率還不到六成；若父母是中產

1　數據來自哈佛大學切蒂（Chetty）等人的論文（2020）。

（收入居中的 40%），子女超越的概率僅四成。[1]

總的來說，經濟增長與貧富差距之間的關係非常複雜。經濟學中有一條非常有名的"庫茲涅茨曲線"，宣稱收入不平等程度會隨著經濟增長先上升而後下降，呈現出"倒 U 形"模式。這條在 20 世紀 50 年代聲名大噪的曲線，其實不過是一些歐美國家在"二戰"前後那段特殊時期中的特例。一旦把時間拉長、樣本擴大，數據中呈現的往往不是"倒 U 形"，而是貧富差距不斷起起伏伏的"波浪形"。[2] 造成這些起落的因素很多，既有內部的也有外部的，既有經濟的也有政治的。並沒有什麼神秘的經濟力量會自動降低收入不平等，"先富帶動後富"也不會自然發生，而需要政策的干預。不斷擴大的不平等會讓社會付出沉重的代價，必須小心謹慎地對待。[3]

結　語

我國的城市化大概可以分為三個階段。第一階段是 1994 年之前，鄉鎮企業崛起，農民離土不離鄉，城市化速度不快。第二階段是 1994 年分稅制改革後，鄉鎮企業式微，農民工進城大潮形成。這個階段的主要特徵是土地的城市化速度遠遠快於人的城市化速度，土地撬動的資金支撐了大規模城市建設，但並沒有為大多數城市新移民提供應有的公共服務。第三個階段是黨的十八大以後，隨著一系列改革的陸續推行，城市化的重心開始逐步從"土地"向"人"轉移。

城市化和工業化互相作用。上述三個階段背後的共同動力之一就是工業

---

1   子女收入超越父母的概率，稱為"絕對流動性"。對我國絕對流動性的估計，來自新加坡國立大學樊潇、易君健以及浙江大學張俊森的論文（Fan, Yi and Zhang, 2021）；對美國的估計來自哈佛大學切蒂（Chetty）等人的論文（2017）。在本書寫作之際（2020 年），中國"90 後"才剛剛進入勞動力市場，收入還未穩定下來，數據也有待收集。

2   法國經濟學家皮凱蒂在著作（2014）中詳細分析了"庫茲涅茨曲線"理論的來龍去脈。世界銀行的米蘭諾維奇（Milanovic）在著作（2019）中描述了起起落落的"庫茲涅茨波浪"。

3   諾貝爾經濟學獎得主斯蒂格利茨（Stiglitz）的著作（2013）討論了不平等的種種代價。斯坦福大學歷史學教授沙伊德爾（Scheidel）的著作（2019）指出，歷史上不斷擴大的不平等幾乎都難以善終，最後往往以大規模的暴力和災難重新洗牌。

化。1994 年之前，工業和基礎設施比較薄弱，小規模的鄉鎮企業可以迅速切入本地市場，滿足本地需求，而農村土地改革也解放了大量勞動力，可以從事非農工作，為鄉鎮企業崛起創造了條件。到了 90 年代中後期，工業品出口開始加速。2001 年，中國加入 WTO 和國際競爭體系之後，工業企業必須擴大規模，充分利用規模效應來增強競爭力，同時需要靠近港口以降低出口運輸成本。因此製造業開始加速向沿海地區集聚，大量農民工也隨之遷徙。如今我國雖已成為"世界工廠"，但產業升級要求製造業企業不斷轉型，充分利用包括金融、科技、物流等要素在內的生產和銷售網絡，所以各項產業仍然集聚在沿海或一些中心大城市。這種集聚促進了當地服務業飛速發展，吸納了從農村以及中小城市轉移出來的新增勞動力。這些新一代移民已經適應了城市生活，很多"農二代"已經不具備從事農業生產所需的技能，更希望定居在城市。所以城市化需要轉型，以人為本，為人們提供必要的住房、教育、醫療等公共資源。

在大規模城市化過程中，地方政府背上了沉重的債務。地價和房價飛漲，也讓居民背上了沉重的債務。這些累積的債務為宏觀經濟和金融體系增加了很大風險。最近幾年的供給側結構性改革，首要任務之一就是"去槓桿"，而所謂"三大攻堅戰"之首就是"防範化解重大風險"。那麼這些風險究竟是什麼？如何影響經濟？又推行了哪些具體的改革措施？這是下一章的主題。

◎
擴展閱讀

　　地方政府以土地為槓桿撬動的飛速城市化，是歷史上的一件大事。如今站在新一輪改革的起點上，上海交通大學陸銘的著作《大國大城：當代中國的統一、發展與平衡》（2016）值得閱讀。該書聚焦城市化過程中的"人"，主張擴大城市規模，讓更多人定居在城市，在不斷集聚中走向地區間人均意義上的平衡。北京大學周其仁的著作《城鄉中國（修訂版）》（2017）和東南大學華生的著作《城市化轉型與土地陷阱》（2014）也是理解城市化的上佳讀物。他們在很多問題上持不同觀點。兼聽則明，讀者可自行判斷。

　　經濟學近年來最熱門的研究課題就是不平等，優秀的論文和著作很多。對比較嚴肅的讀者，我還是推薦法國經濟學家皮凱蒂的著作《21世紀資本論》（2014）。這是本很多人知道但很少人讀完的巨著，因為太厚了。但厚有厚的好處，這本大書裏散落著很多有意思的內容，作者思考的深度和廣度遠非各類書評中的"中心思想"所能概括。即便只讀該書前兩部分，也能學到關於經濟發展的很多內容。對非專業讀者而言，本書中有些內容不太容易理解，而且沒有多少關於中國的內容。我國收入分配研究領域的兩位專家，北京師範大學的李實和中國人民大學的岳希明寫了一本導讀，《〈21世紀資本論〉到底發現了什麼》（2015），解釋了原作中一些概念，也對我國收入差距的情況做了簡要說明和分析。

第六章
債務與風險

有一對年輕情侶，都在上海的金融行業工作，收入不錯。研究生剛畢業沒幾年，算上年終獎，兩人每月到手共 5 萬元。他們對前途非常樂觀，又到了談婚論嫁的年齡，所以決定買房結婚。家裏老人湊齊了首付，又貸了幾百萬元銀行按揭，每月還款 3 萬元。上海物價和生活費用不低，年輕人也少不了娛樂和應酬，還完房貸後存不下什麼錢。但好在前途光明，再努力幾年，收入如果翻一番，房貸壓力也就輕了。何況房價一直在漲，就算把買房當投資，回報也不錯。

天有不測風雲。從 2018 年開始，金融行業日子開始不好過。一個人的公司倒閉了，暫時失業；另一個也沒了年終獎，收入下降不少。每月到手的錢從 5 萬變成了 2 萬，可按揭 3 萬還雷打不動。老人們手頭也不寬裕，畢竟一輩子的積蓄大多已經交了首付，頂多也就能幫著再支撐幾個月。於是年輕人找工作的時候也不敢太挑，總算找到了一份收入還過得去的，新冠肺炎疫情又來了……

人們在樂觀時往往會低估負債的風險，過多借債。當風險出現時，又會因為債務負擔沉重而缺乏騰挪空間，沒辦法應對。從上述故事中可以看到，就算房價不下跌，債務負擔重的家庭也面臨至少三大風險。一是債務缺乏彈性。若順風順水發了財，債務不會跟著水漲船高；可一旦倒了黴，債務也一分不會少。二是收入變化彈性很大。影響個人收入的因素數之不盡，宏觀的、行業的、公司的、領導的、同事的、個人的……誰能保證自己未來幾十年收入只漲不跌？就算不會失業，收入也不下降，但只要收入增長緩慢或不增長，對於高負債的家庭就已經構成了風險。既要還本又要付息，每個月緊巴巴的 "月光" 生活，能挺幾年？第三個風險來自家庭支出的變動。突然有事要用錢怎麼辦？家裏老人生病怎麼辦？要養孩子怎麼辦？

　　可見債務負擔如果過重，會產生各種難以應對的風險。2018 年末，我國的債務總量達到了 GDP 的 258%（圖 6–1），已經和美國持平（257%），超過了德國（173%），也遠高於一些發展中大國，比如巴西（158%）和印度（123%）。而且我國債務增長的速度快於這些國家，債務總量在 10 年間增加了 5.5 倍。即便我國經濟增長強勁，同期 GDP 還增加了 2.8 倍，但債務佔 GDP 的比重在 10 年間還是翻了一番，引發了國內外的廣泛關注和擔憂。近幾年供給側結構性改革中的諸多舉措，尤其是 "去產能" "去庫存" "去槓桿"，都與債務問題和風險有關。

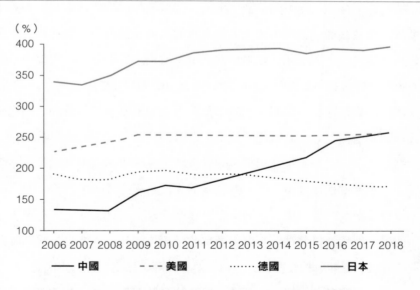

數據來源：IMF 全球債務數據庫。此處債務僅包括銀行貸款和債券。

圖 6–1　中、美、德、日四國債務佔各自 GDP 比重

　　債務佔 GDP 的比重是否就能衡量真實的債務負擔，目前尚有爭議。當利率為零甚至是負的時候，只要名義 GDP（內含物價）保持上漲，債務佔 GDP 的比重可能不是個大問題，至少對政府的公共債務來說不是大問題，可以不斷借新還舊。[1] 但對居民和企業而言，債務總量快速上升，依然會帶來很大風險。第五章已經分析了居民債務的風險，本章重點分析企業和銀行的風險。

　　第一節和第二節解釋債務的一般經濟學原理。這部分介紹歐美情況多一點，希望讀者明白我國債務問題雖有諸多特色，但與歐美也有不少相似之處，前車可鑒。第三節分析我國債務的成因、風險、後果。無論是居民、企業還是政府，負債都與地方政府推動經濟發展的模式有關。第四節討論如何償還已有債務和遏制新增債務。

第一節　　債務與經濟衰退

　　經濟的正常運行離不開債務。企業在賣出產品收到貨款之前，需要先建設廠房，購買設備，支付工資，這些支出通常需要從銀行貸款。個人買房也往往需要貸款，否則光靠一點點儲蓄去全款買房，恐怕退休之前都買不起。政府也常需要借錢，否則無力建設周期長、投資大的基礎設施。

　　債務關係讓經濟各部門之間的聯繫變得更加緊密，任何部門出問題都可能傳導到其他部門，一石激起千層浪，形成系統風險。銀行既貸款給個人，也貸款給企業。若有人不還房貸，銀行就會出現壞賬，需要壓縮貸款；得不到貸款的企業就難以維持，需要減產裁員；於是更多人失去工作，還不上房貸；銀行壞賬進一步增加，不得不繼續壓縮貸款……如此，惡性循環便產生了。如果各部門負債都高，那應對衝擊的資源和辦法就不多，風吹草動就可能引發危機。這類危機往往來勢洶洶，暴發和蔓延速度很快，原因有二。

　　第一，負債率高的經濟中，資產價格的下跌往往迅猛。若債務太重，收入不夠還本，甚至不夠還息，就只能變賣資產，拋售的人多了，資產價格就

1　　詳見哈佛大學福爾曼（Furman）和薩默斯（Summers）的論文（2020）。

會跳水。這種情況屢見不鮮。[1]2008 — 2009 年的美國次貸危機中，美國家庭房貸負擔很重，很多人不得不賣房，房價不到一年就跌了兩成。2011 — 2012 年，借錢炒房的"溫州炒房團"和溫州中小企業資金鏈斷裂，導致房產紛紛被拋售，溫州房價一年內跌了近三成。[2]2013 — 2014 年，內蒙古和晉陝等地的煤炭企業崩盤。很多煤老闆曾在煤價上漲時大肆借債擴張，煤價大跌後無力還債，大幅折價變賣豪車和房產。

第二，資產價格下跌會引起信貸收縮，導致資金鏈斷裂。借債往往需要抵押物（如房產和煤礦），若抵押物價值跳水，債權人（通常是銀行）壞賬就會飆升，不得不大幅縮減甚至乾脆中止新增信貸，導致債務人借不到錢，資金鏈斷裂，業務難以為繼。2004 — 2008 年，愛爾蘭經濟過熱，信貸供給年均增速為 20%。2009 年，美國次貸危機波及愛爾蘭，銀行業出現危機，2009 — 2013 年信貸增速劇烈收縮至 1.3%，導致大量企業資金鏈斷裂。[3] 在 2011 — 2012 年的溫州民間借貸危機中，一些人跑路逃債，信任危機迅速發酵，所有人都捂緊錢包，信用良好的人也借不到錢。可見債務危機往往也會殃及那些債務水平健康的部門，形成連鎖反應，造成地區性甚至全國範圍的經濟衰退。

一個部門的負債對應著另一個部門的資產。債務累積或"加槓桿"的過程，就是人與人之間商業往來增加的過程，會推動經濟繁榮。而債務緊縮或"去槓桿"也就是商業活動減少的過程，會帶來經濟衰退。舉例來說，若房價下跌，老百姓感覺變窮了，就會勒緊褲腰帶、壓縮消費。東西賣不出去，企業收入減少，就難以還債，債務負擔過高的企業就會破產，銀行會出現壞賬，壓縮貸款，哪怕好企業的日子也更緊了。這個過程中物價和工資會下跌（通貨緊縮），而欠的錢會因為物價下跌變得更值錢了，實際債務負擔就更重

1　為了還債而低價變賣金融資產的行為，術語稱為"fire sale"。讀者可參考哈佛大學施萊弗（Shleifer）和芝加哥大學維什尼（Vishny）對這一現象的簡明介紹（2011）。

2　衡量美國房價的常用指標是 Case-Shiller 指數，2008 年初大約為 180，2009 年跌穿 150。根據南京大學包爾泰（Paul Armstrong — Taylor）著作（2016）中的數據，溫州二手房的價格指數從 2011 年 1 月的 120 跌到 2012 年 1 月的 85。

3　愛爾蘭數據來自英國經濟學家特納（Turner）的著作（2016）。

了。[1]

　　發達國家經濟中最重要的組成部分是消費，對經濟影響很大。美國的消費約佔 GDP 七成，2008 年的全球金融危機中消費大幅下挫，成了經濟衰退的主要推手。危機之前房價越高的州，老百姓債務負擔越重，消費下降也越多，經濟衰退越嚴重。在歐洲，2008 年之前房價漲幅越大的國家，居民債務負擔越重，危機中消費下降也越多。[2]

　　債務帶來的經濟衰退還會加劇不平等（第五章），因為債務危機對窮人和富人的打擊高度不對稱。這種不對稱源於債的特性，即法律優先保護債權人的索賠權，而欠債的無論是公司還是個人，即使破產也要清算償債。以按揭為例，窮人因為收入低，買房借債的負擔也重，房價一旦下跌，需要先承擔損失，直到承擔不起破產了，損失才轉到銀行及其債主或股東，後者往往是更富的人。換句話說，債務常常把風險集中到承受能力最弱的窮人身上。一個比較極端的例子是西班牙。在大多數國家，還不起房貸的人可以宣佈破產，銀行把房子收走，也就兩清了。但在西班牙，哪怕房主把房子給了銀行並宣佈破產，也只能免於償還按揭利息，本金仍然要償還，否則累計的罰金和負債將一直存在，會上失信名單，很難正常生活。在金融危機中，這項法律引起了社會的不滿和動蕩，開鎖匠和警察拒絕配合銀行驅逐房主。破產了也消不掉的債成了沉重的負擔：全球金融危機爆發五年後，西班牙是全球經濟衰退最嚴重的國家之一。[3]

1　這種"債務—通貨緊縮—經濟蕭條"螺旋式下行的邏輯，被美國經濟學家費雪（Fisher）稱為"債務—通縮循環"，可以解釋 1929—1933 年的世界經濟大蕭條。這種理論後來被日本經濟學家辜朝明發展成為"資產負債表衰退理論"，用來解釋日本 20 世紀 90 年代初開始的長期衰退以及美國次貸危機後的衰退（辜朝明，2016）。布朗大學埃格特松（Eggertsson）和諾貝爾獎得主克魯格曼（Krugman）的文章（2012）系統地闡述了這一思路。

2　普林斯頓大學邁恩和芝加哥大學蘇非的著作（2015）詳細介紹了美國居民的債務和消費情況。美聯儲舊金山分行的研究（Glick and Lansing, 2010）表明，歐美主要國家 2008 年之前 10 年的房價和居民負債高度正相關，而負債越多的國家，在危機中消費下降也越多。

3　西班牙的例子來自普林斯頓大學邁恩和芝加哥大學蘇非的著作（2015）。

第二節　債台為何高築：歐美的教訓

債務源於人性：總想盡早滿足慾望，又對未來盲目樂觀，借錢時總覺得將來能還上。但人性亙古不變，債務周期卻有起有落，每一次起伏都由特定的外部因素推動，這些因素會引發樂觀情緒、刺激人們借債，也會增加資金供給、為借債大開方便之門。

20 世紀 80 年代以來歐美的政治經濟環境，刺激了居民對房子的需求（第五章）。但買房的前提是銀行願意放貸，否則需求就無法轉化為實際購買力。若只是借貸需求增加而資金供給不增加，那利息就會上漲，需求會被抑制，貸款數量和債務水平不一定會上升。居民和企業的債務規模，換個角度看也就是銀行的信貸和資產規模。所以要理解債務的增長，首先要理解銀行為什麼會大量放貸。

資金供給與銀行管制

資金供給的增加源於金融管制的放鬆。一方面，銀行越做越大，創造的信貸越來越多；另一方面，金融創新和衍生品層出不窮，整個金融部門的規模和風險也越滾越大。

全球金融自由化浪潮始於 20 世紀 70 年代布雷頓森林體系的解體。在布雷頓森林體系下，各國貨幣以固定比例與美元掛鉤，美元則以固定比例與黃金掛鉤。要維持這一固定匯率體系，各國都需要充足的外匯儲備去干預市場，防止匯率波動。所以國際資本流動的規模不能太大，否則就可能衝破某些國家的外匯儲備，威脅整個體系。而要限制國際資本流動，就要限制國內銀行放貸規模，否則借到錢的居民或企業就會增加消費品或投資品的進出口，過量的國際貿易和結算會引發過量的國際資本流動。

布雷頓森林體系解體後，發達國家之間實行了浮動匯率，放開了跨境資本流動。企業和居民既可以從本國銀行借錢，也可以從外國銀行借錢，所以單方面管控國內銀行的信貸規模就沒用了，於是各國紛紛放鬆了對銀行和金融機構的業務限制，自由化浪潮席捲全球。但銀行危機也隨之而來。1980 年至 2010 年，全球發生了 153 次銀行危機，平均每年 5 次。而在布雷頓森林體系下，1945 年至 1970 年，全球總共才發生了 2 次銀行危機。縱觀整個 19 世紀和"二戰"之前，全球銀行危機的頻率都與國際資本流動規模高度相關。[1]

　　金融風險的核心是銀行，歷次金融危機幾乎都伴隨著銀行危機。簡單說來原因有四。[2] 第一，銀行規模大、槓桿高。美國銀行業資產規模在 1950 年只佔 GDP 的六成，而到了 2008 年全球金融危機之前已經超過了 GDP，且銀行自有資本佔資產規模的比重下降到了 5% 左右。換句話說，美國銀行業在用 5 塊錢的本錢做著 100 塊錢的生意，平均槓桿率達到了 20 倍。理論上只要虧 5%，銀行就蝕光了本。歐洲銀行的槓桿率甚至更高，風險可想而知。[3]

　　第二，銀行借進來的錢很多是短期的（比如活期存款），但貸出去的錢卻大都是長期的（比如企業貸款），這種負債和資產的期限不匹配會帶來流動性風險。一旦儲戶集中提取存款，銀行貸出去的錢又不能立刻收回來，手裏錢不夠，會出大亂子。後來銀行業引入了存款保險制度，承諾對個人存款進行保險，才緩解了擠提風險，但並沒有完全解除。現代銀行業務複雜，早已不是簡單的存貸款機構，很多負債並非來自個人存款，而是來自貨幣基金和對沖基金，並不受存款保險制度保護。[4] 一旦機構客戶信心不足或急需流動性，也會形成擠提。

　　第三，銀行信貸大都和房地產有關，常常與土地和房產價值一同起落，放大經濟波動。銀行因為槓桿率高，所以要特別防範風險，貸款往往要求抵押物。土地和房子就是最好的抵押物，不會消失也不會跑掉，價值穩定，潛在用途廣，就算砸手裏也不難轉讓出去。因此銀行喜歡貸款給房地產企業，

1　哈佛大學萊因哈特（Reinhart）和羅格夫（Rogoff）在其著作（2012）中統計了過去 200 年全球主要國家的銀行危機次數，發現危機頻率和國際資本流動規模高度正相關。

2　關於銀行風險，英國中央銀行前行長默文‧金（Mervyn King）的著作（2016）精彩而深刻。

3　根據英格蘭銀行的報告（Haldane, Brennan and Madouros, 2010），2007 年美國主要商業銀行的槓桿率（總資產／一級核心資本）在 20 倍左右（如美洲銀行將近 21 倍），投資銀行則在 30 倍左右（如雷曼兄弟將近 28 倍）。而歐洲的德意志銀行是 52 倍，瑞銀是 58 倍。

4　這類資金中數額最大的一類是"回購"（repo），可以理解為一種短期抵押借款。耶魯大學戈頓（Gorton）的著作（2011）對這項重要業務做了簡明而精彩的介紹。

也喜歡做居民按揭。2012 年，英國的銀行貸款中 79% 都和住房或商業地產有關，其中 65% 是按揭。美國的銀行貸款中也有接近七成是按揭或其他房地產相關貸款。平均來看，歐美主要國家的銀行信貸中將近六成都是按揭或不動產行業貸款。[1] 所以房地產周期和銀行信貸周期常常同步起伏，而這兩個行業的槓桿率又都不低，也就進一步放大了經濟波動。

　　土地價值順著經濟周期起落，繁榮時地價上漲，衰退時地價下跌。而以土地為抵押物的銀行信貸也順著土地價值起落：地價上漲，抵押物價值上行，銀行利潤上升，資本充足率也上升，更加願意多放貸，為此不惜降低放貸標準，逐漸積累了風險。經濟衰退時，上述過程逆轉。所以銀行很少雪中送炭，卻常常晴天送傘，繁榮時慷慨解囊、助推經濟過熱，衰退時卻捂緊口袋、加劇經濟下行。舉例來說，在 21 世紀初的愛爾蘭，大量銀行資金湧入房地產行業，刺激房價飛漲。金融危機前，愛爾蘭房地產建設投資佔 GDP 比重由 4% 升至 9%，建築部門的就業人數也迅速增加。危機之後，房地產行業萎縮嚴重，急需周轉資金，然而銀行的信貸增速卻從危機前的每年 20% 劇烈收縮至 1.3%，很多企業因缺乏資金而倒閉，失業率居高不下。[2]

　　第四，銀行風險會傳導到其他金融部門。比如銀行可以把各種按揭貸款打包成一個證券組合，賣給其他金融機構。這種業務挫傷了銀行信貸分析的積極性。如果銀行借出去的錢轉手就能打包賣給下家，那銀行就不會在乎借錢的人是不是真的有能力還錢。擊鼓傳花的遊戲，傳的是什麼東西並不重要，只要有人接盤就行。在 2008 年金融危機中，美國很多按揭貸款的質量很差，借款人根本沒能力還錢，有人甚至用寵物的名字都能申請到按揭，所以這次危機也被稱為"次貸危機"。

1　數據來自英國經濟學家特納的著作（2016）以及舊金山美聯儲霍爾達（Jordà）、德國波恩大學舒拉里克（Schularick）和戴維斯加州大學泰勒（Taylor）的合作研究（2016）。此外，三位德國經濟學家的研究（Knoll, Schularick and Steger, 2017）指出，房價在 20 世紀 70 年代布雷頓森林體系解體後開始加速上漲，比人均 GDP 增速快得多，這可能跟金融放鬆管制後大量資金進入房地產市場有關。

2　愛爾蘭的數據來自特納的著作（2016）。銀行信貸的順周期特性也反映在利息變動中。一旦形勢不好，利息也往往迅速升高。紐約大學的格特勒（Gertler）和吉爾克里斯特（Gilchrist）的論文（2018）描述了 2008—2009 年全球金融危機期間各種利息的變動和金融機構的行為。

隨著銀行和其他金融機構之間的交易越來越多，整個金融部門的規模也越滾越大，成了經濟中最大的部門。金融危機前，金融部門的增加值已經佔到美國 GDP 的 8%。[1] 頻繁的金融活動並沒有提高資本配置的效率，反而給經濟帶來了不必要的成本。過多的短期交易擴大了市場波動，擠壓了實體經濟的發展空間。資金和資源在金融體系內部空轉，但實體經濟的蛋糕卻沒有做大。而且大量金融交易都是業內互相"薅羊毛"，所以"軍備競賽"不斷升級，大量投資硬件，高薪聘請人才，導致大量高學歷人才放棄本專業而轉投金融部門。[2] 金融危機後，金融部門的過度繁榮引發了各界的反思和批評，也引發了"佔領華爾街"之類的社會運動。

國際不平衡與國內不平等

金融自由化浪潮為借貸打開了方便之門，但如果沒有大量資金湧入金融系統，借貸總量也難以增加。以美國為例，這些資金來源有二。其一，一些國家把錢借給了美國，比如我國就是美國最大的債主之一。其二，美國國內不平等急劇擴大，財富高度集中，富人有了更多花不完的錢可以借給窮人。

中國等東亞國家借錢給美國，與貿易不平衡有關。2018 年，中美雙邊貿易逆差約 4 000 億美元，也就是說美國需要從全世界借入 4 000 億美元來為它從中國額外的進口買單，其中最主要的債主就是中國和其他東亞國家。後者在 1997 年東亞金融危機中吃過美元儲備不足的大虧，所以之後大量增加美元儲備，買入美國國債或其他證券，相當於把錢借給了美國。這種現象被美聯儲前主席本·伯南克（Ben Bernanke）稱為"全球儲蓄過剩"。他認為這些錢流入美國後壓低了美國利率，推動了房地產投機，是引發 2008 年全球金融危機的重要原因。

然而借錢給美國的還有歐洲，後者受美國金融危機衝擊最大、損失也最

1　數字來自英格蘭銀行的報告（Haldane, Simon and Madouros, 2010）。

2　紐約大學菲利蓬（Philippon）和弗吉尼亞大學雷謝夫（Reshef）的論文（2012）研究了美國金融部門對高學歷人才的擠佔。

大。美國各種金融"毒資產"的最大海外持有者並不在亞洲,而在歐洲。東亞借錢給美國與貿易不平衡有關,資金主要是單向流動。而歐洲和美國的貿易基本平衡,資金主要是雙向流動:歐洲借錢給美國,美國也借錢給歐洲。這種資本流動總量雖巨大,但雙向抵銷後的淨流量卻不大。正是這種"淨流量小"的假象掩蓋了"總流量大"的風險。"你借我、我借你"的雙向流動,讓圍繞"毒資產"的交易規模越滾越大,風險也越來越大。比如,一家德國銀行可以在美國發行用美元計價的債券,借入美元,然後再用這些美元購買美國的房貸抵押證券,錢又流回了美國。這家銀行的負債和資產業務都是美元業務,彷彿是一家美國銀行,只不過總部設在德國罷了。類似的歐洲銀行很多。金融危機前,跨大西洋的資本流動遠多於跨太平洋資本流動。而在危機中,美聯儲為救市所發放的緊急貸款,實際上大部分給了歐洲銀行。[1]

國際資本流入美國,也有美國自身的原因,否則為什麼不流入其他國家?美元是全世界最重要的儲備貨幣,以美元計價的金融資產也是最重要的投資標的,受到全球資金的追捧,所以美國可以用很低的利率從全球借錢。大量資本淨流入美國,會加劇美國貿易逆差,因為外國人手裏的美元也不是自己印出來的,而是把商品和服務賣給美國換來的。為保持美元的國際儲備貨幣地位,美國的對外貿易可能需要常年保持逆差,以向世界提供更多美元。但持續的逆差會累積債務,最終威脅美元的儲備貨幣地位,這個邏輯也被稱為"特里芬悖論"。[2] 所以如今的全球經濟失衡,是貿易失衡和美元地位帶來的資本流動失衡所共同造就的。

國際資本流入不是美國可貸資金增加的唯一原因,另一個重要原因是國內的貧富差距。如果全部財富集中在極少數人手中,富人就會有大量的閒置資金可以借貸,而大部分窮人則需要借錢生存,債務總量就會增加。假如一

1　國際清算行的研究人員分解了各大陸間的金融資本流動總量,而不是僅僅關注"淨流量"(Avdjiev, McCauley and Shin, 2016)。跨大西洋金融機構間的緊密聯繫,有複雜的成因和後果,經濟史專家圖茲(Tooze)的著作(2018)對此有非常詳盡和精彩的論述。

2　這個理論是針對布雷頓森林體系以及之前的金本位所提出的,能否直接套用到如今美國的貿易赤字問題上,尚有爭議。不能據此認為,人民幣想要成為國際貨幣,我國現在的貿易順差就必須變成逆差。

個國家只有兩個人，每人需要消費 50 元才能活下去。若總產出 100 元被二人平分，那總消費就等於產出，既沒有儲蓄也沒有負債。但若甲分得 100 元而乙分得 0 元，那甲就花 50 元存 50 元，乙就需要借 50 元，這個國家的儲蓄率和負債率就都變成了 50%。

在大多數發達國家，過去 40 年國內貧富差距的擴大都伴隨著國內債務水平的上升。[1] 以美國為例：2015 年，最富有的 10% 的人佔有將近一半的全部收入，而 40 年前只佔 35%。換句話說，40 年前每生產 100 元，富人拿 35 元，其他人拿 65 元，但如今變成了對半分，富人從國民收入這塊蛋糕裏多切走了 15%。與這個收入轉移幅度相比，常被政客們說起的中美雙邊貿易 "巨額" 逆差，2018 年只佔美國 GDP 的 2% 不到。

如果不看每年收入的差距而看累積的財富差距的話，不平等就更加驚人。2015 年，美國最富有的 10% 的人佔有了全部財富的 78%。[2] 富人的錢花不完，消費遠低於收入，就產生了大量儲蓄。過去 40 年，美國國內最富有的 1% 的人的過剩儲蓄，與伯南克所謂的由海外湧入美國的全球過剩儲蓄，體量相當。[3] 理論上講，這些富人的儲蓄可以借給國內，也可以借給國外。但事實上，美國國內資金並沒有流出，反而有大量國際資本流入了美國，因此富人的儲蓄必然是借給了國內的企業、政府或居民。然而在全球金融危機前的幾十年，美國國內企業的投資不增反降，政府每年的赤字和借債也相對穩定，所以富人的儲蓄實際上就是借給了其他居民（窮人），變成了他們的債務。

窮人借債主要是買房，因此富人的餘錢也就通過銀行等金融中介流向了房地產。金融危機前，美國銀行業將近七成的貸款是按揭或其他房地產相關貸款。所以大部分銀行並沒有把社會閒散資金導向實體企業，變成生產性投

1　普林斯頓大學邁恩（Mian）、哈佛大學斯特勞布（Straub）、芝加哥大學蘇非（Sufi）等人的論文詳細闡述了發達國家中收入不平等和債務上升之間的關聯（2020a）。

2　收入和財富不平等的數據來自德國波恩大學庫恩（Kuhn）、舒拉里克（Schularick）和施泰因（Steins）的論文（2020）。

3　富人的錢借給了窮人，邏輯上很好理解，但實際上並不容易證實，需要撥開金融中介的重重迷霧，搞清楚資金的來龍去脈。美國最富有的 1% 的人儲蓄增加，對應著最窮的 90% 的人債務增加，是普林斯頓大學邁恩（Mian）、哈佛大學斯特勞布（Straub）、芝加哥大學蘇非（Sufi）等人最近的發現（2020b）。

資，而是充當了富人借錢給窮人買房的中介。這種金融服務的擴張，降低了資金配置效率，加大了風險。

這種金融資源"脫實向虛"的現象，在我國也引發了廣泛關注。在 2019 年的上海"陸家嘴論壇"上，中國銀行保險監督管理委員會主席郭樹清就強調要提高資金使用效率，解決好"脫實向虛"問題，下大力氣清理金融體系內部的空轉資金。而且特別強調了房地產金融化的問題："一些房地產企業融資過度擠佔了信貸資源，導致資金使用效率進一步降低，助長了房地產投資投機行為。"

實體企業投資需求不足

債務本身並不可怕，如果借來的錢能用好，投資形成的資產能增加未來收入，還債就不成問題。假如資金能被實體企業投資所吸納，就不會流到房地產和金融行業去推升資產泡沫。然而在過去 40 年間，主要發達國家的投資佔 GDP 的平均比重從 20 世紀 70 年代的 28% 下跌到了 20%。[1] 一個原因是大公司把投資轉移到了發展中國家（包括中國），製造業整體外遷。而製造業又是重資產和重投資的行業，所以國內製造業佔比下降就推動了投資下降。同時，隨著通信技術的發展，機器變得越來越智能化，需要運用大量軟件和服務，而設備本身的相對價值越來越低。所以大量投資進入了所謂的"無形資產"和服務業，而服務業更依賴於人的集聚，也就推升了對特定地段的住房和社交空間（即各類商業地產）的需求。[2]

實體投資下降的另一個原因是發達國家經濟的整體競爭性在減弱：行業集中度越來越高，大企業越變越大。理論上說，這不一定是壞事，若明星企業通過競爭擊敗對手、佔據市場後依然銳意進取、積極創新，那麼投資和生產率還會繼續上升。然而實際情況是，美國各行業集中度的提高與企業規模

1　數據同樣來自邁恩（Mian）、斯特勞布（Straub）和蘇非（Sufi）的論文（2020a）。

2　兩位英國經濟學家的著作（Haskel and Westlake, 2018）指出：1990 年至 2014 年，資本設備相對於當期產品和服務的價格下降了 33%。該書把發達國家稱為"沒有資本的資本主義"（capitalism without capital），即更重視無形資產和人才的資本主義，並深入探討了這種經濟中的生產率停滯和收入不平等。

的擴張，往往伴隨著投資下降和生產率降低。[1]

　　大量資金的湧入增加了資金供給，而企業投資需求不足又降低了資金需求，所以發達國家的長期實際利率（扣除物價因素）在過去 40 年間一直穩步下降，如今基本為零。[2] 因為缺乏能獲得長期穩定收益的資產，各種短期投機便大行其道，所謂“金融創新”層出不窮，“房地產泡沫”一個接一個。金融危機之後，美聯儲常年的寬鬆貨幣政策讓短期利率也變得極低，大企業便借機利用融資優勢大肆購並小企業，進一步增加了行業集中度，降低了競爭。這種低利率環境也把大量追逐回報的資金推入了股市，推高了股價。而美國最富的 10% 的人掌握著 90% 的股市資產，貧富差距進一步拉大。[3]

　　這種情況也引起了我國政策制定者的警惕。2019 年，中國人民銀行行長易綱指出：“在缺乏增長點的情況下，央行給銀行體系提供流動性，但商業銀行資金貸不出去，容易流向資產市場。放鬆貨幣條件總體上有利於資產持有者，超寬鬆的貨幣政策可能加劇財富分化，固化結構扭曲，使危機調整的過程更長。”[4]

第三節　　中國的債務與風險

　　我國債務迅速上漲的勢頭始於 2008 年。當年金融危機從美國蔓延至全球，嚴重打擊了我國的出口。為防止經濟下滑，中央立即出台了財政刺激計劃，同時放寬了許多金融管制以及對地方政府的投融資限制，帶動了基礎設施投資大潮，也推動了大量資金湧入房地產。在不斷的投資擴張和房價上漲中，融資平台、房地產企業、貸款買房的居民，債務都迅速上升。其他企業（尤其是國有企業）也在寬鬆的金融環境中舉債擴張，但投資回報率卻在下

1　紐約大學菲利蓬（Philippon）寫過一本精彩的小書（2019），分析美國經濟越來越偏離自由市場，競爭力不斷下降。

2　數據來自邁恩（Mian）、斯特勞布（Straub）和蘇非（Sufi）的論文（2020a）。

3　數據來自庫恩（Kuhn）、舒拉里克（Schularick）和施泰因（Steins）的論文（2020）。富人的九成資產都是股票，這一比例自 1950 年至今變化不大。

4　見易綱的文章（2019）。

降，積累了低效產能。債務（分子）比 GDP（分母）增長速度快，因此債務
負擔越來越重。

　　與其他發展中國家相比，我國外債水平很低，債務基本都是以人民幣計
價的內債，所以不太可能出現國際上常見的外債危機，像希臘的主權債務危
機和每過幾年就要上演一次的阿根廷債務危機。根據國家外匯管理局的《中
國國際收支報告》，我國 2019 年末外債餘額佔 GDP 的比重只有 14%（國際公
認安全線是 20%），外匯儲備是短期外債的 2.6 倍（國際公認安全線是 1 倍），
足夠應對短期償付。而且即使在外債中也有 35% 是以人民幣計價，違約風險
很小。

債務累積過程簡述：2008 — 2018 年

　　圖 6-2 描述了中國始於 2008 年的債務累積過程。

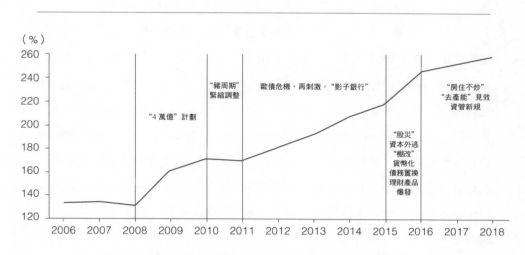

數據來源：IMF 全球債務數據庫。此處債務僅包括銀行貸款和債券。

圖 6-2　中國的宏觀債務佔 GDP 比重

2008 年至 2009 年，為應對全球金融危機，我國迅速出台 "4 萬億" 計劃，其中中央政府投資 1.18 萬億元（包括對汶川地震重建的撥款），地方政府投資 2.82 萬億元。為配合政策落地、幫助地方政府融資，中央放鬆了對地方融資平台的限制（第三章），同時不斷降準降息，放寬銀行信貸。這些資金找到了基建和房地產兩大載體，相關投資迅猛增加。比如地方政府配合當時的鐵道部，大量借債建設高鐵：全國鐵路固定資產投資從 2007 年的 2 500 億元，猛增到 2009 年的 7 000 億元和 2010 年的 8 300 億元。

2010 年至 2011 年，前期刺激下的經濟出現過熱跡象，再加上豬肉價格大漲的影響，通貨膨脹抬頭，所以貨幣政策開始收緊。到了 2011 年年中，歐債危機爆發，國內製造業陷入困境，於是央行在 2012 年又開始降準降息，並放鬆了對地方融資平台發債的限制，城投債於是激增，淨融資額比上年翻了一番還多。也是從 2012 年開始，以信託貸款為主的 "影子銀行" [1] 開始擴張，把大量資金引向融資平台，推動當年基建投資猛漲，債務負擔從 2012 年起再次加速上漲。這一時期，中央開始加強了對房地產行業的控制和監管。

2015 年遭遇 "股災"，前些年投資過度造成的產能過剩和房地產庫存問題也開始凸顯。2015 年末，美聯儲退出量化寬鬆，美元開始加息，再加上一系列內外因素，導致 2015—2016 年連續兩年的大量資本流出，人民幣對美元匯率一路貶值，接近破七。央行於是連續降準降息，財政部開始置換地方債（第三章），中央也放鬆了對房地產的調控，全國棚戶區改造從實物安置轉變為貨幣化安置，帶動房價進一步上漲。同時，"影子銀行" 開始 "變形"：信託貸款在嚴監管下大幅萎縮，而銀行理財產品規模開始爆發，流向融資平台和房地產行業的資金總量沒有減少，總體債務負擔在 2015 年又一次加速增長。

2016 年，在貨幣化 "棚改" 的幫助下，三四線城市房地產去庫存告一段落，中央在年底首次提出 "房住不炒" 的定位，全面收緊房地產調控。也是在這一年，"去產能" 改革開始見效，工業企業利潤率開始回升，工業品出廠

1　關於 "影子銀行"，詳見本章後文 "銀行風險" 小節。

價格指數結束了長達五年的下跌，首次轉正。

　　2018 年上半年，在連續兩年相對寬鬆的外部條件下，央行等四部委聯合出台"資管新規"，嚴控"影子銀行"，試圖降低累積多年的金融風險。信用和資金開始收縮，民營企業的融資困境全面暴露。下半年，"中美貿易戰"開始，經濟增長繼續放緩。2018 年末，我國債務總量佔比達到 GDP 的 258%：其中居民債務為 54%，政府債務為 51%，非金融企業為 154%（圖 6-3）。在政府債務中，中央國債約為 17%，地方政府債務為 34%。[1] 第三章和第五章已經分別討論過地方政府債務和居民債務，此處不再贅述，本章重點介紹企業債務以及債主銀行的風險。

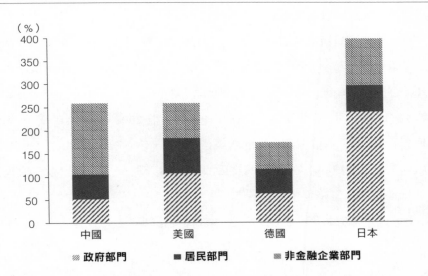

數據來源：IMF 全球債務數據庫。此處債務僅包括銀行貸款和債券。

圖 6-3　2018 年中、美、德、日四國各部門債務佔 GDP 比重

1　很多人認為地方政府債務不僅應包括政府的顯性債務，也應包括其關聯企業的債務，所以債務負擔不止　34%。但如果把這些隱性債務算到政府頭上的話，就不能再重複算到企業頭上，因此這類爭議並不影響對總體債務水平的估算。

企業債務

從圖 6-3 中可以看出，我國居民債務負擔接近發達國家，政府債務負擔低於發達國家，但企業債務負擔遠高於發達國家。2018 年，美國和德國企業債務佔 GDP 的比重分別為 75% 和 58%，但我國高達 154%。原因之一是資本市場發展不充分，企業融資以債務尤其是銀行貸款為主，股權融資佔比很低。2018 年末，企業債務總額約 140 萬億元，但在境內的股票融資餘額不過區區 7 萬億元。[1]

企業債務中第一個廣受關注的問題是地方政府融資平台企業的債務，約佔 GDP 的 40%，資金主要投向基礎設施，項目回報率很低（平均 1% 左右）。第三章已詳細討論過這類債務，不再贅述。

第二個問題是所謂 "國進民退" 現象。2008 年以後，國有企業規模快速擴張，但效率比私營企業低，多佔用的資金沒有轉化為同比例的新增收入，推升了整體債務負擔。按照財政部《中國財政年鑒》中的數據，1998—2007 年的 10 年間，國企資產總額只增長了 1.6 倍，但 2008—2017 這 10 年間卻激增了 4.4 倍，負債總額也相應增長了 4.7 倍，佔 GDP 的比重從 78% 變成 144%。[2] 但國企總利潤佔 GDP 的比重卻從 4.2% 下降到了 3.9%，營業收入佔 GDP 比重從 72% 下降到了 65%。[3]

上述國企數據被廣泛使用，但這些數據及相關研究尚有諸多不明之處，

1　企業債務總額按圖 6-3 中佔 GDP 的比重推出。圖中的企業不包括金融企業，這是計算宏觀債務負擔時的國際慣例。圖中債務是指企業部門作為一個整體從外部（如銀行）借債的總額，不包括企業間相互的債務債權關係（如業務往來產生的應收賬款等）。我國非金融企業在境內股票融資的總額，來自中國人民銀行發佈的 "社會融資規模存量統計表"。

2　這個比重與圖 6-3 中企業債務佔 GDP 的 154%，不能直接相比。圖中的企業債務是企業作為一個整體的對外債務總額，只包括貸款和債券；而此處的 144% 也包含了企業間的應付賬款等。企業間的相互債務在計算企業總體對外債務負擔時會互相抵消。但如果只計算部分企業比如國企的債務規模時，這些企業間的債務也應該算上。關於國企的宏觀數據有兩套口徑，一套是國資委的，一套是財政部的，後一套涵蓋範圍更廣，因為很多國企不歸國資委管。本節只討論非金融類企業，因為圖 6-3 中的企業債務統計僅包括非金融企業。

3　與 GDP 最可比的企業數據應該是增加值，但國企整體增加值很難估算，各種估計方法都有不小缺陷。按張春霖的估計（2019），國企增加值佔 GDP 的比重最近 10 年變化不大。

很難確知國企的整體情況。[1] 國有工業類企業中的數據更清楚一些，因為國家統計局一直記錄詳細的工企數據。2008—2017 年，國有工業企業的資產和負債規模相對 GDP 來說並沒有大幅擴張，只是略有上升，基本穩定，所以在工業領域並沒有出現明顯的"國進民退"現象。國企的資產負債率一直高於私營企業，但利潤率卻較低。2008 年"4 萬億"計劃出台之後，國企與私企的利潤率差距進一步擴大，2013 年之後才開始縮小。這一變化的主要原因不在國企，而是私企利潤率在"4 萬億"計劃之後飆升，2012 年以後回落。可能的一個原因是在信貸寬鬆的刺激之下，很多有資源、有關係的私營企業（比如上市公司）大肆擴張，偏離主營業務，去"炒地皮"和"炒房子"，雖然獲得了短期收益，但最終造成資金使用效率的下降。[2]

　　低效率乃至虧損的國企或大中型私企，若不能破產重組，常年依靠外力"輸血"，擠佔有限的信貸資源，變成"僵屍企業"，就會拉低經濟整體效率，推升宏觀債務負擔。針對這一情況，近年來的改革重點包括：推進國企混改，限制地方政府干預；加強金融監管，從源頭上擰緊資金的水龍頭；在要素市場上推行更加全面的改革，讓市場力量在資金、土地、技術、勞動力等生產要素配置中發揮更大作用；改革和完善《企業破產法》，在債務重整過程中"去行政化"，避免地方官員主導企業破產重組，損害債權人利益（比如第四章中的江西賽維案）。

　　關於企業債務的第三個廣受關注的問題是房地產企業的債務問題。房地產是支柱型產業，不僅本身規模巨大，而且直接帶動鋼鐵、玻璃、家具、家電等眾多行業。以 2013 年為例，房地產及其直接相關行業創造的增加值佔

1　比如，2017 年的所有國企資產中有 45% 被歸類為"社會服務業"和"機關社團及其他"，而這兩類企業的營業收入幾乎可以忽略不計。財政部沒有詳細解釋這些究竟是什麼企業。再比如，按資產規模算，2017 年至少 24% 的國企應被歸類為基礎設施企業，其中也包括地方政府融資平台。這類企業對經濟的貢獻顯然不能只看自身的資產回報，還應該考慮它們對其他經濟部門的帶動作用和貢獻，但這些貢獻很難估計。

2　關於私營企業包括工業企業在"4 萬億"計劃之後的擴張和效率下降，可以參考清華大學白重恩、芝加哥大學謝長泰、香港中文大學宋錚的研究（Bai, Hsieh and Song, 2016）。在房地產繁榮和房價高漲的刺激下，2007 年至 2015 年，A 股上市公司中的非房地產企業也大量購入了商業地產和住宅，總金額佔其投資總額三成，這個數據來自香港浸會大學陳婷、北京大學周黎安和劉曉蕾、普林斯頓大學熊偉等人的研究（Chen et al., 2018）。

GDP 的比重超過 15%，且增速極快，對 GDP 增長率的貢獻接近 30%。[1] 由於房地產開發需要大量資金去購置土地，建設周期也很長，所以企業經營依賴負債，資產負債率接近 80%，流動性風險很大。一旦舉債渠道受阻，企業就難以為繼。舉個例子，在上市房企中，與 "買地" 有關的成本約佔總成本的五六成。[2] 在購置土地環節，發達國家一般要求企業使用自有資本金，而我國允許房企借錢 "買地"，這就刺激了房企競相抬高地價和儲備土地。儲備的土地又可以作為抵押去撬動更多借貸資金，進而儲備更多土地，所以房企規模和債務都越滾越大。

2018 年，我國房企總債務佔 GDP 的比重達到了 75%，且大量債務來自 "影子銀行" 或其他監管薄弱的渠道。[3] 房企的現金流依賴房產預售款和個人按揭，這兩項收入佔 2018 年實際到位資金的將近一半。一旦由於疫情等外部衝擊原因出現房產銷售問題，房企就可能面臨資金鏈斷裂的風險。2020 年，這類風險開始顯現，無論是泰禾集團的違約還是恆大集團的 "內部文件"，都吸引了廣泛關注。一旦房企出現債務危機，無疑會衝擊金融系統和宏觀經濟。而且房價連著地價，地價高低又直接影響地方政府收入，危及地方政府及融資平台的債務償付能力。2020 年 8 月，城鄉住房建設部、中國人民銀行出台了對重點房地產企業資金監測和融資管理規則，針對企業的關鍵債務指標畫下 "三道紅線"，也規定企業不得再挪用貸款購地或競買炒作土地。[4]

還有一種房企債務是在海外發行的美元債，在外國發行，以外幣計價，所以不計入外匯管理局的宏觀外債統計口徑。截至 2019 年 7 月末，這類海

1　這種估計比較複雜，涉及房地產相關各行業的投入產出模型。此處的估計結果來自國家統計局許憲春等人的論文（2015）。

2　對上市房企成本構成的估計，來自恆大經濟研究院任澤平、夏磊和熊柴的著作（2017）。

3　這裏的 75% 與圖 6–3 中企業債務佔 GDP 的 154%，不能直接相比。圖中的企業債務只包括了貸款和債券，而這裏的債務還包括房企的應付賬款等其他債務。在我國會計制度下，預售房產生的收入，也就是在房子交接前所形成的預收房款，記為房企的負債。A 股上市房企中，這部分預收款約佔負債的 1/3。我國嚴格限制商業銀行給房企貸款，所以在房企的負債中，國內銀行貸款的比重一直維持在 10%—15%。然而這種對資金渠道的限制很難影響資金最終流向，大量資金通過各種渠道包括 "影子銀行" 流入了房企。

4　所謂 "三道紅線"，是要求房企在剔除預收款後的資產負債率不得高於 70%、淨負債率不得高於 100%、現金短債比不小於 1 倍。

外債餘額約 1 739 億美元。其中可能有風險，因為大多數房企並沒有海外收入。自 2019 年 7 月起，發改委收緊了房企在海外發債。2020 年上半年，這類債務開始淨減少。[1]

總體看來，我國企業債務負擔較重，應對風險的能力受限。若遭遇重大外部衝擊，就可能面臨債務違約風險。而企業裁員甚至倒閉，會降低居民收入，加大居民的風險，也加大其債主銀行的風險。

銀行風險

無論是居民債務還是企業債務，都是從債務人角度看待風險，要想完整理解債務風險，還需要了解債權人的風險。中國的債權人主要是銀行，不僅發放貸款，也持有大多數債券。上文討論的歐美銀行業的很多風險點，同樣適用於我國。首先是對信貸放鬆管制，銀行規模迅速膨脹。2008 年的 "4 萬億" 計劃，不僅是財政刺激，也是金融刺激，存款準備金率和基準貸款利率大幅下調。銀行信貸總額佔 GDP 的比重從 2008 年的 1.2 左右一路上升到 2016 年的 2.14。

其次是銀行偏愛以土地和房產為抵押物的貸款。我再用兩個小例子來詳細解釋一下。先看住房按揭。銀行借給張三 100 萬元買房，實質不是房子值 100 萬元，而是張三值 100 萬元，因為他未來有幾十年的收入。但未來很長，張三有可能還不了錢，所以銀行要張三先抵押房子，才肯借錢。房子是個很好的抵押物，不會消失且容易轉手，只要這房子還有人願意買，銀行風險就不大。若沒有抵押物，張三的風險就是銀行的風險，但有了抵押物，風險就由張三和銀行共擔。張三還要付 30 萬元首付，相當於抵押了 100 萬元的房子卻只借到了 70 萬元，銀行的安全墊很厚。再來看企業貸款。銀行貸給企業家李四 500 萬元買設備，實質也不是因為設備值錢，而是用設備生產出的產品值錢，這 500 萬元來源於李四公司未來數年的經營收入。但作為抵押物，設

---

1   關於房企海外債的數據和監管，可參考《財新周刊》2019 年第 29 期的文章《房企境外發債為何收緊》及 2020 年第 37 期的文章《房企降槓桿開始》。

備的專用性太強，價值遠不如住房或土地，萬一出事，想找到人接盤並不容易。就算有人願意接，價格恐怕也要大打折扣，所以銀行風險不小。但若李四的企業有政府擔保，甚至乾脆就是國企，銀行風險就小多了。

　　所以如果優良的抵押物（住房和土地）越來越多，或者有政府信用擔保的企業越來越多，那銀行就有動力不斷擴大信貸規模。在我國這樣一個銀行主導的金融體系中，地方融資平台能抵押的土地增加、湧入城市買房的人增加、地方政府的隱性擔保增加等，都會從需求端刺激信貸規模的擴張。所以商業銀行的信貸擴張，固然離不開寬鬆的貨幣環境，但也同樣離不開信貸需求的擴張，離不開地方政府的土地金融和房地產繁榮，此所謂"銀根連著地根"。

　　第三是銀行風險會傳導到其他金融部門，這與"影子銀行"的興起有關。所謂"影子銀行"，就是類似銀行的信貸業務，卻不在銀行的資產負債表中，不受銀行監管規則的約束。銀行是金融體系核心，規模大，槓桿高，又涉及千家萬戶的儲蓄，牽一髮動全身，所以受嚴格監管。若某房地產企業願意用 10% 的利息借錢，銀行想借，但我國嚴格限制銀行給房企的貸款量，怎麼辦？銀行可以賣給老百姓一個理財產品，利息 5%，再把籌來的錢委託給信託公司，讓信託公司把錢借給房企。在這筆"銀信合作"業務中，發行的理財產品不算銀行儲蓄，委託給信託公司的投資不算銀行貸款，所以這筆"表外業務"就繞開了對銀行的監管，是一種"影子銀行"業務。

　　有借錢需求的公司很多，願意買銀行理財產品的老百姓也很多，所以"影子銀行"風生水起。相關的監管措施效果有限，往往是"按下葫蘆起了瓢"。限制了"銀信合作"業務，"銀證信合作"業務又興起：銀行把錢委託給券商的資管計劃，再讓券商委託給信託公司把錢借給企業。管來管去，銀行的錢到處跑，渠道越拉越長，滋潤著中間各類資管行業欣欣向榮，整個金融業規模越滾越大。21 世紀初，金融業增加值佔 GDP 的比重大約在 4%，而2015—2019 年平均達到了 8%，相當於美國在全球金融危機前的水平。但美國的資本市場是匯聚了全世界的資金後才達到這個規模，我國的資本市場尚未完全開放，金融業規模顯然過大了。資金在金融系統內轉來轉去，多轉一道就多一道費用，利息就又高了一點，等轉到實體企業手中的時候，利息已經變得非常高，助推了各種投機行為和經濟"脫實向虛"。此外，銀行理財產品雖然表面上不在銀行資產負債表中，銀行既不保本也不保息，但老百姓認為銀行要負責，而銀行也確實為出問題的產品兜過底。這種剛性兌付的壓力加大了銀行和金融機構的風險。[1]

我國各種"影子銀行"業務大都由銀行主導，是銀行鏈條的延伸，因此也被稱為"銀行的影子"。這與國外以非銀金融機構主導的"影子銀行"不同。中國的業務模式大多簡單，無非多轉了兩道手而已，證券化程度不高，衍生品很少，參與的國際資本也很少，所以監管難度相對較低。2018 年"資管新規"出台，就擰緊了"影子銀行"的總閘，也打斷了各種通道。但這波及的不僅是想借錢的房地產企業和政府融資平台，也擠壓了既沒有土地抵押也沒有政府背書的中小私營企業，它們融資難和融資貴的問題在"資管新規"之後全面暴露。

第四節　化解債務風險

任何國家的債務問題，解決方案都可以分成兩個部分：一是償還已有債務；二是遏制新增債務，改革滋生債務的政治、經濟環境。

償還已有債務

對債務人來說，償債是個算術問題：或提高收入，或壓縮支出，或變賣資產拆東補西。實在還不上，就只能違約，那債權人就要受損。最大的債權人是銀行，若出現大規模壞賬，金融系統會受到衝擊。

如果借來的錢能用好，能變成優質資產、產生更高收入，那債務負擔就

1　上海高級金融學院朱寧的著作（2016）系統地闡釋了這種所謂"剛性泡沫"現象。

不是問題。但如果投資失敗或乾脆借錢消費揮霍，那就沒有新增收入，還債就得靠壓縮支出：居民少吃少玩，企業裁員控費，政府削減開支。但甲的支出就是乙的收入，甲不花錢乙就不掙錢，乙也得壓縮支出。大家一起勒緊褲腰帶，整個經濟就會收縮，大家的收入一起減少。若收入下降得比債務還快，債務負擔就會不降反升。這個過程很痛苦，日子緊巴巴，東西沒人買，物價普遍下跌，反而會加重實際債務負擔，因為錢更值錢了。如果拋售資產去還債，資產價格就下跌，銀行抵押物價值就下降，風險上升，可能引發連鎖反應。

以地方政府為例。政府借債搞土地開發和城市化，既能招商引資提高稅收，又能抬高地價增加收入，一舉兩得，債務負擔似乎不是大問題。可一旦經濟下行，稅收減少，土地賣不上價錢，諸多公共支出又難以壓縮，債務負擔就會加重，就不得不轉讓和盤活手裏的其他資產，比如國有企業。最近一兩年經濟壓力大，中央又收緊了融資渠道，於是地方的國企混改就加速了。比如在 2019 年，珠海國資委轉讓了部分格力電器的股份，蕪湖國資委也轉讓了部分奇瑞汽車的股份。

還債讓債務人不好過，賴賬讓債權人不好過。所以償債過程很痛苦，還有可能陷入經濟衰退。相比之下，增發貨幣也能緩解債務負擔，似乎還不那麼痛苦，因為沒有明顯的利益受損方，實施起來阻力也小。增發貨幣的方式大概有三類。第一類是以增發貨幣來降低利率，這是 2008 年全球金融危機前的主流做法。低利率既能減少利息支出，也能刺激投資和消費，提振經濟。若經濟增長、實際收入增加，就可以減輕債務負擔。就算實際收入不增加，增發貨幣也能維持穩定溫和的通貨膨脹，隨著物價上漲和時間推移，債務負擔也會減輕，因為欠的債慢慢也就不值錢了。

第二類方式是 "量化寬鬆"，即央行增發貨幣來買入各類資產，把貨幣注入經濟，這是金融危機後發達國家的主流做法。在危機中，很多人變賣資產償債，資產市價大跌，連鎖反應後果嚴重。央行出手買入這些資產，可以托住資產價格，同時為經濟注入流動性，讓大家有錢還債，緩解債務壓力。

從記賬角度看，增發的貨幣算央行負債，所以"量化寬鬆"不過是把其他部門的負債轉移到了央行身上，央行自身的資產負債規模會迅速膨脹。但只要這些債務以本國貨幣計價，理論上央行可以無限印錢，想接手多少就接手多少。這種做法不一定會推高通貨膨脹，因為其他經濟部門受債務所困，有了錢都在還債，沒有增加支出，也就沒給物價造成壓力。歐美日在 2008 年全球金融危機之後都搞了大規模"量化寬鬆"，都沒有出現通貨膨脹。

"量化寬鬆"的主要問題是難以把增發的貨幣轉到窮人手中，因此難以刺激消費支出，還會拉大貧富差距。央行"發錢"的方式是購買各種金融資產，所以會推高資產價格，受益的是資產所有者，也就是相對富裕的人。2008 年全球金融危機之後，美國"零利率"和"量化寬鬆"維持了好些年，股市大漲，房價也反彈回危機前的水平，但底層百姓並沒得到什麼實惠，房子在危機中已經沒了，手裏也沒多少股票，眼睜睜看著富人財富屢創新高，非常不滿（第五章）。這種不滿情緒的高漲對政局的影響也從選舉上反映了出來。2020 年新冠肺炎疫情在美國暴發後，美聯儲再次開閘放水，資產負債表規模在 3 個月內擴張了六成以上，而隨後的經濟反彈被戲稱為"K 形反彈"：富人往上，窮人向下。

第三類增加貨幣供給的做法是把債務貨幣化。政府加大財政支出去刺激經濟，由財政部發債融資，央行直接印錢買過來，無需其他金融機構參與也無需支付利息，這便是所謂"赤字貨幣化"。2008 年全球金融危機後，前兩類增發貨幣的方式基本已經做到了盡頭，而經濟麻煩依然不斷，新冠肺炎疫情雪上加霜，所以近兩年對"赤字貨幣化"這種激進政策的討論異常熱烈，支持這種做法的所謂"現代貨幣理論"（Modern Monetary Theory, MMT）也進入了大眾視野。

"赤字貨幣化"的核心，是用無利率的貨幣替代有利率的債務，以政府預算收支的數量代替金融市場的價格（即利率）來調節經濟資源配置。從理論上說，若私人部門陷入困境，而政府治理能力和財政能力過硬，"赤字貨幣化"也不是不能做。但若政府能力如此過硬卻還是陷入了需要貨幣化赤字的窘境，那也正說明外部環境相當惡劣莫測。在這種情況下，"赤字貨幣化"的效果不能僅從理論推斷，要看歷史經驗。從歷史上看，大搞"赤字貨幣化"的國家普遍沒有好下場，會引發物價飛漲的惡性通貨膨脹，損害貨幣和國家信用，陷經濟於混亂。這種後果每本宏觀經濟學教科書裏都有記錄，"現代貨幣理論"的支持者當然也知道。但他們認為歷史上那些惡性通貨膨脹的根源不在貨幣，而在於當時惡劣的外部條件（如動盪和戰爭）摧毀了產能、削弱了政府，若產能和政府都正常，就可以通過貨幣化赤字來提振經濟。可這又回到了根本問題：若產能和政府都正常，怎麼會陷入需要貨幣化赤字的困境？背後的根本原因能否靠貨幣化赤字化解？財政花錢要花在哪裏？誰該受益誰該受損？

國民黨政府就曾經搞過赤字化，徹底搞垮了貨幣經濟。抗日戰爭結束後，國民黨政府大手花錢打內戰。僅 1948 年上半年的財政赤字就已經是 1945 年全年赤字的 780 倍。當時央行新發行的貨幣（"法幣"）幾乎全部用來為政府墊款，僅 1948 年上半年新發行的紙幣數量就是 1945 年全年新增發行量的 194 倍。物價完全失控。1948 年 8 月的物價是 1946 年初的 558 **萬倍**。很多老百姓放棄使用法幣，寧可以物易物或使用黃金。1948 年 8 月，國民黨推行幣制改革，用金圓券替換法幣，但政府信用早已盡失。僅 8 個月後，以金圓券計價的物價就又上漲了 112 倍。據季羨林先生回憶，當時清華大學教授們領了工資以後要立刻跑步去買米，"跑快跑慢價格不一樣！"[1]

我國目前的貨幣政策比較謹慎，國務院和央行都數次明確表態不搞"大水漫灌"，"不搞競爭性的零利率或量化寬鬆政策"。[2] 主要原因可能有二：第一，政府不願看到寬鬆的貨幣政策再次推高房價，"房住不炒"是個底線原則；第二，貨幣政策治標不治本，無法從根本上解決債務負擔背後的經濟增速放緩問題，因為這是結構性的問題，是地方政府推動經濟發展的模式問題。

1　本段中的數字根據民國著名金融家張嘉璈書中（2018）的統計數據計算得出。關於季羨林先生的故事，來自北京大學周其仁的回憶（2012）。

2　2019 年末，易綱在《求是》發表文章，闡述了貨幣政策的目標和理念（2019）。

遏制新增債務

　　理解了各類債務的成因之後，也就不難理解遏制新增債務的一些基本原則：限制房價上漲，限制"土地財政"和"土地金融"，限制政府擔保和國有企業過度借貸，等等。但困難在於，就算搞清楚了原因，也不一定就能處理好後果，因為"因"畢竟是過去的"因"，但"果"卻是現在的"果"，時過境遷，很多東西都變了。好比一個人胡吃海塞成了大胖子，要想重獲健康，少吃雖然是必須的，但簡單粗暴的節食可能會出大問題，必須小心處理肥胖引起的很多併發症。

　　反過來看，當年種下的"因"，也有當年的道理，或乾脆就是不得已而為之。當下債務問題的直接起因是 2008 年的全球金融危機。當時金融海嘯一浪高過一浪，出口訂單銳減，若刺激力度不夠，誰也不知道後果會如何。雖然現在回過頭看，有不少聲音認為"4 萬億"計劃用力過猛，但歷史不能假設。

　　再比如，政府通過或明或暗的擔保來幫助企業借款，不一定總是壞事。在經濟發展早期，有很多潛在收益很高的項目，由於金融市場不發達、制度不規範，不確定性很強，很難吸引足夠的投資。正是由於有了政府擔保，這些項目才得以進行。但隨著市場經濟不斷發展，粗放式投資就能帶來高收益的項目減少，融資需求逐漸多元化，若此時政府仍過多干預，難免把資金導入低效率的企業，造成過剩產能，擠佔其他企業的發展空間。投資效益越來越低，對經濟的拉動效果也越來越弱，債務負擔和償債風險就越來越高。

　　總的說來，我國的債務問題是以出口和投資驅動的經濟體系的產物。2008 年之後，淨出口對 GDP 的拉動作用減弱，所以國內投資就變得更加重要（見下一章的圖 7-4 以及相關詳細解釋）。而無論是基建還是房地產投資，都由掌握土地和銀行系統的政府所驅動，由此產生的諸多債務，拋開五花八門的"外衣"，本質上都是對政府信用的回應。所形成的債務風險，雖然表現為債主銀行的風險，但最終依然是政府風險。最近幾年圍繞供給側結構性改革所推行的一系列重大經濟金融改革，包括嚴控房價上漲、"資管新規"、限制土地融資、債務置換、"反腐"、國企混改等，確實有效遏制了新增債務的增長，但是高度依賴負債和投資的發展模式還沒有完成轉型，因此限制債務雖限制了這種模式的運轉，但並不會自動轉化為更有效率的模式，於是經濟增速下滑。

限制債務增長的另一項根本性措施是資本市場改革，改變以銀行貸款為主的間接融資體系，拓展直接融資渠道，既降低債務負擔，也提高資金使用效率。與債權相比，股權的約束力更強。一來股東風險共擔，共賺共賠；二來股權可以轉讓，股價可以約束公司行為。哪怕同樣是借債，債券的約束力也比銀行貸款強，因為債券也可以轉讓。

這些年資本市場的改革進展相對緩慢，根本原因並不難理解。融資體系和投資體系是一體兩面：誰來做投資決策，誰就該承擔投資風險，融資體系也就應該把資源和風險向誰集中。若投資由政府和國企主導，風險也自然該由它們承擔。目前的融資體系正是讓政府承擔風險的體系，因為銀行的風險最終是政府的風險。以 2018 年的固定資產投資為例，按照國家統計局的口徑，"民間投資"佔 62%，政府和國企佔 38%。但這個比例大大低估了政府的影響，很多私人投資是在政府產業政策的扶持之下才上馬的。在房地產開發中，投資總額的四到五成是用來從政府手裏買地的。這種投資結構所對應的風險自然主要由政府及其控制的金融機構承擔。根據中國人民銀行行長易綱的測算，2018 年，我國金融資產中 72% 的風險由金融機構和政府承擔。1995年和 2007 年，這個比例分別是 74% 和 70%，多年來變化並不大。[1]

因此政府和國企主導投資與國有銀行主導融資相輔相成，符合經濟邏輯。這一體系在過去的經濟增長中發揮過很大作用，但如果投資主體不變，權力不下放給市場，那想要構建降低政府和銀行風險的直接融資體系、想讓分散的投資者去承擔風險，就不符合"誰決策誰擔風險"的邏輯，自然進展緩慢。當然以直接融資為主的資本市場也不是萬靈藥，華爾街的奇跡和災禍都不少。在我國將來的金融體系中，究竟間接和直接融資各佔多大比重，國有金融企業和機構（包括政策性銀行和社保基金等）在其中該扮演何種角色，

1　數據來源於易綱的論文（2020）。

都還是未知數。

　　總的來看，我國債務風險的本質不是金融投機的風險，而是財政和資源分配機制的風險。這些機制不是新問題，但債務負擔在這十年間迅速上升，主要是因為這一機制已經無法持續拉動 GDP 增長。無論是實際生產率的增長還是通貨膨脹速度，都趕不上信貸或債務增長的速度，所以宏觀上就造成了高投資擠壓消費，部分工業產能過剩和部分地區房地產投資過剩，同時伴隨著腐敗和行政效率降低。這種經濟增長方式無法持續。最近幾年的改革力圖扭轉這種局面，讓市場在資源配置中，尤其是在土地和資本等要素配置中起更大作用。

結　語

　　本章分析了我國債務的情況，聚焦企業和銀行風險，結合前幾章討論過的政府和居民債務風險，希望能幫助讀者理解債務風險的大概。債務問題不是簡單的貨幣和金融問題，其根源在於我國經濟發展的模式和結構，所以在降債務的過程中伴隨著一系列深層次的結構性改革。然而導致目前債務問題的直接起因，卻是 2008 年的全球金融危機和幾年後的歐債危機。這兩次危機對世界格局的影響，遠超 "9·11" 事件。為應對巨大的外部衝擊，我國迅速出台了 "4 萬億" 計劃，穩定了我國和世界經濟，但同時也加劇了債務負擔和產能過剩。

　　產能過剩可以從三個角度去理解。第一是生產效率下降。宏觀上表現為 GDP 增速放緩，低於債務增速，所以宏觀債務負擔加重。微觀上表現為地方政府過度投資、不斷為一些 "僵屍企業" 輸血，扭曲了資源配置，加重了政府和企業的債務負擔。而且地方政府的 "土地財政" 和 "土地金融" 模式過度依賴地價上漲和房地產繁榮，推升了房價和居民債務負擔，也加大了銀行風險。

　　第二個角度是國際失衡。地方政府重視投資、生產和企業稅收，相對忽視消費、民生和居民收入，造成經濟結構失衡，分配體制偏向資本，勞動收入偏低，所以消費不足，必須向國外輸出剩餘產能。我國和韓國、日本等東亞鄰居不同，體量巨大，所以對國際經濟體系衝擊巨大，貿易衝突由此而來。

　　第三個角度是產業升級。因為產能過剩，我國製造業競爭激烈，價格和成本不斷降低，不僅衝擊了外國的中低端製造業，也衝擊了本國同行。要想在國內市場上存活和保持優勢，頭部企業必須不斷創新，進入附加值更高的環節。所以我國製造業的質量和技術含量在競爭中不斷上升，在全球價值鏈上不斷攀升，也帶動了技術創新和基礎科學的進步，進一步衝擊了發達國家主導的國際分工體系。

　　從第三章開始一直到本章結束，本書已經詳細分析了第一個角度，也為理解第二和第三個角度打下了微觀基礎。下一章將展開討論我國對國際經濟體系的衝擊，並且從國際衝突的角度出發，由外向內再度審視國內經濟結構的失衡問題。

◎
擴展閱讀

最近 10 年，從債務角度反思 2008 年全球金融危機的好書很多。普林斯頓大學邁恩和芝加哥大學蘇非的著作《房債：為什麼會出現大衰退，如何避免重蹈覆轍》（2015）是一本關於美國房地產及債務的通俗作品。對一般讀者來說，該書可能關注面有些狹窄，細節也過於詳盡；但對於經濟學專業的學生，該書值得細讀，可以學習如何從微觀數據中清楚地解答重要的宏觀問題。英國經濟學家特納的著作《債務和魔鬼：貨幣、信貸和全球金融體系重建》（2016）是針對債務問題更加全面的通俗作品，思路清楚，文筆流暢，可以結合英國央行前行長金關於銀行和金融系統的傑作《金融煉金術的終結：貨幣、銀行與全球經濟的未來》（2016）一起閱讀，會大有收穫。經濟史專家圖茲的著作 *Crashed: How a Decade of Financial Crises Changed the World*（2018）全面而細緻地記錄了 2008 年全球金融危機之後的 10 年間世界政治、經濟格局的深刻變化，非常精彩。著名對沖基金—橋水基金的創始人達利歐（Dalio）對債務問題有多年的思考和實踐，其著作《債務危機：我的應對原則》（2019）不受經濟學理論框框的限制，更加簡練直接。

關於中國債務問題有很多討論和研究，但大多是學術文獻或行業報告，全面系統的普及性讀物較少。南京大學—約翰斯·霍普金斯大學中美文化研究中心研究員包爾泰（Armstrong-Taylor）就中國的金融體制和債務寫過一本簡明通俗的書 *Debt and Distortion: Risks and Reforms in the Chinese Financial System*（2016），是很好的入門讀物。彭博的經濟學家歐樂鷹（Orlik）最近出版了一本小書 *China: the Bubble that Never Pops*（2020），標題很有趣，"中國，永不破裂的泡沫"。該書回顧了改革開放以來歷次債務危機的前因後果和化解辦法。作者坦言，中國經濟發展史也是各種"中國崩潰論"的失敗史。在別人忙著譏諷"水多加麵，麵多加水"的手忙腳亂時，作者問：饅頭為什麼越蒸越大？

銀行是金融系統的核心，也是金融危機的風暴眼。理解銀行的風險需要深入了解其具體業務，這是近些年關於金融危機的研究中最有意思的部分。雖然從宏觀角度分析危機也很有意思，但只有深入了解具體業務細節，才能真正對現實的複雜性和弔詭之處產生敬畏之心，避免誇誇其談。雖然業務內容比較專業，但有兩本書寫的相對簡明，是很好的入門讀物。一本是耶魯大學戈頓的《銀行的秘密：現代金融生存啟示錄》（2011），另一本是英國經濟學家米爾恩（Milne）的 *The Fall of the House of Credit: What Went Wrong in Banking and What Can be Done to Repair the Damage?*（2009）。獲過奧斯卡獎的電影《大空頭》中也有很多金融業務細節，很精彩。本片雖然取材自真人真事，但主人公們其實不是真正從做空金融危機中賺到大錢的人，還差得遠。如果想聽聽這次危機中"大錢"交易的故事，祖克曼的《史上最偉大的交易》（2018）是一部可以當小說看的傑作。

關於我國銀行系統的風險和改革，兩位參與其中的投行經濟學家沃爾特和豪伊寫了一本很專業但不難理解的書，《紅色資本：中國的非凡崛起和脆弱的金融基礎》（2013），值得一讀。高盛前總裁、美國前財政部長保爾森也參與和見證了我國金融改革，他的回憶錄《與中國打交道：親歷一個新經濟大國的崛起》（2016）中有很多軼事。人民銀行副行長潘功勝的著作《大行蝶變：中國大型商業銀行復興之路》（2012）則從中國銀行家的角度回顧和分析了大型商業銀行的改革歷程，也值得一讀。

第七章
國內國際失衡

十多年前，我去過一次開曼群島，那是當時我去過的最遠的地方。我在一個島上看到了一家中餐館，印象很深，覺得不管哪裏都有中國人在做生意。又過了兩年，我在波多黎各的一家旅遊紀念品商店門上看到一塊告示："本店不賣中國貨"。我特地進去看了看，除了當地人的一些手工品之外，義烏貨其實不少。

早在 2007 年，美國就出了一本暢銷書，叫《離開中國製造的一年》（*A Year Without "Made in China"*），講美國一家人試著不用中國貨的生活實驗。書本身乏善可陳，但其中的一些情緒在美國普通百姓中頗具代表性。這些情緒在之後的十多年間慢慢發酵，民間反全球化傾向越來越明顯。2018 年 6 月，世界銀行前首席經濟學家巴蘇（Basu）教授來復旦大學經濟學院演講，談到中美貿易戰時說："我來自印度，過去的大半輩子，一直都是發達國家用各種手段打開發展中國家市場，要求貿易。沒想到世界有一天會倒過來。"

我國經濟的崛起直接得益於全球化，但因為自身體量大，也給全球體系帶來了巨大衝擊。2001 年加入 WTO 之後，我國迅速成為"世界工廠"。2010 年，製造業增加值超過美國，成為全球第一。2019 年，製造業增加值已佔到全球的 28%（圖 7-1）。我國出口的產品不僅數量巨大，技術含量也在不斷提升。2019 年出口產品中的三成可以歸類為"高技術產品"，而在這類高技術產品的全球總出口中，我國約佔四分之一。由於本土製造業體量巨大，全球產業鏈在向我國集聚，也帶動了本土供應商越來越壯大。因此我國出口模式

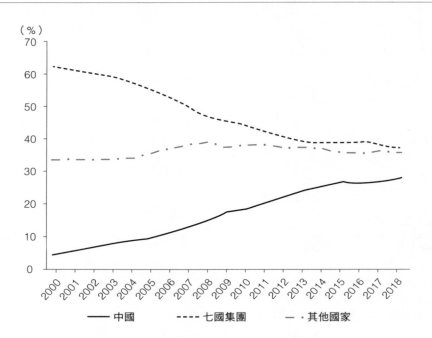

數據來源：世界銀行。七國集團即英、美、日、德、法、意、加。

圖7-1　各國製造業增加值佔全球比重

早已不是簡單的"來料加工"，絕大部分出口價值均由本土創造。2005年，我國每出口100美元就有26美元是從海外進口的零部件價值，只有74美元的價值來自國內（包括在國內設廠的外資企業生產的價值）。2015年，來自海外供應鏈的價值從26%下降到了17%。[1]

　　這些巨大的成功背後，也隱藏著兩重問題。第一是內部經濟結構失衡：重生產、重投資，相對輕民生、輕消費，導致與巨大的產能相比，國內消費不足，而消化不了的產品只能對外輸出。這就帶來了第二個問題：國外需求

1　製造業和出口總量數據來自世界銀行。出口品中來自海外的增加值佔比，來自經濟合作與發展組織
　（OECD）的 TiVA（trade in value-added）數據庫。

的不穩定和貿易衝突。過去 20 年，世界製造業中我國的佔比從 5% 上升到 28%，對應的是"七國集團"佔比從 62% 下降到 37%，而所有其他國家佔比幾乎沒有變化（圖 7-1）。這背後不僅是中國經濟面貌翻天覆地的變化，也是發達國家經濟結構的巨大變化。面對劇烈調整，出現貿易衝突甚至貿易戰，一點也不奇怪。

　　本章第一節分析國內經濟結構的失衡問題，這與地方政府發展經濟的模式直接相關，也影響了對外貿易失衡。第二節以中美貿易戰為例，討論中國經濟對外國形成的衝擊和反彈。在這些大背景下，2020 年中央提出"推動形成以國內大循環為主體、國內國際雙循環相互促進的新發展格局"。第三節分析這一格局所需要的條件和相關改革。

第一節　低消費與產能過剩

　　我國經濟結構失衡的最突出特徵是消費不足。在 2018 年 GDP 中，居民最終消費佔比只有 44%，而美國這一比率將近 70%，歐盟和日本也在 55% 左右。[1] 從 20 世紀 80 年代到 2010 年，我國總消費（居民消費 + 政府消費）佔GDP 的比重從 65% 下降到了 50%，下降了足足 15 個百分點，之後逐步反彈到了 55%（圖 7-2）。居民消費佔 GDP 的比重從 80 年代的 54% 一直下降到2010 年的 39%，下降了 15 個百分點。圖中總消費和居民最終消費間的差距就是政府消費，一直比較穩定，佔 GDP 的 11% 左右。

1　此處使用"實際最終消費支出"，即考慮了各種轉移支付之後的實際支出，要高於按 GDP 支出法直接計算
　　的消費支出。

數據來源：《中國統計年鑒 2020》。

圖 7-2　中國消費佔 GDP 比重

　　居民消費等於收入減去儲蓄，下面這個簡單的等式更加清楚地說明了這幾個變量間的關係：

$$\frac{消費}{GDP} = \frac{可支配收入 - 儲蓄}{GDP} = \frac{可支配收入}{GDP}\left(1 - \frac{儲蓄}{可支配收入}\right)$$

　　所以當我們觀察到消費佔 GDP 的比重下降時，無非就是兩種情況：或者 GDP 中可供老百姓支配的收入份額下降了，或者老百姓把更大一部分收入存了起來，儲蓄率上升了。實際上這兩種情況都發生了。在圖 7-3 中可以看到，從 20 世紀 90 年代到 2010 年，居民可支配收入佔 GDP 的比重從 70% 下降到了 60%，下降了 10 個百分點，之後逐步反彈回 65%。而居民儲蓄率則從

21 世紀初的 25% 上升了 10 個百分點，最近幾年才有所回落。這一降一升，都與地方政府推動經濟發展的模式密切相關，對宏觀經濟影響很大。

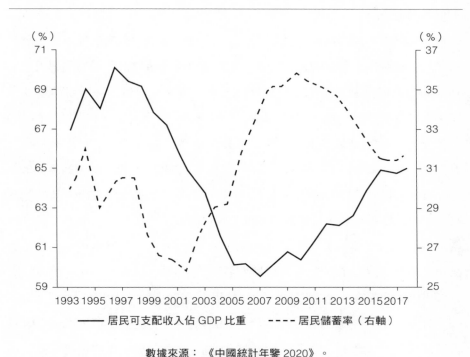

數據來源：《中國統計年鑒 2020》。

圖 7-3　居民可支配收入佔 GDP 比重及儲蓄佔可支配收入比重

居民高儲蓄

我國居民儲蓄率很高，20 世紀 90 年代就達到了 25%—30%。同期美國的儲蓄率僅為 6%—7%，歐洲主要國家比如德、法就是 9%—10%。日本算是儲蓄率高的，也不過 12%—13%。國家之間儲蓄率的差異，可以用文化、習慣甚至語言和潛意識來解釋。可能中國人歷來就是特別勤儉，捨不得花錢。前些年有一個很吸引眼球的研究，講世界各地的語言與儲蓄率之間的關係。很多語言（如英語）是有時態的，因此在講到"過去""現在""未來"時，語法要改變，會讓人產生一種"疏離感"，未來跟現在不是一回事，何必擔心未來，活在當下就好。因此說這種語言的人儲蓄率較低。很多語言（如漢語和德語）沒有時態，"往日之我""今日之我""明日之我"綿延不斷，因此人們儲蓄率也較高。[1]

　　天馬行空的理論還有不少，但語言、文化、習慣等因素長期不變，解釋不了我國儲蓄率近些年的起起落落，所以還得從分析經濟環境的變化入手。目前主流的解釋是計劃生育、政府民生支出不足、房價上漲三者的共同作用。[2]計劃生育後，人口中的小孩佔比迅速下降，工作年齡人口（14—65 歲）佔比上升，他們是儲蓄主力，所以整體儲蓄率從 20 世紀 80 年代就開始上升。孩子數量減少後，"養兒防老"的功效大打折扣，父母必須增加儲蓄來養老。雖然父母會對僅有的一個孩子加大培養力度，增加相關支出尤其是教育支出，但從整體來看，孩子數量的減少還是降低了育兒支出，增加了居民儲蓄。21 世紀初，獨生子女們開始陸續走上工作崗位，而隨著城市化大潮、商品房改革和房價上漲，他們不僅要攢錢買房、結婚、培養下一代，還要開始分擔多位父母甚至祖父母的養老和醫療支出，儲蓄率於是再次攀升。[3]

　　這一過程中的幾個要素，都與地方政府有關。首先是房價上漲，這與地方政府以"土地財政"和"土地金融"推動城市化的模式密切相關（第二章和第五章）。在那些土地供應受限和房價上漲快的地區，居民要存錢付首付、還按揭，儲蓄率自然上升，消費下降。雖然房價上漲會增加有房者的財富，理論上可能刺激消費，降低儲蓄，但大多數房主只有一套房，變現能力有限，消費水平主要還是受制於收入，房價上升的"財富效應"並不明顯。所

1　參見洛杉磯加州大學行為經濟學家陳（Chen）的論文（2013）。

2　IMF 的張龍梅等人的論文（Zhang et al., 2018）總結了解釋中國儲蓄率變化的各種研究。

3　南加州大學伊莫若霍羅格魯（Imrohoroglu）和康涅狄格大學趙開的論文（2018）及倫敦經濟學院金刻羽等人的論文（Choukhmane, Coeurdacier and Jin, 2019）討論了"養兒防老"和計劃生育等因素對儲蓄率的綜合影響。

以整體上看，房價上升拉低了消費，提高了儲蓄。[1]

其次，地方政府"重土地輕人"的發展模式將大量資源用在了基礎設施建設和招商引資上，民生支出比如公立教育和衛生支出相對不足（第五章）。而且教育和醫療等領域由於體制原因，市場化供給受限，市場化服務價格偏高，所以家庭需要提高儲蓄以應對相關支出。這也造成了一個比較獨特的現象：我國老年人的儲蓄率偏高。一般來講，人在年輕時儲蓄，年老時花錢，因此老年人儲蓄率一般偏低。但我國老人的儲蓄率也很高，因為要補貼兒女的住房支出和第三代的教育費用，還有自身的醫療費用等。此外，地方政府常年按照戶籍人口規模來規劃公共服務供給，滿足不了沒有戶籍的常住人口的需要。這些人難以把妻兒老小接到身邊安心生活，因此在耐用品消費、住房和教育消費等方面都偏低。他們提高了儲蓄，把錢寄回了外地家裏。這些外來人口數量龐大，也推高了整體儲蓄率。[2]

居民收入份額低

居民消費不足不僅是因為儲蓄率高，能省，也是因為確實沒錢。從 21 世紀初開始，在整個經濟蛋糕的分配中，居民收入的份額就一直在下降，最多時下降了 10 個百分點，之後又反彈回來 5 個百分點（圖 7-3）。在經濟發展過程中，這種先降後升的變化並不奇怪。在發展初期，工業化進程要求密集的資本投入，資本所得份額自然比在農業社會中高。與一把鋤頭一頭牛的農業相比，一堆機器設備的工業更能提高勞動生產率和勞動收入水平，但勞動所得在總產出中的佔比也會相對資本而下降。20 世紀 90 年代中後期，我國工業化進程開始加速，大量農業勞動力轉移到工業，因此勞動相對於資本的所

1 　中央財經大學陳斌開和北京大學楊汝岱的論文（2013）分析了各地土地供給和住房價格對城鎮居民儲蓄的影響，認為房價是儲蓄上升的主要推手。西南財經大學萬曉莉和嚴予若以及北京師範大學方芳的論文（2017）估計了房價上漲對消費影響的"財富效應"非常小，影響消費的主因還是收入。

2 　IMF 的張龍梅等人（Zhang et al., 2018）對比了我國和其他國家在公共教育、醫療、養老等方面的支出差異。IMF 的夏蒙（Chamon）和康奈爾大學的普拉薩德（Prasad）在一份研究中（2010）描繪了我國老年人的高儲蓄率，認為城鎮居民在教育和醫療上的高支出是推高儲蓄率的主因。中央財經大學陳斌開、上海交通大學陸銘、同濟大學鍾寧樺（2010）分析了我國城市移民消費不足的問題。

得份額降低了。此外，在工業部門內部，與民營企業相比，國有企業有穩定就業和工資的任務，僱工人數更多，工資佔比更大，因此 90 年代中後期的大規模國企改革也降低了經濟中勞動收入所佔的份額。[1] 隨著經濟的發展，服務業逐漸興起，勞動密集程度高於工業，又推動了勞動收入佔比的回升。

在這一結構轉型過程中，地方政府推動工業化的方式加速了資本份額的上升和勞動份額的下降。第二至第四章介紹了地方招商引資和投融資模式，這是一個 "重企業、重生產、重規模、重資產" 的模式。地方政府願意扶持 "大項目"，會提供各種補貼，包括廉價土地、貸款貼息、稅收優惠等，這都會刺激企業加大資本投入，相對壓縮人力需求。雖然相對發達國家而言，我國工業整體上還是勞動密集型的，但相對我國龐大的勞動力規模而言，工業確實存在資本投入過度的扭曲現象。加入 WTO 之後，一方面，進口資本品關稅下降，增加了企業的資本投入；另一方面，工業在東南沿海集聚引發大規模人口遷移，而與戶籍和土地有關的政策抬高了房價和用工成本，不利於外來人口安居樂業，"用工荒" 現象屢有發生，企業於是更加偏向資本投入。[2]

當然，資本相對勞動價格下降後，企業是否會使用更多資本，還取決於生產過程中資本和勞動的可替代性。如今各種信息技術讓機器變得越來越 "聰明"，能做的事越來越多，對勞動的替代性比較高，所以機器相對勞動的價格下降後，的確擠出了勞動。[3] 舉個例子，我國是世界上最大的工業機器人使用國，2016 年就已佔到了世界工業機器人市場的三成，一個重要原因就是用工成本上升。[4]

1　經濟發展會導致產業結構變化，推動勞動收入份額起伏，可參考復旦大學羅長遠、張軍的論文（2009）與清華大學白重恩、錢震傑的論文（2009），後者也估計了國企改革的影響。

2　上海交通大學陸銘的著作（2016）分析了這種 "過度資本化" 的制度成因。北京大學余淼傑和梁中華的論文（2014）指出，加入 WTO 後，企業引進資本品和技術的成本下降，刺激了企業用資本替換勞動。

3　有個經濟學概念叫 "資本對勞動的替代彈性"。該彈性若大於 1，資本相對價格下降後，企業就會使用更多資本、更少勞動，導致收入分配中勞動的份額下降。復旦大學陳登科和陳詩一的論文（2018）指出上述替代彈性在我國工業企業中大於 1。明尼蘇達大學卡拉巴布尼斯（Karabarbounis）和芝加哥大學奈曼（Neiman）的論文（2014）指出，資本品價格相對下降引起的勞動份額佔比下降，是個全球性的現象。

4　武漢大學陳虹和李丹丹，以及聖地亞哥加州大學賈瑞雪和斯坦福大學李宏斌等人的論文（Chen et al., 2019）介紹了我國工業機器人的應用情況。

從收入角度看，國民經濟分配中居民佔比下降，政府和企業的佔比就必然上升。同理，從支出角度看，居民消費佔比下降，政府和企業支出佔比就會上升，這些支出絕大多數用於了投資。也就是說，居民收入轉移到了政府和企業手中，變成了公路和高鐵等基礎設施、廠房和機器設備等，而老百姓汽車和家電等消費品佔比則相對降低。此外，總支出中還有一塊是外國人的支出，也就是我國的出口。居民消費支出佔比下降，不僅對應著投資佔比上升，也對應著出口佔比上升。因此在很長一段時間裏，拉動我國 GDP 增長的主力是投資和出口，而國內消費則相對不振。

該如何評價這種經濟發展模式？首先要注意上文講的都是相對份額，不是絕對數量。整個經濟規模在急速膨脹，老百姓的收入佔比雖然相對下降了，但水平在迅速上升。消費和投資水平也都在迅速上漲，只不過速度快慢有別罷了。

從經濟增長角度看，資本佔比上升意味著人均資本數量增加，這是提高生產率和實現工業化的必經階段。我國幾十年內走完了西方幾百年的工業化進程，必然要經歷資本積累階段。歐美和日韓也是如此。英國的“圈地運動”和馬克思描述的“原始資本”積累過程，讀者們想必耳熟能詳。近些年興起的“新資本主義史”，核心議題之一正是歐美資本積累過程中的“強制性”，比如歐洲列強對殖民地的壓榨和美國的奴隸制等。[1] 而在“東亞奇跡”中，人民的勤奮、高儲蓄、高投資和資本積累舉世聞名。我國也不例外。除了人民吃苦耐勞之外，各種制度也在加快資本積累。比如計劃經濟時期的糧食“統購統銷”、工農業產品價格“剪刀差”等，都是把剩餘資源從農業向工業轉移。而在城鎮，為了降低企業使用資金的成本，刺激投資和工業化，銀行壓低了給企業的貸款利息。為了保證銀行的運轉和利差收入，銀行給居民儲蓄的利率就被壓低了。這種“金融抑制”降低了居民的收入。而居民在低利率

1　哈佛大學史學家貝克特的著作（2019）是“新資本主義史”代表作之一，是一部傑作。但其中一些失實和誇大之處，也招致了經濟史學家的批評，比如戴維斯加州大學奧姆斯特德（Olmstead）和密歇根大學羅德（Rhode）的精彩論文（2018）。

下為了攢足夠的錢，也提高了儲蓄率，降低了消費。[1]

若單純從經濟增長的邏輯出發，窮國底子薄，增長速度應該更快，而像美國這樣的巨無霸，每年即便只增長 1%—2%，從絕對數量上看也非常驚人，很不容易。假如窮國增長快而富國增長慢的話，久而久之，各國的經濟發展水平應該趨同。但實際上並非如此——除了一個部門例外，那就是製造業。製造業生產率低的國家，生產率進步確實快，而製造業生產率高的國家，進步也的確慢。[2] 可見製造業的學習效應極強，是後發國家趕超的基石。久而久之，後發國家的製造業生產率就有機會與先進國家"趨同"。那為什麼經濟整體卻沒有"趨同"呢？最關鍵的原因，是很多國家無法組織和動員更多資源投入製造業，無法有效啟動和持續推進工業化進程。

因此，在經濟發展初期，將更多資源從居民消費轉為資本積累，變成基礎設施和工廠，可以有效推動經濟起飛和產業轉型，提高生產率和收入。而且起步時百廢待興，基礎設施和工業水平非常落後，絕大多數投資都有用，都有回報，關鍵是要加大投資，加速資本積累。而在資本市場和法律機制還不健全的情況下，以信用等級高的政府和國企來調動資源，主導基礎設施和工業投資，是有效的方式。

但當經濟發展到一定階段後，這種方式就不可持續了，會導致四個問題。第一，基礎設施和工業體系已經比較完善，投資什麼都有用的時代過去了，投資難度加大，因此投資決策和調配資源的體制需要改變，地方政府主導投資的局面需要改變。這方面前文已說過多次（第三章和第六章），不再贅述。第二，由於老百姓收入和消費不足，無法消化投資形成的產能，很多投資不能變成有效的收入，都浪費掉了，所以債務負擔越積越重，帶來了一系列風險（第六章），這種局面也必須改變。第三，勞動收入份額下降和資本收入份額上升，會擴大貧富差距。因為與勞動相比，資本掌握在少數人手中。

1　關於"亞洲奇跡"和"中國奇跡"這種"重積累、重投資"的模式（其實相當程度上是工業化的一般模式），有兩本書作了系統、深入且生動通俗的描述和分析。一本來自史塔威爾（2014），另一本來自中國社會科學院的蔡昉、李周與北京大學的林毅夫（2014）。

2　哈佛大學羅德里克（Rodrik）的論文（2013）描述和分析了全球製造業生產率的"趨同"現象。

貧富差距持續擴大會帶來很多問題，社會對此的容忍度是有限的（第五章）。第四，由於消費不足和投資過剩，過剩產能必須向國外輸出，而由於我國體量巨大，輸出產能會加重全球貿易失衡，引發貿易衝突（見下節）。

在這個大背景下，黨的十九大報告將我國社會的主要矛盾修改為"人民日益增長的美好生活需要和不平衡不充分的發展之間的矛盾"。所謂"不平衡"，既包括城鄉間和地區間不平衡以及貧富差距（第五章），也包括投資和消費等經濟結構不平衡。而"不充分"的一個重要方面，就是指老百姓收入佔比不高，"獲得感"不夠。

針對居民收入佔比過低的問題，黨的十九大提出要"提高就業質量和人民收入水平"，並明確了如下原則："破除妨礙勞動力、人才**社會性流動**的體制機制弊端，使人人都有通過辛勤勞動實現自身發展的機會。**完善政府、工會、企業共同參與的協商協調機制**，構建和諧勞動關係。堅持按勞分配原則，完善按要素分配的體制機制，促進收入分配更合理、更有序。鼓勵勤勞守法致富，**擴大中等收入群體，增加低收入者收入，調節過高收入，取締非法收入**。堅持在經濟增長的同時實現居民收入**同步**增長、在勞動生產率提高的同時實現勞動報酬**同步**提高。拓寬居民勞動收入和**財產性收入**渠道。履行好政府再分配調節職能，加快推進**基本公共服務均等化，縮小收入分配差距**。"

如果人們把收入中的固定比例用於消費，那要想提高消費佔 GDP 的比重，只讓居民收入增長與經濟增長"同步"是不夠的，必須讓居民收入增長快於經濟增長，居民收入份額才能提高，居民消費佔 GDP 的比重也才能提高。2020 年 11 月，時任國務院副總理劉鶴在《人民日報》發表題為"加快構建以國內大循環為主、國內國際雙循環相互促進的新發展格局"的文章，其中就提到"要堅持共同富裕方向，改善收入分配格局，擴大中等收入群體，努力使居民收入增長**快於**經濟增長"。

要落實十九大提出的這些原則，需要很多具體改革。第二章介紹了公共支出方面的改革，要求地方政府加大民生支出。第三章介紹了官員評價體系的改革，要求地方官員重視民生支出和解決不平衡不充分的問題。第五章介紹了要素市場改革，試圖提高勞動力收入，降低房價和居民債務負擔，以增加消費。這裏再舉一例，即國有企業資本劃轉社保基金的改革。

在國民收入分配中，居民收入份額的下降很大程度上對應著企業留存收入份額（即"企業儲蓄"）的上升。要想增加居民收入，就要把這些企業留存資源轉給居民。民營企業整體利潤率比國企高，所以留存收入或"總儲蓄"較多，但這些錢都用作了投資，還不夠，所以"淨儲蓄"是負的，還要融資。而國企整體盈利和"總儲蓄"比民營企業少，但"淨儲蓄"卻是正的。"淨儲蓄"雖是正的，國企的平均分紅率比民營企業要低。[1]2017 年，國務院提出將國有企業（中央和地方）包括金融機構的股權劃歸社保基金，劃轉比例統一為 10%。2019 年改革提速，要求央企在 2019 年完成劃轉，地方國企在 2020 年底基本完成劃轉。[2] 這項改革涉及數萬億元資金和盤根錯節的利益，難度很大，但必須下決心完成。畢竟，在當初的社保改革中，國企退休老職工視同已經繳費，造成的社保基金收支缺口也理應由國企資產來填補。2019 年底，央企 1.3 萬億元的劃轉已經完成。本章寫作時的 2020 年初，地方國企的劃轉還在推進過程中。

產能過剩、債務風險、外部失衡

在一個開放的世界中，內部失衡必然伴隨著外部失衡。本國生產的東西若不能在本國消化，就只能對外輸出。GDP 由三大部分組成：消費、投資、淨出口（出口減進口）。我國加入 WTO 之後，投資和淨出口佔比猛增（圖 7–4），消費佔比自然銳減（圖 7–2）。這種經濟結構比較脆弱，不可持續。一來外國需求受國外政治、經濟變化影響很大，難以掌控；二來投資佔比不可

1　IMF 的張龍梅等人（Zhang et al., 2018）估計了國企和民企的儲蓄率和分紅率。公司儲蓄率或留存利潤的上升，也是個全球性的現象，比如美國蘋果公司賬上的天量現金。這方面的研究很多，可參考明尼蘇達大學卡拉巴布尼斯（Karabarbounis）和芝加哥大學奈曼（Neiman）近幾年的論文（Chen, Karabarbounis and Neiman, 2017; Karabarbounis and Neiman, 2019）。

2　2017 年，國務院印發《劃轉部分國有資本充實社保基金實施方案》。2019 年，財政部、人力資源社會保障部、國資委、國家稅務總局、證監會等五部門聯合印發《關於全面推開劃轉部分國有資本充實社保基金工作的通知》。

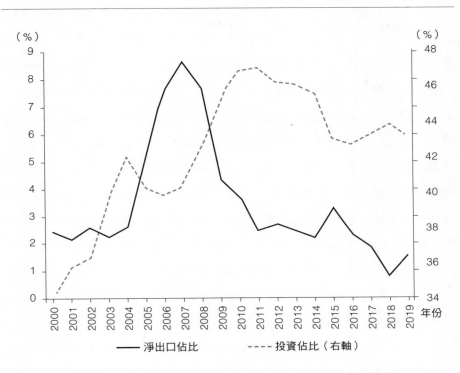

數據來源：《中國統計年鑒 2020》。"淨出口"按支出法 GDP 計算。

圖 7-4　淨出口與投資佔 GDP 比重

能一直保持在 40% 以上的高位。超出消費能力的投資會變成過剩產能，浪費嚴重。歐美發達國家投資佔 GDP 的比重只有 20%—23%。

　　雖然從會計核算角度講，投資確實可以提升當下的 GDP 數字，但若投資形成的資產不能提高生產率、帶來更高的收入，不能成為未來更高的消費，這種投資就沒有形成實質性的財富，就是浪費。假如政府借錢修了一條路，很多人都用，降低了通勤和物流成本，提高了生產率，那就是很好的投資。但若政府不斷挖了修、修了再挖，或乾脆把路修到人跡罕至之處，經濟賬就算不回來了。這些工程所帶來的收入遠遠抵不上成本，結果就是債務越積越高。雖然修路時的 GDP 上升了，但實際資源是被浪費掉了。這種例子並不罕見。當下尚未將這些損失入賬，但未來遲早會出現在賬上。

　　投資和消費失衡不是新問題。早在 2005 — 2007 年，我國家庭收入和消費佔 GDP 的比重就已經下降到了低點（圖 7-2 和圖 7-3）。當時政府已經意識到了這個問題，時任國務院總理溫家寶在 2007 年就曾提出："中國經濟存在著巨大問題，依然是不穩定、不平衡、不協調、不可持續的結構性的問題"，比如"投資與消費者之間不協調，經濟增長過多地依賴於投資和外貿出口"。[1] 但 2008 年全球金融危機爆發，我國出口銳減，不得已出台"4 萬億"計劃，加大投資力度，導致投資佔 GDP 的比重從已然很高的 40% 進一步上升到 47%（圖 7-4），雖然彌補了淨出口下降造成的 GDP 缺口，穩定了經濟增長，但也強化了結構失衡問題。2011 年又逢歐債危機，所以始終沒有機會切實調整經濟結構。2007 — 2012 年，消費佔比、居民收入佔比、居民儲蓄率幾乎沒有變化（圖 7-2 和圖 7-3）。由於國內居民收入和消費不足，國外需求也不足，所以企業投資實體產業的動力自然也就不足，導致大量投資流入了基礎設施投資和房地產，帶動了房價和地價飆升，提升了債務負擔和風險（第三章到第六章）。直到 2012 年黨的十八大之後，才開始逐步推行系統的"供給側結構性改革"。

　　因為我國消費佔比過低，縱然極高的投資率也還是無法完全消納所有產出，剩餘必須對外出口。我國出口常年大於進口，也就意味著必然有其他國家的進口常年大於出口，其中主要是美國。由於我國體量巨大，對國際貿易的衝擊也巨大，所帶來的經濟調整並不輕鬆。

　　當然，國內和國際是一體兩面，國內失衡會導致國際失衡，而國際失衡反過來也可以導致國內失衡。我國國內失衡，生產多消費少，必須向外輸出剩餘。但反過來看，美國人大手支出，高價向我國購買，我國的相應資源也會從本國消費者向出口生產企業轉移，以滿足外國需求，這就加劇了國內的消費和生產失衡。2001 年"9·11"事件之後到全球金融危機之前，美國發動全球反恐戰爭，消耗了大量資源，同時國內房地產持續升溫，老百姓財富升值，也加大了消費，這些需求中很大一部分都要靠從中國進口來滿足。美國

1　參見十屆全國人大五次會議閉幕後溫家寶答中外記者問（2007 年 3 月）。

由此累積了巨大的對外債務,最大的債主之一就是中國,同時也加劇了我國內部的經濟失衡。全球金融危機之後,中美兩國都開始了艱難的調整和再平衡。我國的調整包括"供給側結構性改革"、要素市場改革,以及提出"國內大循環為主、國際國內雙循環相互促進"的發展戰略,等等。在美國,這種調整伴隨著政治極化、貿易保護主義興起等現象。

因此,貿易問題從來不是單純的貿易問題,貿易衝突的根源也往往不在貿易本身。在一個開放的世界中,國內經濟結構的重大調整,會直接影響到貿易總量。資源在居民、企業、政府間的不同分配格局,也會造成生產和投資相對消費的比重變化,進而影響經濟的內外平衡。人們常說"外交是內政的延續",從宏觀角度看,對外貿易失衡也是內部結構失衡的延續。

第二節　中美貿易衝突

各國內部經濟結構的平衡程度,會反映到其國際收支狀況中。我國國內產出沒有被國內消費和投資完全消耗掉,因此出口大於進口,經常賬戶(可以簡單理解為貨物和服務進出口情況的總結)是順差,對外淨輸出。美國的國內產出滿足不了本國消費和投資需求,因此進口大於出口,經常賬戶是逆差,對外淨輸入。圖 7-5 描繪了從 20 世紀 90 年代至今的國際收支失衡情況,有的國家順差(黑線之上,大於零),有的國家逆差(黑線之下,小於零)。邏輯上,全球經常賬戶總差額在各國互相抵消後應該為零。但在現實統計數據中,由於運輸時滯或因逃稅而虛報等原因,這個差額約佔全球 GDP 的0.3%。

圖 7-5 有兩個顯著的特點。第一,20 世紀 90 年代的失衡情況不嚴重,約佔全球 GDP 的 0.5% 以內。從 21 世紀初開始失衡加劇,在全球金融危機前達到頂峰,約佔全球 GDP 的 1.5%—2%。危機後,失衡情況有所緩解,下降到全球 GDP 的 1% 以內。第二,全球經常賬戶的逆差基本全部由美國構成,而順差大都由中國、歐洲和中東構成。我國在加入 WTO 之後飛速發展,佔全

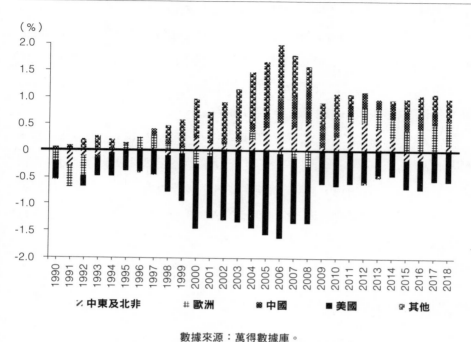

（%）

圖 7-5　經常賬戶差額佔全球 GDP 比重

球順差的份額擴大了不少，也帶動了石油等大宗商品的"超級周期"，油價飛漲，中東地區順差因此大增。金融危機後，美國消費支出降低，同時美國國內的頁岩油氣革命徹底改變了其天然氣和石油依賴進口的局面，而轉為世界上最重要的油氣生產國和出口國，油氣的國際價格因此大跌，既降低了美國國際收支的逆差，也降低了中東地區國際收支的順差。2017 年，中國超過加拿大，成為美國原油最大的進口國。[1]

　　美國可以吸納其他國家的對外淨輸出，當然離不開美國的經濟實力和美元的國際儲備貨幣地位。美國每年進口都大於出口，相當於不斷從國外"借

1　國際石油市場的變化總是引人遐想，充斥著各種陰謀論和地緣政治分析。但這些起伏背後最重要的因素依然是市場供求。中化集團王能全的著作（2018）分析了最近幾十年的石油市場起伏，事實清楚，數據翔實，是很好的參考讀物。

入"資源,是世界最大的債務國。但這些外債幾乎都以美元計價,原則上美國總可以"印美元還債",不會違約。換句話說,只要全世界還信任美元的價值,美國就可以源源不斷地用美元去換取他國實際的產品和資源,這是一種其他國家所沒有的、實實在在的"揮霍的特權"(exorbitant privilege)。[1] 在美國的所有貿易逆差中,與中國的雙邊逆差所佔比重不斷加大,從 21 世紀頭幾年的四分之一上升到了最近五年的五成到六成。因此美國雖和多國都有貿易衝突,但一直視中國為最主要對手。[2]

就業與政治衝擊

在中美貿易衝突中,美國政客和媒體最常提起的話題之一就是"中國製造搶走了美國工人的工作"。主要論據如下:20 世紀 90 年代美國製造業就業佔勞動人口的比重一直比較穩定,但在中國加入 WTO 之後,中國貨衝擊美國各地,工廠紛紛轉移至海外,製造業就業佔比大幅下滑。受中國貨衝擊越嚴重的地區,製造業就業下滑越多。[3]

從數據上看,似乎確實有這個現象。圖 7-6 中兩條黑線中間的部分顯示:20 世紀 90 年代,美國製造業就業佔勞動人口的比重穩定在 15% 左右,從 2001 年開始加速下滑,2008 年全球金融危機前下降到了 11%。然而在兩條黑線之外,更明顯的現象是製造業就業從 70 年代開始就一直在下降,從 26%一直下降到個位數。就算把 21 世紀初下滑的 4 個百分點全賴在和中國的貿易頭上,美國學界和媒體所謂的"中國綜合征"在這個大趨勢裏也無足輕重。此外,雖然製造業就業一直在下跌,但是從 1970 年到 2013 年,製造業創造的增加值佔美國 GDP 的比重一直穩定在 13% 左右。[4] 人雖少了,但產出並沒有減少,這是典型的技術進步和生產率提高的表現。機器替代了人工而已,

---

1   美元特權的源起和影響,著述很多,可參考伯克利加州大學艾肯格林(Eichengreen)的通俗介紹(2019)。

2   美國貿易逆差和中美雙邊貿易差額的數據,來自美國的 BEA 和人口普查局(Census Bureau)。

3   麻省理工學院的奧托爾(Autor)等人的論文影響很大(Autor, Dorn and Hanson, 2013)。

4   這是在調整完價格因素之後的比重,數據來自哈佛大學羅德里克(Rodrik)的論文(2016)。

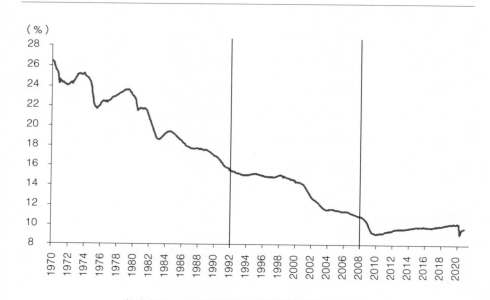

數據來源：FRED 數據庫，美聯儲聖路易斯分行。

注：橫軸刻度為當年 1 月 1 日。

圖 7-6　美國製造業就業佔工作年齡人數比重

並沒什麼特別之處。農業技術進步也曾讓農民越來越少，但農業產出並沒有降低。另一方面，從中國進口的產品價格低廉，降低了使用這些產品的部門的成本，刺激了其規模和就業擴張，其中既有製造業也有服務業。雖然確有部分工人因工廠關閉而失業，但美國整體就業情況並未因中美貿易而降低。[1]

　　然而在民粹主義和反全球化情緒爆發的年代，講道理沒人聽。失業的原因有很多，技術進步、公司管理不善、市場需求變化等。但如今不少美國人，似乎普遍認為 "全球化" 才是禍根，"貿易保護" 才是良方。最近的一個基於大規模網絡民調的實驗很能說明問題。實驗人員給被試者看一則新聞，說一家美國公司做出了一些經營調整，既不說調整原因，也沒說要裁員，但

1　從中國的進口刺激了很多部門的就業，尤其是使用中國貨作為投入的部門。詳細分析和證據來自喬治梅森大學王直和哥倫比亞大學魏尚進等人的研究（Wang et al., 2018）以及斯坦福大學布魯姆（Bloom）等人的研究（2019）。

特朗普的支持者中就有接近兩成的人建議“貿易保護”。如果調整一下這則新聞的內容，提到裁員，但明確說原因不是因為貿易衝擊，而是因為經營不善或市場變化等其他因素，特朗普支持者中建議“貿易保護”的人會上升到將近三成。如果再調整一下，明確說裁員是因為貿易衝擊，特朗普支持者中建議“貿易保護”的人將達到半數。而此時就算政治傾向偏中間，甚至偏克林頓的人，建議“貿易保護”的傾向也會大幅上升。這些傾向不只是說說而已，會直接影響投票結果。[1]

技術衝擊

中國製造業崛起和中美貿易對美國的就業衝擊其實不重要。相比之下，對美國的技術衝擊和挑戰更加實實在在，這也是中美貿易衝突和美國技術遏制可能會長期化的根本原因。雖然製造業佔美國就業的比重已是個位數，但製造業依舊是科技創新之本，美國研發支出和公司專利數量的六七成均來自製造業企業。[2]

圖 7-7 描繪了我國各項指標相對美國的變化。首先是製造業增加值。1997 年，我國製造業增加值只相當於美國的 0.14，但 2010 年就超過了美國，2018 年已經相當於美國的 1.76 倍。其次是技術，衡量指標是國際專利的申請數量，數據來自世界知識產權組織（WIPO）的“專利合作條約”（PCT）系統。自 1978 年該系統運作以來，美國在 2019 年首次失去了世界第一的位置，被中國超越。再次是更加基礎的科學，衡量指標是國際高水平論文的發表數量，即“自然指數”（Nature Index）。這項指數只包括各學科中國際公認的 82 本高質量學報上發表的論文，從中計算各國作者所佔比例。2012 年，我國的數量只相當於美國的 0.24，略高於德國和日本，但 2019 年已經達到了美國的 0.66，相當於德國的 3 倍，日本的 4.4 倍。

1　實驗結果來自哈佛大學迪泰拉（Di Tella）和羅德里克（Rodrik）的研究（2020）。麻省理工學院的奧托爾（Autor）等人的論文（2020）指出，那些受貿易衝擊較大的地區，投票中的政治傾向兩級分化更為嚴重。

2　數據來自麻省理工學院的奧托爾及喬治亞理工學院舒爾等人的研究（Autor et al., 2019）。

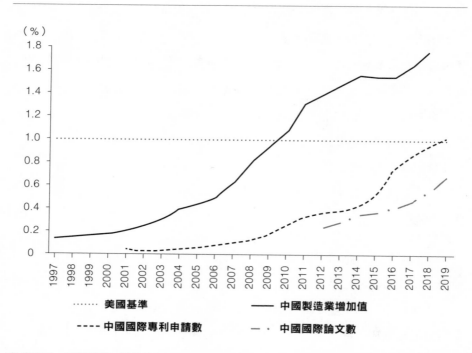

數據來源：製造業增加值數據來自世界銀行；國際專利申請數量來自世界知識產權組織；國際
　　　　　論文發表數量來自"自然指數"。

圖 7-7　中美科技相對變化（美國各項指標設為 1）

　　這些數量指標當然不能完全代表質量。但在工業和科技領域，沒有數量
做基礎，也就談不上質量。此外，這些數據都是每年新增的流量，不是累積
的存量。若論累積的科技家底，比如專利保有量和科研水平，中國還遠遠趕
不上美國。這就好比一個年輕人，多年努力後年薪終於突破百萬，趕上了公
司高管的水平，但老資格的高管們早已年薪百萬了幾十年，累積的財富和家
底自然要比年輕人厚實得多。但這個年薪百萬的流量確實傳遞了一個強烈的
信號：年輕人已非昔日吳下阿蒙，已經具備了掙錢的能力，勢頭很猛，未來
可期，累積家底大約只是時間問題。如今人們對"中國製造"的產品質量的
認可度遠高於 10 年前，這個認知有個滯後的過程。對技術和科學，也是同樣

的道理。

　　對站在科技前沿的國家來說，新技術的發明和應用一般從科學研究和實驗室開始，再到技術應用和專利階段，然後再到大規模工業量產。但對一個後起的發展中國家來說，很多時候順序是反過來的：先從製造環節入手，邊幹邊學，積累技術和經驗，然後再慢慢根據自身需要改進技術，創造一些專利。產品銷量逐步擴大、技術逐步向前沿靠攏之後，就有了更多資源投入研發，推進更基礎、應用範圍更廣的科研項目。2010 年，我國製造業增加值超過美國。又過了 10 年，2019 年中國的國際專利申請數量超過美國。而按照目前的科學論文增長率，2025 年左右中國就可能超過美國（圖 7-7）。

　　所以對後發國家來說，工業製造是科技進步的基礎。世界上沒有哪個技術創新大國不是製造業大國（至少曾經是）。而從製造業環節切入全球產業鏈分工，也是非常正確的方式，因為製造業不僅有學習效應，還有很強的集聚效應和規模效應。最近十幾年，我國製造業產業鏈的優勢一直在自我強化，不斷吸引供應鏈上的外國企業來中國設廠，而本國的上下游廠商也發展迅猛，產業鏈協同創新的效應也很強。我國出口產品中最大的一類是通信技術設備和相關電子產品（比如手機）。2005 年，這類出口品中海外進口部件價值的佔比高達 43%，本土創造的價值只有 57%。但到了 2015 年，來自海外的價值下降到了 30%。[1]

　　我用蘋果公司生產的 iPhone 來舉個例子。多年前，媒體和分析家中流傳一種說法：一台“中國製造”的 iPhone，賣大幾百美元，但中國大陸貢獻的價值只不過是富士康區區二三美元的組裝費。最近兩年，仍然時不時還會看到有人引用這個數據，但這與事實相差太遠。蘋果公司每年都會公佈前 200 家供應商名單，這些公司佔了蘋果公司原材料、製造和組裝金額的 98%。在 2019 年版的名單中，中國大陸和香港的企業一共有 40 家，其中大陸企業 30 家，包括多家上市公司。[2] 在 A 股市場上，早有所謂的“果鏈概念”，包括製

1　數據來自經濟合作與發展組織（OECD）的 TiVA 數據庫。

2　公司的具體名單和簡要介紹，可參考寧南山發表在其公眾號的文章《從 2019 年蘋果全球 200 大供應商看全球電子產業鏈變化》。

造 iPhone 後蓋的藍思科技、攝像頭模組的歐菲光、發聲單元的歌爾股份、電池的德賽電池等上市公司。雖然很難估計在一台 iPhone 中，中國（含香港）產業鏈貢獻的精確增加值，但從國內外一些"拆機報告"中估計的各種零部件價格看，中國（含香港）企業應該貢獻了 iPhone 硬件價值的兩成左右。

　　從理論上說，中美貿易不一定會損害美國的科技創新。雖然一些實力較弱的企業在和中國的競爭中會喪失優勢，利潤減少，不得不壓縮研發支出和創新活動，最終可能倒閉。但對於很多大公司來說，把製造環節搬到中國，靠近全球最大也是增長最快的市場，會多賺很多錢，再將這些利潤投入位於美國的研發部門，不斷創新和提升競爭優勢，最終美國的整體創新能力不一定會受負面影響。[1] 但在美國政壇和媒體中，這些年保守心態佔了上風，對華技術高壓政策可能會持續下去。假如世界上最大的市場和最強的科創中心漸行漸遠的話，對雙方乃至全世界都會是很大的損失。畢竟我國在基礎科研質量、科技成果轉化效率等方面，還有很長的路要走，而美國要想在全球再找一個巨大的市場，也是天方夜譚。沒有了市場，美國公司持續不斷的高額研發支出很難持續，也就難以長久維持技術優勢。同時，技術高壓雖然可能讓我國企業在短期內受挫，但很多相對落後的國產技術也因此獲得了市場機會，可能提高市場份額和收入，進而增大研發力度，進入"市場—研發—迭代—更大市場"的良性循環，最終實現國產替代。但這一切的前提，是我國國內市場確實能繼續壯大，國民消費能繼續提升，能真正支撐起"國內大循環為主體"的"雙循環"模式。

第三節　再平衡與國內大循環

　　我國的經濟發展很大程度得益於全球化，藉助巨大的投資和出口，幾十年內就成長為工業強國和世界第二大經濟體。2019 年，我國 GDP 相當於1960 年全球 GDP 的總量（扣除物價因素後）。但過去的發展模式無法持續，

1　這方面的理論可參考哈佛大學阿吉翁（Aghion）等人的論文（2018）。

經濟結構內外失衡嚴重，而國際局勢也日趨複雜，中央於是在 2020 年提出了
"加快構建以國內大循環為主體、國內國際雙循環相互促進的新發展格局"。
這是一個發展戰略上的轉型。

　　從本章的分析角度看，這一戰略轉型的關鍵是提高居民收入和消費。雖
然政府目前仍然強調"供給側結構性改革"，但所謂"供給"和"需求"，不
是兩件不同的事，只是看待同一件事的不同角度。比如從供給角度看是調節
產能，從需求角度看就是調整投資支出；從供給角度看是產業升級，從需求
角度看也就是收入水平和消費結構的升級。2020 年 12 月的中央經濟工作會議
提出，"要緊緊扭住供給側結構性改革這條主線，**注重需求側管理**，打通堵
點，補齊短板，貫通生產、分配、流通、消費各環節，**形成需求牽引供給、
供給創造需求的更高水平動態平衡**"。

　　要提高居民收入，就要繼續推進城市化，讓人口向城市尤其是大城市集
聚。雖然製造業是生產率和科技進步的主要載體，但從目前的技術發展和發
達國家的經驗看，製造業的進一步發展吸納不了更多就業。產業鏈全球化之
後，標準化程度越來越高，大多數操作工序都由機器完成。比較高端的製造
業，資本密集度極高，自動化車間裏沒有幾個工人。美國製造業雖然一直很
強大，但吸納的就業越來越少（圖 7-6），這個過程不會逆轉。所以解決就業
和提高收入必須依靠服務業的大發展，而這只能發生在人口密集的城市中。
不僅傳統的商舖和餐館需要人流支撐，新興的網約車、快遞、外賣等都離不
開密集的人口。要繼續推進城市化，必須為常住人口提供相應的公共服務，
讓他們在城市中安居樂業。這方面涉及的要素市場改革，包括戶籍制度和土
地制度的改革，第五章已經詳細闡釋過。

　　要提高居民收入和消費，就要把更多資源從政府和企業手中轉移出來，
分配給居民。改革的關鍵是轉變地方政府在經濟中扮演的角色，遏制其投資
衝動，降低其生產性支出，加大民生支出。這會帶來四個方面的重要影響。
其一，加大民生支出，能改變"重土地、輕人"的城市化模式，讓城市"以
人為本"，讓居民安居樂業，才能降低儲蓄和擴大消費。其二，加大民生支

出，可以限制地方政府用於投資的生產性支出。在目前的經濟發展階段，實業投資已經變得非常複雜，以往的盲目投資所帶來的浪費日趨嚴重，降低了居民部門可使用的實際資源。而且實業投資過程大多不可逆，所以地方政府一旦參與，就不容易退出（第三章）。即便本地企業沒有競爭力，政府也可能不得不持續為其輸血，擠佔了資源，降低了全國統一市場的效率（第四章）。其三，推進國內大循環要求提升技術，攻克各類"卡脖子"的關鍵環節。而科技進步最核心的要素是"人"。因此地方政府加大教育、醫療等方面的民生支出，正是對"人力資本"的投資，長遠看有利於科技進步和經濟發展。其四，加大民生支出，遏制投資衝動，還可能降低地方政府對"土地財政"和"土地金融"發展模式的依賴，限制其利用土地加大槓桿，撬動信貸資源，降低對土地價格的依賴，有利於穩定房價，防止居民債務負擔進一步加重而侵蝕消費（第五章）。

要提高居民收入，還要擴寬居民的財產性收入，發展各種直接融資渠道，讓更多人有機會分享經濟增長的果實，這就涉及金融體系和資本市場的改革。但正如第六章所言，融資和投資是一體兩面，如果投資決策的主體不改變，依然以地方政府和國企為主導，那融資體系也必然會把資源和風險向它們集中，難以實質性地推進有更廣泛主體參與的直接融資體系。

"雙循環"戰略在強調"再平衡"和擴大國內大市場的同時，也強調了要擴大對外開放。如果說出口創造了更多製造業就業和收入的話，那進口也可以創造更多服務業就業和收入，包括商貿、倉儲、物流、運輸、金融、售後服務等。隨著我國生產率的提高，人民幣從長期看還會繼續升值，擴大進口可以增加老百姓的實際購買力，擴大消費選擇，提升生活水平，也能繼續增強我國市場在國際上的吸引力。

世上從來沒有抽象的、暢通無阻的市場。市場從建立到完善，其規模和效率都需要逐步提升，完善的市場本就是經濟發展的結果，而不是前提。我國疆域廣闊、人口眾多，建立和打通全國統一的商品和要素市場，實現貨物和人的互聯互通，難度不亞於一次小型全球化，需要多年的建設和制度磨合。過去幾十年，從鐵路到互聯網，我國各類基礎設施發展極快，為全國統一大市場的發展打下了堅實基礎，也衝擊著一些舊有制度的藩籬。未來，只有繼續推進各類要素的市場化改革，繼續擴大開放，真正轉變地方政府角色，從生產型政府轉型為服務型政府，才能實現國內市場的巨大潛力，推動我國邁入中高收入國家行列。

結　語

本書介紹了我國地方政府推動經濟發展的模式，從微觀機制開始，到宏觀現象結束。總結一下，這一模式有三大特點。第一個特點是城市化過程中"重土地、輕人"。第二個特點是招商引資競爭中"重規模、重擴張"。第三個特點是經濟結構上"重投資、重生產、輕消費"。第五章和第六章分析了前兩個特點的得失，並介紹了相關改革。本章則分析了第三個特點。其優點是能快速擴大投資和對外貿易，利用全球化的契機拉動經濟快速增長，但缺點是經濟結構失衡。對內，資源向企業和政府轉移，居民收入和消費佔比偏低，不利於經濟長期發展；對外，國內無法消納的產能向國外輸出，加劇了貿易衝突。

經濟結構再平衡，從來不是一件容易的事，往往伴隨著國內的痛苦調整和國際衝突。2008 年全球金融危機之後，全球經濟進入大調整期，而我國作為全球經濟增長的火車頭和第二大經濟體，百年來首次成為世界經濟的主角，對歐美主導的經濟和技術體系造成了巨大衝擊，也面臨巨大反彈和調整。其實對於常年關注我國經濟改革的人來說，過去的 40 年中沒有幾年是容易的，經歷過幾次大的挑戰和危機。所以我常跟學生調侃說經濟增長不是請客吃飯，是玩兒命的買賣。站在岸邊只看到波瀾壯闊，看不見暗潮洶湧。

至於說落後的工業國在崛起過程中與先進國之間的種種衝突，歷史上是常態。蓋因落後國家的崛起，必然帶有兩大特徵：一是對先進國的高效模仿和學習；二是結合本土實際，帶有本國特色，發展路徑與先進國有諸多不同之處。雖然第一個特徵也常被先進國斥為"抄襲"，但第二個特徵中所蘊含的不同體制以及與之伴生的不同思想和意識，先進國恐怕更難接受。[1]

　　未來不可知，對中國經濟的觀察者而言，真正重要的是培養出一種 "發展" 的觀念。一方面，理解發展目的不等於發展過程，發達國家目前的做法不一定能解決我們發展中面臨的問題；另一方面，情況在不斷變化，我們過去的一些成功經驗和發展模式也不可能一直有效。若不能繼續改革，過去的成功經驗就可能成為負擔甚至陷阱。要始終堅持實事求是，堅持具體問題具體分析，拋開意識形態，不斷去解決實踐中所面臨的問題，走一條適合自己的發展道路。下一章會展開討論這些觀點。

1　哈佛大學歷史學家格申克龍（Gerschenkron）的傑作（2012）詳細闡述了這兩大特徵所帶來的衝突。

國際經濟的力量深刻影響著國際關係和新聞中的天下大事，熱鬧而精彩。但國際經濟學分析繞不開經常賬戶和匯率等基礎知識，因此下文中的推薦閱讀，可能需要些知識背景才能完全理解，但我盡量挑通俗而準確的讀物，相信關心這些現象的讀者能夠讀懂。

國際經濟現象一環扣一環，衝擊和調整一波接一波。今天回看 2008 年全球金融危機後的 10 年，世界經濟政治格局已經發生了深刻的變化，其背後的經濟因素和邏輯，第六章曾推薦過的經濟史專家圖茲的傑作 *Crashed: How a Decade of Financial Crises Changed the World*（2018）值得再次推薦。站在全球的角度再往前看，2008 年的危機又是怎麼來的呢？這就不得不說到另一件影響深遠的大事：1997—1998 年的亞洲金融危機。香港證監會原主席沈聯濤的著作《十年輪迴：從亞洲到全球的金融危機》（2015）闡述了 1997—2008 年間的全球經濟金融變遷，是一本傑作。那從 1997 年再往前呢？回到風雲變幻、自由市場思潮席捲全球的 20 世紀七八十年代，美聯儲前主席沃爾克和日本大藏省前副相行天豐雄合著的《時運變遷》（2016）也是一本傑作。他們親歷了石油危機、布雷頓森林體系解體、拉美債務危機、廣場協議等一系列歷史事件，思考深度和敘事細節，別人當然比不了。從更宏觀的角度和更長的歷史視角切入，伯克利加州大學埃森格林的傑作《資本全球化：一部國際貨幣體系史（原書第 3 版）》（2020）解釋了國際貨幣和金融體系在過去百年間的演變，以及相關的各種政經大事。

北京大學光華管理學院佩蒂斯的兩本書從多個角度解釋了國際不平衡的前因後果，通俗易懂：《大失衡：貿易、衝突和世界經濟的危險前路》（2014）及 *Trade Wars are Class Wars: How Rising Inequality Distorts the Global Economy and Threatens International Peace*（Klein and Pettis，2020）。雖然我並不認同其中的不少分析，但大多數是對 "量" 和 "度" 的分歧，我認為一些事情沒有他強調的那麼重要，但我很贊成他從多個角度解讀國際收支失衡。2008 年全球金融危機前，國際失衡程度到達頂峰，中國社會科學院余永定的文集《見證失衡：雙順差、人民幣匯率和美元陷阱》（2010）正收錄了他從 1996 年至 2009 年發表的各類評論和分析文章。這本書很好，但需要一定的知識儲備才能看懂。與事後回顧類的文章相比，看事件發生當時的分析，情境感更強；而讀者藉助事後諸葛的幫助，也更能學習和領會到面對不可知的未來時，每個人思考和推理的局限性。

　　日內瓦高級國際關係及發展學院鮑德溫的著作《大合流：信息技術和新全球化》（2020）是一本關於全球化的好書，簡明通俗。他把全球化分為三個階段：貨物的全球化、信息的全球化、人的全球化。其中對 "全球價值鏈" 的現狀和發展有很多精彩的分析。全球化當然也衝擊了各國的政治體系，哈佛大學羅德里克的《全球化的悖論》（2011）闡述了一個 "三元悖論"：深度全球化、政策自主性、民主政治，三者之間不可兼得。其中不少論述對我很有啟發。2019 年獲奧斯卡最佳紀錄片獎的《美國工廠》，講述了中國企業福耀玻璃在美國開工廠的故事，從中可以看到中國製造對美國的衝擊，也能體會到製造業回流美國的難度。

　　至於中國崛起對世界和美國的衝擊，光是最近幾年出版的著作都可以說是汗牛充棟了。從 "中國統治世界" 到 "修

昔底德陷阱”再到各種版本的“中國崩潰論”，各種身份的
作者、各種角度的理論、各種可能的預測，眼花繚亂。這裏
謹推薦一本歷史學家王賡武的傑作 *China Reconnects: Joining
a Deep-rooted Past to a New World Order*（Wang，2019）。
王教授的人生經歷是不可複製的。他是出生在海外的華裔，
解放戰爭時在南京讀書，“二戰”後輾轉東南亞、英國、澳
大利亞等地工作居住，又在風雲際會的 20 世紀八九十年代做
了 10 年香港大學校長，最後回到新加坡。其一生不僅精研中
國史，還在數個獨特的崗位上親歷了各種政經大事。他能在
2019 年 89 歲高齡時出版這樣一本小書，談談他的思考和觀
察，非常珍貴。其中見識，勝過無數東拼西湊的見聞。

第八章
總結：政府與經濟發展

關於經濟學家的笑話特別多，每個經濟學學生都知道起碼十個八個，編一本笑話集應該沒問題。經濟學家們也經常自嘲。有一段時間，美國經濟學會年會還專門設置了脫口秀環節，供本專業人士吐槽。有個笑話是這麼講的。一個物理學家、一個化學家和一個經濟學家漂流到孤島上，飢腸轆轆。這時海面上漂來一個罐頭。物理學家說："我們可以用岩石對罐頭施以動量，使其表層疲勞而斷裂。"化學家說："我們可以生火，然後把罐頭加熱，使它膨脹以至破裂。"經濟學家則說："假設我們有一個開罐頭的起子……"

任何理論當然都需要假設，否則說不清楚。有些假設不符合現實，但是否會削弱甚至推翻其理論，還要依據理論整體來評判。但一旦走出書齋，從理論思考走到現實應用和政策建議，就必須要符合實際，要考慮方案的可行性。所以在經濟學理論研究與現實應用之間，常常存在著鴻溝。做過美聯儲副主席的普林斯頓大學經濟學家艾倫·布林德（Alan Blinder）曾發明過一條"經濟政策的墨菲定律"：在經濟學家理解最透、共識最大的問題上，他們對政策的影響力最小；在經濟學家理解最淺、分歧最大的問題上，他們對政策的影響力最大。

依託市場經濟的理論來研究中國經濟，有個很大的好處，就是容易發現問題，覺察到各種各樣的"扭曲"和"錯配"。但從發現問題到提出解決方案之間，還有很長的路要走。不僅要摸清產生問題的歷史和現實根源，還要深入了解各種可行方案的得失。現實世界中往往既沒有皆大歡喜的改革，也沒有一無是處的扭曲。得失利弊，各個不同。以假想的完善市場經濟為思考和判斷基準，不過是無數可能的基準之一，換一套"假想"和"標準"，思路可能完全不同。正如在本書開篇引用的哈佛大學經濟史家格申克龍的話："一套嚴格的概念框架無疑有助於釐清問題，但也經常讓人錯把問題當成答案。社會科學總渴望發現一套'放之四海而皆準'的方法和規律，但這種心態需要成熟起來。不要低估經濟現實的複雜性，也不要高估科學工具的質量。"

經濟落後的國家之所以落後，正是因為它缺乏發達國家的很多硬件或軟件資源，缺乏完善的市場機制。所以在推進工業化和現代化的過程中，落後國家所採用的組織和動員資源的方式，注定與發達國家不同。落後國家能否趕超，關鍵在於能否找到一套適合國情的組織和動員資源的方式，持續不斷地推動經濟發展。所謂"使市場在資源配置中起決定性作用"，站在今天的角度向前看，是未來改革和發展的方向，但回過頭往後看，市場經濟今天的發展狀況也是幾十年來經濟、政府、社會協同發展和建設的結果。毫無疑問，我國的經濟發展和市場化改革是由政府強力推動的。但就算是最堅定的市場改革派，1980 年的時候恐怕也想像不到今天我國市場經濟的深度和廣度。本書的主題就是介紹我國發展經濟的一些具體做法，這顯然不是一套照搬照抄歐美國家的模式。利弊得失，相信讀者可以判斷。

作為一名發展經濟學家，我理解市場和發展的複雜互動過程，不相信單向因果關係。有效的市場機制本身就是不斷建設的結果，這一機制是否構成經濟發展的前提條件，取決於發展階段。在經濟發展早期，市場機制缺失，政府在推動經濟起飛和培育各項市場經濟制度方面，發揮了主導作用。但隨著經濟的發展和市場經濟體系的不斷完善，政府的角色也需要繼續調整。

強調政府的作用，當然不是鼓吹計劃經濟。過去蘇聯式的計劃經濟有兩大特徵。第一是只有計劃，否認市場和價格機制，也不允許其他非公有制成分存在。第二是封閉，很少參與國際貿易和全球化。如今這兩個特點早已不復存在，硬談中國為計劃經濟，離題萬里。

　　本章第一節總結和提煉本書的主題之一，即地方政府間招商引資的競爭。第二節討論政府能力的建設和角色的轉變，總結本書介紹的"生產型政府"的歷史作用和局限，也解釋向"服務型政府"轉型的必要性。第三節總結本書的關鍵視角：要區分經濟發展過程和發展目標。既不要高估發達國家經驗的普適性，也不要高估自己過去的成功經驗在未來的適用性。老話說回來，還是要堅持"實事求是"，堅持"具體問題具體分析"，在實踐中不斷探索和解決問題，一步一個腳印，繼續推進改革。

第一節　地區間競爭

　　經濟發展的核心原則，就是優化資源配置，提高使用效率，盡量做到"人盡其才，物盡其用"。實現這一目標要依靠競爭。我國改革的起點是計劃經濟，政府不僅直接掌控大量資源，還能通過政策間接影響資源分配，這種狀況在漸進性的市場化改革中會長期存在。所以要想提高整體經濟的效率，就要將競爭機制引入政府。理論上有兩種做法。第一種是以中央政府為主，按功能劃分許多部委，以部委為基本單位在全國範圍內調動資源。競爭主要體現在中央設定目標和規劃過程中部委之間的博弈。比如在計劃經濟時期，中央主管工業的就有七八個部委（一機部、二機部等）。這種自上而下的"條條"式競爭模式源自蘇聯。第二種是以地方政府為主，在設定經濟發展目標之後，放權給地方政府，讓它們發揮積極性，因地制宜，在實際工作中去競爭資源。這是一種自下而上的"塊塊"式的競爭模式。[1]

　　即使在計劃經濟時期，這兩種模式也一直並存，中央集權和地方分權之間的平衡一直在變動和調整。毛澤東主席也並不信奉蘇聯模式，1956 年在著

1　　第一種競爭模式被稱為"U 型"（unitary），第二種被稱為"M 型"（multi-division），都是公司治理中常用的結構模式。"U 型"公司按功能劃分部門，比如生產、銷售、採購等。而"M 型"公司則分成幾個子品牌或事業部，各成系統，彼此獨立性很強。哈佛大學諾貝爾獎得主馬斯金（Maskin）、清華大學錢穎一、香港大學許成鋼的論文（Maskin, Qian and Xu, 2000）將這種公司治理結構的理論用於研究我國中央和地方政府關係。

名的《論十大關係》中他就說過："我們的國家這樣大，人口這樣多，情況這
樣複雜，有中央和地方兩個積極性，比只有一個積極性好得多。我們不能像
蘇聯那樣，把什麼都集中到中央，把地方卡得死死的，一點機動權也沒有。"

　　改革開放以後，地方政府權力擴大，"屬地管理"和"地方競爭"就構
成了政府間競爭的基本模式。第一章到第四章詳細介紹了這一模式。這種競
爭不僅是資源的競爭，也是地方政策、營商環境、發展模式之間的競爭。"屬
地管理"有利於地區性的政策實驗和創新，因為畢竟是地方性實驗，成功了
可以總結和推廣經驗，失敗了也可以將代價和風險限制在當地，不至於影響
大局。比如 1980 年設立第一批四個"經濟特區"（深圳、珠海、汕頭和廈門）
時，政治阻力不小，所以才特意強調叫"經濟特區"而不是"特區"，以確保
只搞經濟實驗。當時鄧小平對習仲勳說："中央沒有錢，可以給些政策，你們
自己去搞，殺出一條血路來。"[1]

　　在工業化進程中搞地方競爭，前提是大多數地區的工業基礎不能相差太
遠，否則資源會迅速向佔絕對優勢的地區集聚，劣勢地區很難發展起來。計
劃經濟時期，中國的工業體系在地理分佈上比較分散，為改革開放之初各地
的工業發展和競爭奠定了基礎。而導致這種分散分佈的重要原因，是 1964
年開始的"三線建設"。當時國際局勢緊張，為了備戰，中央決定改變當時
工業過於集中、資源都集中在大城市的局面，要求"一切新的建設項目應擺
在三線，並按照分散、靠山、隱蔽的方針布點，不要集中在某幾個城市，一
線的重要工廠和重點高等院校、科研機構，要有計劃地全部或部分搬遷到三
線"。[2] 在接下來的 10 年中，我國將所有工業投資中的四成投向了三線地區，
即雲貴川渝、寧夏、甘肅、陝南、贛西北、鄂西和湖南等地區。到了 20 世紀
70 年代末，三線地區的工業固定資產增加了 4.3 倍，職工人數增加了 2.5 倍，
工業總產值增加了 3.9 倍。[3]

1　　經濟特區的故事詳見傅高義的傑作（2013）。香港大學許成鋼的論文（Xu, 2011）解釋了地區競爭有利於地
　　　方性的政策創新和實驗。

2　　1964 年 8 月 19 日，李富春、羅瑞卿、薄一波向毛澤東、黨中央提交的報告。

3　　見薄一波的著作（2008）以及華中師範大學嚴鵬的著作（2018）。

"三線建設"既建設了工廠和研究機構，也建設了基礎設施，在中西部省份建立了雖不發達但比較全面的工業生產體系，徹底改變了工業佈局。這種分散在各地的工業知識和體系，為改革後當地鄉鎮企業和私營企業的發展創造了條件。鄉鎮企業不僅生產滿足當地消費需求的輕工業品，而且藉助與國企"聯營"等各種方式進入了很多生產資料的製造環節，為整個工業體系配套生產，獲取了更複雜的生產技術和知識。電視劇《大江大河》中，小雷家村的鄉鎮企業就通過與附近的國營企業合作，開辦了銅廠和電纜廠等，這在當時是普遍現象。90 年代中後期鄉鎮企業改制以後，各地區各行業中都湧現出了一大批民營工業企業，其技術基礎很多都源於三線建設時期建設的國營工廠。[1]

第四章曾解釋過這種分散化的鄉鎮工業企業的另一個重要功能，即培訓農民成為工人。"工業化"最核心的一環就是把農民變成工人。這不僅僅是工作的轉變，也是思想觀念和生活習慣的徹底轉變。要讓農民斬斷和土地的聯繫，成為可靠的、守紀律的、能操作機械的工人，並不容易。不是說人多就能成為促進工業化的人口紅利，一支合格的產業工人大軍，在很多人口眾多的落後國家，實際上非常稀缺。[2] 正是因為有了在分散的工業體系和知識環境下孕育的鄉鎮企業，正是因為其工廠"離土不離鄉"，才成了培訓農民成為工人的絕佳場所。而且在銷售本地工業品的過程中，農民不僅積累了商業經驗，也擴大了與外界的接觸。於是在 20 世紀 90 年代後期和 21 世紀初開始的工業加速發展中，我國才有了既熟悉工廠又願意外出闖蕩打工的大量勞動力。

這種分散的體系，以一個全國整合的、運行良好的市場經濟體系為標準來評價，是低效率的。但從發展的角度看，這個評價標準並不合適。我國疆域廣闊、各地風俗文化差異很大。改革開放之初，基礎設施不發達，經濟落後而分散，只能走各地區獨自發展再逐步整合的道路。在社會改革和變化過

1　賓夕法尼亞州立大學樊靜霆和密歇根州立大學鄒奔的論文（Fan and Zou, 2019）分析了"三線建設"對當地工業企業尤其是民營企業長期發展的積極影響。

2　哈佛大學歷史學家格申克龍在著作（2012）中指出，很多落後國家雖人口眾多，卻極度缺乏合格的產業工人，"創造一支名副其實的產業工人大軍，是最困難和耗時的過程"。

程中，人們需要時間調整和適應。變化速度的快慢，對身處其中的人而言，感受天差地別。一個穩定和持續的改革過程，必須為緩衝和適應留足時間和資源。若單純從理論模型出發來認識經濟效率，那麼這些緩衝機制，無論是社會自發建立還是政府有意設計，都會被解讀為"扭曲"或"資源錯配"，因其未能實現提高效率所要求的"最優資源配置"。但這種"最優"往往不過是空中樓閣。雖然人人都知道工業比農業生產效率高得多，但要讓幾億農民離開土地進入工廠，是個漫長的過程，需要幾代人的磨合和衝突。激進改革多半欲速不達，以社會動亂收場。

地方政府競爭中的關鍵一環，是"以經濟建設為中心"來評價地方主官，並將這種評價納入升遷考核。各地政府不僅要在市場上競爭，還要在官場上競爭。這種"官場 + 市場"體制，有三個特點。[1] 第一，將官員晉升的政治激勵和地區經濟表現掛鉤。雖然經濟建設或 GDP 目標在官員升遷中的具體機制尚有爭議（第三章），但無人否認經濟發展是地方主官的工作重點和主要政績。第二，以市場競爭約束官員行為。雖然地方主官和政府對企業影響極大，但企業的成敗，最終還是由其在全國市場乃至全球市場中的競爭表現來決定。這些外部因素超出了當地政府的掌控範圍。因此，要想在競爭中取勝，地方政府的決策和資源調配，也要考慮市場競爭，考慮效益和成本。此外，資本、技術、人才等生產要素可以在地區之間流動（雖然仍有障礙），如果地方政府恣意妄為，破壞營商環境，資源就可能流出，導致地方經濟衰敗。第三，當地的經濟表現能為地方官員和政府工作提供及時的反饋。一方面，在"屬地管理"體制中，更熟悉地方環境的當地政府在處理當地信息和反饋時，比上級政府或中央政府更有優勢（第一章）。另一方面，當地發展經濟的經驗和教訓也會隨著地方官員的升遷而產生超越本地的影響。由於常年以經濟建設作為政府主要工作目標，各級政府的主官在經濟工作方面都積累了相當的經驗。中央的主要領導絕大多數也都曾做過多地的主官，也有豐富的經濟工作經驗。這對一個政府掌控大量資源調配的經濟體系而言，不無

1　北京大學周黎安的論文（2018）詳細闡述了"官場 + 市場"機制及其優缺點。下文內容取材於該文。

益處。

　　"官場＋市場"的競爭體制，可以幫助理解我國經濟的整體增長，但這種體制的運行效果，各地差異很大。官員或政府間的競爭，畢竟不是市場競爭，核心差別有三。第一，缺乏真正的淘汰機制。地方政府就算不思進取，也不會像企業一樣倒閉。政績不佳的官員雖然晉升機會可能較少，但只要不違法亂紀，並不會因投資失敗或經濟低迷而承擔個人損失。第二，絕大多數市場競爭是"正和博弈"，有合作共贏、共同做大蛋糕的可能。而官員升遷則是"零和博弈"，晉升位置有限，甲上去了，乙就上不去。所以在地區經濟競爭中會產生地方保護主義，甚至出現"以鄰為壑"的惡性競爭現象。第三，市場和公司間的競爭一般是長期競爭，延續性很強。但地方官員任期有限，必須在任期內幹出政績，且新官往往不理舊賬，因此會刺激大幹快上的投資衝動，拉動地區 GDP 數字快速上漲，不惜忽視長期風險和債務負擔。

　　這三大差別增加了地區間競爭所產生的代價，也可能滋生腐敗（第三章）。此外，政府不是企業，不能以經濟效益為單一目標，還要承擔多重民生和社會服務職能。在工業化和城市化發展初期，經濟增長是地方政府最重要的目標，與企業目標大體一致，可以共同推進經濟發展。但在目前的發展階段，政府需要承擔起更加多元的職能，將更多資源投入教育、醫療、社會保障等民生領域，改變與市場和企業的互動方式，由"生產型政府"向"服務型政府"轉型。

第二節　政府的發展與轉型

　　社會發展是個整體，不僅包括企業和市場的發展，也包括政府的發展，相輔相成。國家越富裕，政府在國民經濟中所佔的比重也往往越大，而不是越小，這一現象也被稱為"瓦格納法則"。因為隨著國家越來越富裕，民眾對政府服務的需求會越來越多，政府在公立教育、醫療、退休金、失業保險等方面的支出都會隨之增加。而隨著全球化的深入，各種外來衝擊也大，所以政府要加強各種"保險"功能。[1] 另一方面，當今很多貧窮落後國家的共同點之一就是政府太弱小，可能連社會治安都維持不了，更無法為經濟發展創造穩定環境。經濟富裕、社會安定、政府得力是國家繁榮的三大支柱，缺一不可。[2]

就拿法治能力來說，雖然經濟理論和所謂"華盛頓共識"都將產權保護視作發展市場經濟的前提，但在現實中，保護產權的能力只能在經濟和政府發展的過程中逐步提升。換句話說，對發達國家而言，保護好產權是經濟進一步發展的前提；但對發展中國家而言，有效的產權保護更可能是發展的結果。把產權保護寫成法律條文很容易，但假如社會上偷盜猖獗，政府抓捕和審判的能力都很弱，法條不過是一紙空文。再比如，處理商業糾紛需要大量專業的律師和法官，需要能追查或凍結財產的專業金融人士和基礎設施，否則既難以審判，更難以執行。但這些軟件和硬件資源都需要長期的投入和積累。第四章中講過，複雜的產品和產業鏈涉及諸多交易主體和複雜商業關係，投資和交易金額往往巨大，所以對合同制訂和執行的法制環境以及更廣義的營商環境都有很高要求。2000 年至 2018 年，我國出口商品的複雜程度從世界第 39 位上升到了第 18 位 [3]，背後是我國營商環境的逐步改善。正如前述按照世界銀行公佈的"營商環境便利度"排名，我國已從 2010 年的世界第 89 位上升至 2020 年的第 31 位。

對發展中國家而言，市場和政府的關係，不是簡單的一進一退的問題，而是政府能否為市場運行打造出一個基本框架和空間的問題。這需要投入很多資源，一步一步建設。如果政府不去做這些事，市場經濟和所謂"企業家精神"，不會像變戲法一樣自動出現。

在任何國家，正式法律體系之外還存在大量政府管制。"打官司"畢竟是一件費時費錢的事兒，不僅訴訟成本高昂，敗訴方還可以不斷上訴，可能

1　哈佛大學羅德里克（Rodrik）的論文（1998）探討了全球化與"大政府"之間的正向關係。
2　倫敦政治經濟學院貝斯利（Besley）和斯德哥爾摩大學佩爾松（Persson）的著作（2011）詳細闡述了這三大支柱的理論聯繫，下文中關於稅收能力和法制能力的內容受該書啟發。
3　產品複雜度的度量來自哈佛大學國際發展中心的 "The Atlas of Economic Complexity" 項目。

曠日持久。不僅如此，修訂法律也不是小事，需要很長時間。相比之下，政府的管制和規定有時更加靈活有效，可以作為法制的補充。比如 19 世紀末的美國，工業化和鐵路建設突飛猛進，但也發生了大量工傷事故，死亡率高，官司不斷。但敗訴公司有權有勢，不斷上訴，最終約四成的案子乾脆沒有賠償。就算有賠付，數額也不大，平均不超過 8 個月的工資。這種不公正刺激了政府管制的興起。在事故造成傷害之前，在打官司之前，就可以依據政府管制和規定來進行各種安全檢查，防範風險。[1]

有效的政府管制同樣需要政府有足夠的能力和資源。隨著經濟和社會的發展，管制和法制之間的相對重要性也會不斷發展變化。一方面，全社會投入法治建設的資源不斷增加，法治的基礎設施不斷完善，效率不斷提高。另一方面，民眾和公司也變得更加富有，可以承擔更高的訴訟成本，對法治的有效需求也會增加。因此法制相對於管制會變得更重要。這是經濟和政治整體發展的結果，不可能一蹴而就。

從國防到社會治安，從基礎設施到基本社會保障，都要花錢，所以有效的政府必須要有足夠的收入。可收稅從來都不容易，徵稅和稽查能力也需要長期建設，不斷完善。就拿徵收個人所得稅來說，政府要有能力追蹤每個人的各種收入，能核實可以抵扣的支出，能追查和懲處偷稅漏稅行為。這需要強大的信息追蹤和處理能力。即便在以個人所得稅為最主要稅種的歐美發達國家，足額收稅也是個難題。富人會利用各種手段避稅。比如在 2016 年和 2017 年，身為富豪並入主白宮的特朗普，連續兩年都只繳了 750 美元的聯邦所得稅。2018 年特朗普稅收改革之後，美國最富有的 400 個億萬富翁實際繳納的所得稅率只有約 20%，甚至低於收入排在 50% 以後的美國人。就拿扎克伯格來說，坐擁臉書公司的兩成股份，2018 年臉書的利潤是 200 億美元，那扎氏的收入是否就是 40 億美元呢？不是的。因為臉書不分紅，只要扎氏不賣股權，他的"收入"幾乎是零。公司還將利潤大都轉到了"避稅天堂"開曼

1　關於美國政府管制的興起和現狀，以及與法制之間關係的研究，參見哈佛大學格萊澤（Glaser）和施萊弗（Shleifer）的論文（2003），以及芝加哥大學莫里根（Mulligan）和哈佛大學施萊弗（Shleifer）的論文（2005）。

群島，再加上種種財務運作，也避掉了很多公司所得稅。[1]

　　正因為個人所得稅不易徵收，所以發展中國家的稅制大都與發達國家不同。我國第一大稅種是增值稅，2019 年佔全國稅入的 40%；第二大是公司所得稅，佔 24%。相比之下，個人所得稅只佔不到 7%。與個人所得稅相比，增值稅的徵收難度要小很多。一來有發票作為憑證，二來買家和賣家利益不一致，可以互相監督。理論上，賣家希望開票金額少一點甚至不開票，可以少繳稅；而買家希望開票金額越大越好，可以多抵稅。因此兩套票據可以互相比對，降低造假風險。但在現實中，國人對虛開發票和假發票都不陌生。尤其是 20 世紀末和 21 世紀初，違規發票氾濫。2001 年初，在全部參與稽核的進項發票中，涉嫌違規的發票比例高達 8.5%。[2] 隨著 2003 年"金稅工程二期"的建設完成，增值稅發票的防偽、認證、稽核、協查等系統全面電子化，才逐漸消除了假發票問題，之後的增值稅收入大幅增長。[3] 目前，"金稅工程三期"也已完成。2020 年在手機上用"個人所得稅 App"進行過"綜合所得年度匯算清繳"的讀者，應該記得其中信息的詳細和準確程度，也就不難理解這種"徵稅能力"需要長期建設。

　　從以上例子可以看出，無論是政府服務的質量，還是政府收入的數量，都在不斷發展和變化。"有為政府"和"有效市場"一樣，都不是天然就存在的，需要不斷建設和完善。市場經濟的形式和表現，要受到政府資源和能力的制約，而政府的作用和角色，也需要不斷變化，以適應不同發展階段的不同要求。

　　在經濟發展早期，市場不完善甚至缺失，政府能力於是成了市場能力的補充或替代。經濟落後的國家之所以落後，正是因為它缺乏先進國家完善的市場和高效的資源配置方式。這些本就是經濟發展所需要達到的目標，而很

1　美國富人稅率數據和扎克伯格的例子，來自伯克利加州大學塞茲（Saez）和祖克曼（Zucman）的著作（2019）。

2　數據來自 2002 年國家稅務總局局長金人慶在全國稅務系統信息化建設工作會議上的講話《統一思想 做好準備 大力推進稅收信息化建設》。

3　關於"金稅工程二期"對增值稅收入影響的估計，來自復旦大學樊海潮、劉宇及美國西北大學錢楠筠等人的論文（Fan et al., 2020）。

難說是經濟發展的前提。對落後國家而言，經濟發展的關鍵在於能否在市場機制不完善的情況下，找到其他可行的動員和調配資源的方式，推動經濟增長，在增長過程中獲得更多資源和時間去建設和完善市場經濟。比如說，發達國家有完善的資本市場和法律體系，可以把民間積累的大量財富引導到相對可靠的企業家手中，創造出更多財富。而在改革開放之初，我國資本市場和法律體系遠遠談不上健全，民間財富也極為有限，社會風氣也不信任甚至鄙視民營企業和個體戶。這些條件都限制了當時推動經濟發展的可行方式。

因此落後國家在推進工業化和現代化的過程中，所採用的組織和動員資源的方式，必定與先進國家不同。所謂"舉國體制"也好，"集中力量辦大事"也罷，在很多方面並不是中國特色。今日的很多發達國家在歷史上也曾是落後國家，大多也經歷過政府主導資源調配的階段。但各國由於歷史、社會、政治情況不同，政府調配資源的方式、與市場互動和協調的方式也都不同。本書闡述的"地方分權競爭 + 中央協調"或"官場 + 市場"的模式，屬於中國特色。

當然，並不是所有的政府干預都能成功。以工業化進程中對"幼稚產業"的貿易保護為例。有的國家比如韓國，在抬高關稅、保護本國工業企業的同時，積極提倡出口，以國際市場競爭來約束本國企業，迫使其提高效率，並且隨著工業發展逐步降低乃至取消保護，最終培育出一批世界級的企業。但也有很多國家，比如拉美和東南亞的一些國家，對"幼稚產業"的保護難以"斷奶"，形成了尋租的利益集團和低效的壟斷，拖累了經濟發展。在更加複雜的大國比如中國，兩種狀況都存在。既有在國際競爭中脫穎而出的傑出企業，也有各種騙補和尋租的低效企業。這種結果上的差異，源於各國和各地政商關係的差異。所謂強力政府，不僅在於它有能力和資源支持企業發展，也在於它有能力拒絕對企業提供幫助。[1]

經濟發展，需要不斷動員土地、勞動、資本等資源並將其投入生產，滿

1　伯克利加州大學巴爾丹（Bardhan）的論文（2016）總結和討論了各國保護政策和產業政策的得失成敗。他特別強調了"幼稚產業"保護承諾的"時間不一致"問題，也就是起初設計好了將來要"斷奶"的保護，最終卻遲遲無法"斷奶"的問題。

足社會需要。計劃經濟體制下可以動員資源，但難以滿足社會需要，無法形成供需良性互動的循環，生產率水平也很低。因此我國的市場化改革始於滿足社會需要。1981 年黨的十一屆六中全會提出"我國所要解決的主要矛盾"，就是"人民日益增長的物質文化需要同落後的社會生產之間的矛盾"。在改革過程中，由於各種市場都不完善，法制也不健全，私人部門很難克服各種協調困難和不確定性，政府和國企於是主導投資，深度介入了工業化和城市化的進程。這一模式的成就有目共睹，也推動了市場機制的建立和完善。

但這種模式不能一成不變，過去的成功經驗不見得能適應當下和未來的需要。所謂"政府能力"，不僅包括獲取資源的能力，也包括政府隨著經濟發展而不斷調整自身角色和作用方式的能力。當經濟發展到一定階段後，市場機制已經相對成熟，法治的基礎設施也已經建立，民間的各種市場主體已經積累了大量資源，市場經濟的觀念也已經深入人心，此時若仍將資源繼續向政府和國企集中，效率就會大打折扣。投資、融資、生產都需要更加分散化的決策。市場化改革要想更進一步，"生產型政府"就需要逐步向"服務型政府"轉型。

第七章講過，要調整經濟結構失衡，關鍵是將更多資源從政府和國企轉到居民手中，在降低政府投資支出的同時加大其民生支出。經濟發達國家，政府支出佔 GDP 的比重往往也高，其中大部分是保障民生的支出。就拿經濟合作與發展組織國家來說，在教育、醫療、社會保障、養老方面的政府平均支出佔到 GDP 的 24%，而我國只有 13%。[1] 一方面，隨著國家變富裕，民眾對這類服務的需求會增加；另一方面，市場經濟內在的不穩定和波動會產生失業和貧富差距等問題，需要政府和社會的力量去做緩衝。就拿貧富差距擴大來說，政府的再分配政策不僅包括對富人多徵稅，還包括為窮人多花錢，把支出真正花在民生上。

城市化是一個不可逆的過程，目前的土地和戶籍改革都承認了這種不可逆性。在發展過程中遭遇衝擊，回到鄉村可能是權宜之計，但不是真正有效

1　數據來自 IMF 的張龍梅等人的論文（Zhang et al., 2018）。

的長期緩衝機制。還是要在城市中建立緩衝機制，加大教育、醫療、住房等支出，讓人在城市中安居樂業。

　　加大民生支出，也是順應經濟發展階段的要求。隨著工業升級和技術進步，工業會越來越多地使用機器，創造就業的能力會減弱，這個過程很難逆轉。所以大多數就業都要依靠服務業的發展，而後者離不開城市化和人口密度。[1] 如果服務業佔比越來越高，"生產投資型政府" 就要向 "服務型政府" 轉型，原因有二。其一，與重規模、標準化的工業生產相比，服務業規模通常較小，且更加靈活多變，要滿足各種非標準化、本地化的需求。在這種行業中，政府 "集中力量辦大事" 的投資和決策機制，沒有多大優勢。其二，"投資型" 和 "服務型" 的區別並非涇渭分明。"服務型" 政府實質上就是投資於 "人" 的政府。服務業（包括科技創新）的核心是人力資本，政府加大教育、醫療等民生支出，也就是在加大 "人力資本" 投資。但因為服務業更加靈活和市場化，政府在這個領域的投入是間接的、輔助性的，要投資和培育更一般化的人力資本，而非直接主導具體的項目。

　　擴大民生支出的瓶頸是地方政府的收入。第一章分析了事權劃分的邏輯，這些邏輯決定了民生支出的主力必然是地方政府而不是中央政府。2019年，政府在教育、醫療、社會保障的總支出中，地方佔 96%，中央只佔 4%。中央通過轉移支付機制，有效地推動了地區間基本公共服務支出的均等化（第二章），但這並沒有改變地方民生支出主要依靠地方政府的事實。在分稅制改革、公司所得稅改革、營改增改革之後（第二章），中國目前缺乏屬於地方的主體稅種。以往依託稅收之外的 "土地財政" 和 "土地金融" 模式已經無法再持續下去，因此要想擴大民生支出，可能需要改革稅制，將稅入向地方傾斜。目前討論的熱點方向是開徵房產稅。雖然這肯定是個地方稅種，但改革牽一發動全身，已經熱議了多年，也做了試點，但仍未實質推進。

1　服務業發展離不開人口密度，主要原因在於大多數服務（比如餐館或理髮店）都不能跨地區貿易，需要面對面交易。上海交通大學鍾粵俊和陸銘以及復旦大學奚錫燦的論文（2020）分析了我國各地區人口密度和服務業發展之間的正相關關係。

第三節　發展目標與發展過程

主流的新古典經濟學是一套研究市場和價格機制運行的理論。在很多核心議題上，這套理論並不考慮"國別"，抽象掉了政治、社會、歷史等重要因素。但對於發展中國家而言，核心議題並不是良好的市場機制如何運行，而是如何逐步建立和完善市場經濟體制。因此，發展中國家所採用的資源動員和配置方式，肯定與發達國家不同。諸多發展中國家所採用的具體方式和路徑，當然也各不相同。

經濟發展的核心是提高生產率。對處於技術前沿的發達國家來說，提高生產率的關鍵是不斷探索和創新。其相對完善的市場經濟是一套分散化的決策體系，其中的競爭和價格機制有利於不斷"試錯"和篩選勝者。但對發展中國家來說，提高生產率的關鍵不是探索未知和創新，而是學習已知的技術和管理模式，將更多資源盡快組織和投入到學習過程中，以提高學習效率。這種"組織學習模式"與"探索創新模式"所需要的資源配置方式，並不一樣。我國的經濟學者早在 20 年前就已經討論過這兩種模式的不同。問題的核心在於：後進國家雖然有模仿和學習先進國家技術的"後發優勢"，但其"組織學習模式"不可能一直持續下去。當技術和生產率提高到一定水平之後，舊有的模式若不能成功轉型為"探索創新模式"，就可能會阻礙經濟進一步發展，"後發優勢"可能變成"後發劣勢"。[1]

本書一直強調發展過程與發展目標不同。照搬發達國家的經驗，解決不了我們發展中所面臨的很多問題。但我們自己走過的路和過去的成功經驗，也不一定就適用於未來，所以本書不僅介紹了過往模式的成就，也花了大量篇幅來介紹隱憂和改革。我個人相信，如果"組織學習模式"不止一種，"探索創新模式"自然也不止一種，歐美模式不一定就是最優的模式。

不僅發展中國家和發達國家不同，發展中國家各自的發展模式也不

1　關於"後發優勢"和"後發劣勢"的討論，詳見哥倫比亞薩克斯（Sachs）、戴維斯加州大學胡永泰、莫納什大學楊小凱的研究以及林毅夫的論文（2003）。諾貝爾獎得主斯蒂格利茨和哥倫比亞大學格林沃爾德的著作（2017）系統地闡釋了學習和經濟發展的關係，在這個框架下討論了一系列主流經濟學中視為"扭曲"的政策的積極意義，包括產業政策和貿易保護等，是一部傑作。

同。[1] 從宏觀角度看，很多成功的發展中國家有諸多相似之處，比如資本積累的方式、出口導向的發展戰略、產業政策和匯率操控、金融抑制等。但在不同國家，貫徹和執行這些戰略或政策的具體方式並不相同。行之有效的發展戰略和政策，必須符合本國國情，受本國特殊歷史和社會條件的制約。哪個國家也不是一張白紙，可以隨便畫美麗的圖畫。什麼可以做，什麼不可以做，每個國家不一樣。本書闡述的我國政治經濟體制，有三大必要組件：掌握大量資源並可以自主行動的地方政府，協調和控制能力強的中央政府，以及人力資本雄厚和組織完善的官僚體系。這三大"制度稟賦"源自我國特殊的歷史，不是每個國家都有的。

　　不僅國與國之間國情和發展路徑有別，在中國這樣一個大國內部，各個省的發展方式和路徑也不盡相同。第一章開篇就提到，若單獨計算經濟體量，廣東、浙江、江蘇、山東、河南都是世界前 20 的經濟體，都相當於一個中等歐洲國家的規模。如果這些歐洲國家的經濟發展故事可以寫很多本書和論文，我國各省獨特的發展路徑當然也值得單獨研究和記錄。[2] 可惜目前的經濟學術潮流是追求"放之四海而皆準"的理論，國別和案例研究式微，被稱為"軼事證據"（anecdotal evidence），聽起來就很不"科學"，低人一等。我對這種風氣不以為然。雖然我從抽象和一般化的發展經濟學理論中學到了很多，但對具體的做法和模式更感興趣，所以本書介紹了很多具體案例和政策。

　　各國的政治和社會現實，決定了可行的經濟發展政策的邊界。就拿工業化和城市化來說，無疑是經濟發展的關鍵。從表面看，這是個工業生產技術和基礎設施建設的問題，各國看起來都差不多。但看深一層，這是個農民轉變為工人和市民的問題，這個演變過程，各國差別就大了。在我國，可行的政策空間和演變路徑受三大制度約束：農村集體所有制、城市土地公有制、戶籍制度。所以中國的工業化才離不開鄉鎮企業的發展，城市化才離不開

1　哈佛大學羅德里克的著作（2009）系統地闡述了這一點。

2　其實何止是省，我國很多市的發展故事和模式也各具特色。這方面深入的研究並不多，感興趣的讀者可以參考如下著作，很有意思。復旦大學章奇和北京大學劉明興關於浙江模式的著作（2016）；復旦大學張軍主編的關於深圳模式的論文集（2019）。再早一點，還有國家發展改革委張燕生團隊關於佛山模式的研究報告（2001），浙江大學史晉川團隊關於溫州模式的研究報告（2002）。

"土地財政"和"土地金融"。這些特殊的路徑，我認為才是研究經濟發展歷程中最有意思的東西。

可行的政策不僅受既有制度的約束，也受既有利益的約束。政策方案的設計，必須考慮到利益相關人和權力持有者的利益。既要提高經濟效率，也要保證做決策的人或權力主體的利益不受巨大損害，否則政策就難以推行。[1] 可行的經濟政策是各種利益妥協的結果，背後是各國特殊的政治體制和議程。在這個過程中，不僅激勵相容的機制重要，文化的制約也重要。比如政治經濟學中有個重要概念叫"精英俘獲"（elite capture），一個例子就是地方政治精英被地方利益集團俘獲，損害民眾利益。在我國歷史上，這一"山高皇帝遠"的問題就長期存在，應對之道不僅有各類制度建設，也從來沒離開過對官僚群體統一的意識形態和道德教化（第一章）。

另一個例子是自由貿易和保護主義的衝突。支持自由貿易的概念和理論，幾乎算是經濟學中最強有力的邏輯，但往往也突破不了現實利益的枷鎖。只要學過經濟學，都知道比較優勢和自由貿易能讓國家整體得益。但整體得益不等於讓每個人都得益。從理論上講，即便有人受損，也該支持自由貿易，因為整體得益遠大於部分損失，只要從受益方那裏拿一點利益出來，就足夠補償受損方且有餘。但在現實中，補償多少？怎麼補償？往往涉及複雜的政治博弈。補償可能遲遲落實不到位，最終是受益者得益越來越多，而受損者卻屢遭打擊。雖說平均值是變好了，但那些受損的人的生活不是理論上的平均數字，他們會為了自己的利益而反抗和行動，這是保護主義的根源。[2]

最後，與主要研究成熟市場的新古典經濟學相比，研究發展過程的經濟學還包括兩大特殊議題，一是發展順序，二是發展節奏。在現實中，這兩個問題常常重合。但對研究者而言，第一個問題的重點是"結構"，第二個問題的重點是"穩定"或"漸進性"。

1　清華大學錢穎一的論文集（Qian, 2017）詳細闡述了這一點。

2　哈佛大學羅德里克的著作（2018）闡述了貿易理論和現實利益之間的衝突。

改革方向和改革過程是兩回事。就算每個人都對改革方向和目的有共識（事實上不可能），但對改革路徑和步驟也會有分歧。什麼事先辦，什麼事後辦，不容易決定。每一步都有人受益、有人受損，拚命爭取和拚命抵制的都大有人在。就算能看清對岸的風景，也不見得就能摸著石頭成功過河，絆腳石或深坑比比皆是。20 世紀中葉，"二戰"剛剛結束，出現了大批新興國家，推動了發展經濟學的興起。當時研究的重點就是發展順序或結構轉型問題。後來這一研究範式逐漸式微。最近 10 年，北京大學林毅夫教授領銜的研究中心開始重新重視結構轉型問題，其理論稱為"新結構經濟學"，依託"比較優勢"的基本邏輯來解釋發展次序和結構轉型，也稱為"第三代發展經濟學"。這一思路目前尚有很多爭議，但無疑是非常重要的探索方向。[1]

經濟發展必然要改變舊有的生活方式，重新分配利益，所以必然伴隨著矛盾和衝突。政府的關鍵作用之一，就是調控改變速度的快慢。社會變化過程快慢之間，對身處其中的人而言，感受天差地別。對於環境的變化，人們需要時間去適應。人不是機器部件，不可能瞬間調整，也沒有人能一直緊跟時代，所以穩定的改革過程要留下足夠的時間和資源去緩衝。這種"漸進性改革"中的各種緩衝機制，往往會拖低效率，所以常常被解讀為"扭曲"和"資源錯配"。但任何成功的轉型過程都離不開緩衝機制。

經濟發展是個連續的過程。當下最重要的問題不是我國的 GDP 總量哪年能超過美國，而是探討我國是否具備了下一步發展的基礎和條件：產業升級和科技進步還能繼續齊頭並進嗎？還有幾億的農民能繼續城市（鎮）化嗎？貧富差距能控制在社會可承受的範圍內嗎？在現有的基礎上，下一步改革的重點和具體政策是什麼？因此本書在每個重要議題之後，都盡量介紹了當下正在實施的政策和改革，以便讀者了解政策制定者對現實的把握和施政思路。有經濟史學家在研究美國崛起的過程時曾言："在成功的經濟體中，經濟政策一定是務實的，不是意識形態化的。是具體的，不是抽象的。" [2]

1　關於這一學說的基本框架，參見林毅夫的著作（2014），其中也包括了很多學者對這一理論的討論以及林教授的回應。

2　參見伯克利加州大學科恩（Cohen）和德隆（DeLong）的著作（2016）。

結　語

　　經濟學是對經濟現象的解讀。現象複雜多變，偶然因素非常重要，過往並非必然，未來也不能確定。但經濟學研究依然是有意義的。它能從過往事件的來龍去脈中提取一些因素，思考這些因素的不同組合，形成對事件的多種解讀，給人啟發。但什麼是相關因素？怎麼組合？又如何解讀？這些都與所研究事件的所在環境密不可分。任何合格的理論當然都能自圓其說，但應用理論要跳出理論本身，才能審視其適用性和實用性，這種應用因時、因地、因人而異。

　　對相關因素的提取和組合，本質上是對“何謂重要”這一問題的反覆考量，其判斷標準只能在比較中產生。這一“比較”的視野，要在空間和時間兩個維度展開，既包括跨地區、跨國家的比較，也包括跨時期的比較。研究者不僅要深入了解本國現狀和歷史，也要了解所比較國家的現狀和歷史。比較數據和表面現象容易，但要比較數據產生的過程和現象發生的機制就難了，而這些往往更加有用。發展經濟學的核心就是理解發展過程，因此必須理解初始條件和路徑依賴，對“歷史”的延續性和強大力量心存敬畏，對簡單套用外來理論心存疑慮。

　　無論如何，經濟學的主要作用仍是發現和提出問題，而解決問題的具體方案只能在實踐中摸索和產生。學術的這一“提問”作用不應被誇大，也不應被貶低。世事複雜，邏輯和理論之外的不可控因素太多，所以具體問題的解決方案，只能在實踐中不斷權衡、取捨、調整、改進。但發現和提出好的問題，是解決問題的第一步，且“提問”本身，往往已蘊含了對解決思路的探索。切中要害的問題，必然基於對現實情況的深刻理解。因此，無論是理論家還是實踐者，“實事求是”和“具體問題具體分析”都是不會過時的精神。

◎

擴展閱讀

　　培養"比較"視野需要大量閱讀，這也是本書設立"擴展閱讀"部分的初衷。我個人偏愛經濟史，所以把最後這部分留給經濟史。這個領域的大作很多，以下三本入門讀物的共同點是簡明通俗，篇幅雖不長，但介紹了很多重要現象，提出了不少重要問題：英國史學家艾倫的《全球經濟史》（2015），喬治梅森大學戈德斯通的《為什麼是歐洲？世界史視角下的西方崛起》（2010），哈佛大學弗里登的《20世紀全球資本主義的興衰》（2017）。希望這些書能激發讀者興趣，之後去做深入了解。我個人也經常翻閱卡爾‧波蘭尼、亞歷山大‧格申克龍、艾瑞克‧霍布斯鮑姆、喬爾‧莫基爾等人的傑作，大都有中譯本。都是些老書，常讀常新。熟悉這些著作的讀者應該能在本書的很多地方看到《經濟落後的歷史透視》（格申克龍，2012）和《大轉型：我們時代的政治與經濟起源》（波蘭尼，2020）的影子。

　　國內的經濟學學生很了解美國的經濟學理論，但不太了解美國經濟發展的歷史過程。我推薦兩種讀物。第一本是西北大學戈登的《美國增長的起落》（2018）。經濟發展和科技進步會給生活帶來翻天覆地的變化，本書從很長的時間線上對此做了生動細緻的描述和分析，是本大部頭，細節豐富，讀者的印象和感受會很深。另一本是伯克利加州大學科恩（Cohen）和德隆（DeLong）合著的 *Concrete Economics: the Hamilton Approach to Economic Growth and Policy*（2016），這本書著重強調政府在美國經濟發展中的作用。該實行產業政策就實行產業政策、該保護貿易就保護貿易、該操控匯率就操控匯率，堅持務實精神，具體問題具體分析，才有美國的今天。借回顧歷史之機，作者們批評了20世紀80年代之後席捲美國和全球的自由市場思潮。

　　在寫作本章的過程中，在東亞研究領域負有盛名的哈佛大學教授傅高義辭世。他的傑作《鄧小平時代》清晰易懂，細緻流暢，影響很大。改革開放是個偉大的時代，這本書記錄了這個偉大開端，放在這裏推薦，再合適不過。

結束語

寫書是需要幻覺的，我必須堅信這本書很重要，很有意義，我才能堅持寫完它。但寫完了，也就不再需要這種幻覺支撐了。中國經濟這台熱鬧炫目的大戲，說不盡，這本書只是我的一點模糊認識，一鱗半爪都談不上，盲人摸象更貼切些。凱恩斯在《論概率》中說過一段話，概括了我在寫作本書過程中的心理狀態：

寫這樣一本書，若想說清觀點，作者有時必須裝得成竹在胸一點。想讓自己的論述站得穩，便不能甫一下筆就顧慮重重。論述這些問題實非易事，我有時輕描淡寫，斬釘截鐵，但其實心中始終有所疑慮，也許讀者能夠體諒。

過去 40 年，中國的名義 GDP 增長了 242 倍，大家從每個月掙二三十元變成了掙四五千元，動作稍微慢一點，就被時代甩在了後面。身在其中的風風火火、慌慌張張、大起大落、大喜大悲，其他國家的人無論有多少知識和理論，都沒有切身感受。

我出生於 1980 年，長在內蒙古的邊陲小鎮，在北京、大連、上海、深圳、武漢都長期待過，除了在美國讀書和生活的六七年，沒離開過這片滾滾紅塵。雖然見過的問題和麻煩可以再寫幾本書，但經歷和見聞讓我對中國悲觀不起來。我可以用很多理論來分析和闡述這種樂觀，但從根本上講，我的樂觀並不需要這些頭頭是道的邏輯支撐，它就是一種樸素的信念：相信中國

會更好。這種信念不是源於學術訓練，而是源於司馬遷、杜甫、蘇軾，源於
"一條大河波浪寬"，源於對中國人勤奮實幹的欽佩。它影響了我看待問題的
角度和處理信息的方式，我接受這種局限性，沒有改變的打算。

　　沒人知道未來會怎樣。哪怕只是五六十年，也是一個遠超認知的時間跨
度，信念因此重要。1912 年，溥儀退位，舊制度天崩地裂，新時代風起雲
湧，直到改革開放，彷彿已經歷了幾個世紀，但實際不過 66 年。

　　所以這本書沒什麼宏大的構思和框架，也沒有預測，就是介紹些當下的
情況，如果能幫助讀者理解身邊的一些事情，從熱鬧的政經新聞中看出些門
道，從嚴肅的政府文件中覺察出些機會，爭取改善一下生活，哪怕只是增加
些談資，也足夠了。我是個經濟學家，基於專業訓練的樸素信念也有一個：
生活過得好一點，比大多數宏偉更宏偉。

參考文獻

巴里・艾肯格林（2019），《囂張的特權：美元的國際化之路及對中國的啟示》，陳召強譯，中信出版社。

羅伯特・艾倫（2015），《全球經濟史》，陸贇譯，譯林出版社。

巴里・埃森格林（2020），《資本全球化：一部國際貨幣體系史（原書第 3 版）》，麻勇愛譯，機械工業出版社。

白重恩、錢震傑（2009），《國民收入的要素分配：統計數據背後的故事》，載《經濟研究》第 3 期。

理查德・鮑德溫（2020），《大合流：信息技術和新全球化》，李志遠、劉曉捷、羅長遠譯，格致出版社。

亨利・保爾森（2016），《與中國打交道：親歷一個新經濟大國的崛起》，王宇光等譯，香港中文大學出版社。

斯文・貝克特（2019），《棉花帝國：一部資本主義全球史》，徐軼傑、楊燕譯，民主與建設出版社。

編委會（2013），《國家開發銀行史：1994—2012》，中國金融出版社。

卡爾・波蘭尼（2020），《大轉型：我們時代的政治與經濟起源》，馮鋼、劉陽譯，當代世界出版社。

薄一波（2008），《若干重大決策與事件的回顧》，中共黨史出版社。

蔡昉、李周、林毅夫（2014），《中國的奇跡：發展戰略與經濟改革（增訂版）》，格致出版社。

陳斌開、李銀銀（2020），《再分配政策對農村收入分配的影響—基於稅費體制改革的經驗研究》，載《中國社會科學》第 2 期。

陳斌開、陸銘、鍾寧樺（2010），《戶籍制約下的居民消費》，載《經濟研究》增刊。

陳斌開、楊汝岱（2013），《土地供給、住房價格與中國城鎮居民儲蓄》，載《經濟研究》第 1 期。

陳登科、陳詩一（2018），《資本勞動相對價格、替代彈性與勞動收入份額》，載《世界經濟》第 12 期。

陳碩、朱琳（2020），《市場轉型與腐敗治理：基於官員個體證據》，復旦大學經濟學院工作論文。

陳曉紅、朱蕾、汪陽潔（2019），《駐地效應—來自國家土地督察的經驗證據》，載《經濟學（季刊）》第 1 期。

瑞·達利歐（2019），《債務危機：我的應對原則》，趙燦等譯，中信出版社。

党均章、王慶華（2010），《地方政府融資平台貸款風險分析與思考》，載《銀行家》第 4 期。

赫爾南多·德·索托（2007），《資本的秘密》，于海生譯，華夏出版社。

范子英、李欣（2014），《部長的政治關聯效應與財政轉移支付分配》，載《經濟研究》第 6 期。

方紅生、張軍（2013），《攫取之手、援助之手與中國稅收超 GDP 增長》，載《經濟研究》第 3 期。

馮軍旗（2010），《中縣幹部》，北京大學博士學位論文。

傅高義（2013），《鄧小平時代》，馮克利譯，生活·讀書·新知三聯書店。

傑弗里·弗里登（2017），《20 世紀全球資本主義的興衰》，楊宇光譯，上海人民出版社。

弗朗西斯·福山（2014），《政治秩序的起源：從前人類時代到法國大革命》，毛俊傑譯，廣西師範大學出版社。

傅勇、張晏（2007），《中國式分權與財政支出結構偏向：為增長而競爭的代價》，載《管理世界》第 3 期。

甘犁、趙乃寶、孫永智（2018），《收入不平等、流動性約束與中國家庭儲蓄率》，載《經濟研究》第 12 期。

高翔、龍小寧（2016），《省級行政區劃造成的文化分割會影響區域經濟麼？》，載《經濟學（季刊）》第 2 期。

傑克・戈德斯通（2010），《為什麼是歐洲？世界史視角下的西方崛起》，關永強譯，浙江大學出版社。

羅伯特・戈登（2018），《美國增長的起落》，張林山等譯，中信出版集團。

加里・戈頓（2011），《銀行的秘密：現代金融生存啟示錄》，陳曦譯，中信出版社。

葛劍雄（2013），《統一與分裂：中國歷史的啟示》，商務印書館。

亞歷山大・格申克龍（2012），《經濟落後的歷史透視》，張鳳林譯，商務印書館。

弓永峰、林劼（2020），《“逆全球化”難撼中國光伏產業鏈優勢地位》，中信證券研報。

辜朝明（2016），《大衰退：宏觀經濟學的聖杯》，喻海翔譯，東方出版社。

韓立彬、陸銘（2018），《供需錯配：解開中國房價分化之謎》，載《世界經濟》第10期。

韓茂莉（2015），《中國歷史地理十五講》，北京大學出版社。

洪正、張碩楠、張琳（2017），《經濟結構、財政稟賦與地方政府控股城商行模式選擇》，載《金融研究》第10期。

華生（2014），《城市化轉型與土地陷阱》，東方出版社。

黃奇帆（2020），《分析與思考：黃奇帆的復旦經濟課》，上海人民出版社。

姜超、朱徵星、杜佳（2018），《地方政府隱性債務規模有多大？》，海通證券研報。

默文・金（2016），《金融煉金術的終結：貨幣、銀行與全球經濟的未來》，束宇譯，中信出版社。

金觀濤、劉青峰（2010），《興盛與危機：論中國社會超穩定結構》，法律出版社。

景躍進、陳明明、蕭濱（2016），《當代中國政府與政治》，中國人民大學出版社。

保羅・克魯格曼（2002），《地理和貿易》，張兆傑譯，北京大學出版社。

孔飛力（2014），《叫魂：1768 年中國妖術大恐慌》，陳兼、劉昶譯，生活・讀書・新知三聯書店。

拉古拉邁・拉詹（2015），《斷層線：全球經濟潛在的危機》，李念等譯，中信出版社。

卡門・萊因哈特、肯尼斯・羅格夫（2012），《這次不一樣：八百年金融危機史》，綦相譯，機械工業出版社。

李侃如（2010），《治理中國：從革命到改革》，胡國成、趙梅譯，中國社會科學出版社。

李萍（主編）（2010），《財政體制簡明圖解》，中國財政經濟出版社。

李實、岳希明（2015），《〈21 世紀資本論〉到底發現了什麼》，中國財政經濟出版社。

李實、朱夢冰（2018），《中國經濟轉型 40 年中居民收入差距的變動》，載《管理世界》

第 12 期。

李學文、盧新海、張蔚文（2012），《地方政府與預算外收入：中國經濟增長模式問題》，載《世界經濟》第 8 期。

林毅夫（2003），《後發優勢與後發劣勢 —— 與楊小凱教授商榷》，載《經濟學（季刊）》第 4 期。

林毅夫（2014），《新結構經濟學：反思經濟發展與政策的理論框架（增訂版）》，北京大學出版社。

林毅夫、巫和懋、邢亦青（2010），《"潮湧現象" 與產能過剩的形成機制》，載《經濟研究》第 10 期。

劉克崮、賈康主編（2008），《中國財稅改革三十年：親歷與回顧》，經濟科學出版社。

劉守英（2018），《土地制度與中國發展》，中國人民大學出版社。

劉守英、楊繼東（2019），《中國產業升級的演進與政策選擇 —— 基於產品空間的視角》，載《管理世界》第 6 期。

樓繼偉（2013），《中國政府間財政關係再思考》，中國財政經濟出版社。

樓繼偉（2018），《事權與支出責任劃分改革的有關問題》，載《比較》第 4 期。

樓繼偉、劉尚希（2019），《新中國財稅發展 70 年》，人民出版社。

路風（2016），《光變：一個企業及其工業史》，當代中國出版社。

路風（2019），《走向自主創新：尋找中國力量的源泉》，中國人民大學出版社。

路風（2020），《新火：走向自主創新 2》，中國人民大學出版社。

陸銘（2016），《大國大城：當代中國的統一、發展與平衡》，上海人民出版社。

羅長遠、張軍（2009），《經濟發展中的勞動收入佔比：基於中國產業數據的實證研究》，載《中國社會科學》第 4 期。

丹尼·羅德里克（2009），《相同的經濟學，不同的政策處方：全球化、制度建設和經濟增長》，張軍擴、侯永志等譯，中信出版社。

丹尼·羅德里克（2011），《全球化的悖論》，廖麗華譯，中國人民大學出版社。

丹尼·羅德里克（2018），《貿易的真相：如何構建理性的世界經濟》，卓賢譯，中信出版社。

馬光榮、張凱強、呂冰洋（2019），《分稅與地方財政支出結構》，載《金融研究》第 8 期。

托馬斯·麥克勞（1999），《現代資本主義：三次工業革命中的成功者》，趙文書、蕭鎖章譯，江蘇人民出版社。

阿蒂夫・邁恩、阿米爾・蘇非（2015），《房債：為什麼會出現大衰退，如何避免重蹈覆轍》，何志強、邢增藝譯，中信出版社。

布蘭科・米蘭諾維奇（2019），《全球不平等》，熊金武、劉宣佑譯，中信出版社。

繆小林、王婷、高躍光（2017），《轉移支付對城鄉公共服務差距的影響 —— 不同經濟趕超省份的分組比較》，載《經濟研究》第 2 期。

巴里・諾頓（2020），《中國經濟：適應與增長（第二版）》，安佳譯，上海人民出版社。

潘功勝（2012），《大行蝶變：中國大型商業銀行復興之路》，中國金融出版社。

邁克爾・佩蒂斯（2014），《大失衡：貿易、衝突和世界經濟的危險前路》，王璟譯，譯林出版社。

托馬斯・皮凱蒂（2014），《21 世紀資本論》，巴曙松譯，中信出版社。

任澤平、夏磊、熊柴（2017），《房地產周期》，人民出版社。

沃爾特・沙伊德爾（2019），《不平等社會：從石器時代到 21 世紀，人類如何應對不平等》，顏鵬飛等譯，中信出版社。

邵朝對、蘇丹妮、包群（2018），《中國式分權下撤縣設區的增長績效評估》，載《世界經濟》第 10 期。

邵挺、田莉、陶然（2018），《中國城市二元土地制度與房地產調控長效機制：理論分析框架、政策效應評估與未來改革路徑》，載《比較》第 6 期。

沈聯濤（2015），《十年輪迴：從亞洲到全球的金融危機（第三版）》，楊宇光、劉敬國譯，上海遠東出版社。

史晉川（等）（2002），《制度變遷與經濟發展：溫州模式研究》，浙江大學出版社。

喬・史塔威爾（2014），《亞洲大趨勢》，蔣宗強譯，中信出版社。

約瑟夫・斯蒂格利茨（2013），《不平等的代價》，張子源譯，機械工業出版社。

約瑟夫・斯蒂格利茨、布魯斯・格林沃爾德（2017），《增長的方法：學習型社會與經濟增長的新引擎》，陳宇欣譯，中信出版社。

譚之博、周黎安、趙嶽（2015），《省管縣改革、財政分權與民生 —— 基於“倍差法”的估計》，載《經濟學（季刊）》第 3 期。

唐為（2019），《分權、外部性與邊界效應》，載《經濟研究》第 3 期。

唐為、王媛（2015），《行政區劃調整與人口城市化：來自撤縣設區的經驗證據》，載《經濟研究》第 9 期。

阿代爾・特納（2016），《債務和魔鬼：貨幣、信貸和全球金融體系重建》，王勝邦、徐驚蟄、朱元倩譯，中信出版社。

田毅、趙旭（2008），《他鄉之稅：一個鄉鎮的三十年，一個國家的"隱秘"財政史》，中信出版社。

萬曉莉、嚴予若、方芳（2017），《房價變化、房屋資產與中國居民消費 —— 基於總體和調研數據的證據》，載《經濟學（季刊）》第 2 期。

王能全（2018），《石油的時代》，中信出版社。

王瑞民、陶然（2017），《中國財政轉移支付的均等化效應：基於縣級數據的評估》，載《世界經濟》第 12 期。

王紹光（1997），《分權的底限》，中國計劃出版社。

保羅‧沃爾克、行天豐雄（2016），《時運變遷：世界貨幣、美元地位與人民幣的未來》，于傑譯，中信出版社。

卡爾‧沃爾特、弗雷澤‧豪伊（2013），《紅色資本：中國的非凡崛起和脆弱的金融基礎》，祝捷、劉駿譯，東方出版中心。

吳軍（2019），《浪潮之巔（第四版）》，人民郵電出版社。

吳敏、周黎安（2018），《晉升激勵與城市建設：公共品可視性的視角》，載《經濟研究》第 12 期。

吳毅（2018），《小鎮喧囂：一個鄉鎮政治運作的演繹與闡釋》，生活‧讀書‧新知三聯書店。

巫永平（2017），《誰創造的經濟奇跡？》，生活‧讀書‧新知三聯書店。

席鵬輝、梁若冰、謝貞發（2017），《稅收分成調整、財政壓力與工業污染》，載《世界經濟》第 10 期。

席鵬輝、梁若冰、謝貞發、蘇國燦（2017），《財政壓力、產能過剩與供給側改革》，載《經濟研究》第 9 期。

許憲春、賈海、李皎、李俊波（2015），《房地產經濟對中國國民經濟增長的作用研究》，載《中國社會科學》第 1 期。

徐業坤、馬光源（2019），《地方官員變更與企業產能過剩》，載《經濟研究》第 5 期。

嚴鵬（2018），《簡明中國工業史（1815—2015）》，電子工業出版社。

楊海生、陳少凌、羅黨論、佘國滿（2014），《政策不穩定性與經濟增長：來自中國地方官員變更的經驗證據》，載《管理世界》第 9 期。

姚洋、張牧揚（2013），《官員績效與晉升錦標賽：來自城市數據的證據》，載《經濟研究》第 1 期。

葉恩華、布魯斯‧馬科恩（2016），《創新驅動中國：中國經濟轉型升級的新引擎》，陳召強、段莉譯，中信出版社。

易綱（2019），《堅守幣值穩定目標　實施穩健貨幣政策》，載《求是》第 23 期。

易綱（2020），《再論中國金融資產結構及政策含義》，載《經濟研究》第 3 期。

尹恆、朱虹（2011），《縣級財政生產性支出偏向研究》，載《中國社會科學》第 1 期。

余淼傑、梁中華（2014），《貿易自由化與中國勞動收入份額 —— 基於製造業貿易企業數據的實證分析》，載《管理世界》第 7 期。

余永定（2010），《見證失衡：雙順差、人民幣匯率和美元陷阱》，生活‧讀書‧新知三聯書店。

袁健聰、徐濤、王喆、敖翀、李超（2020），《新材料行業面板材料系列報告》，中信證券研報。

張川川、賈坤、楊汝岱（2016），《"鬼城"下的蝸居：收入不平等與房地產泡沫》，載《世界經濟》第 2 期。

張春霖（2019），《從數據看全球金融危機以來中國國有企業規模的加速增長》，載《比較》第 6 期。

張嘉璈（2018），《通脹螺旋：中國貨幣經濟全面崩潰的十年 1939 — 1949》，中信出版社。

張軍、樊海潮、許志偉、周龍飛（2020），《GDP 增速的結構性下調：官員考核機制的視角》，載《經濟研究》第 5 期。

張軍（主編）（2019），《深圳奇跡》，東方出版社。

章奇、劉明興（2016），《權力結構、政治激勵和經濟增長：基於浙江民營經濟發展經驗的政治經濟學分析》，格致出版社、上海人民出版社。

張五常（2017），《中國的經濟制度》，中信出版社。

張五常（2019），《經濟解釋（2019 增訂版）》，中信出版社。

張燕生（等）（2001），《政府與市場：中國經驗》，中信出版社。

趙婷、陳釗（2019），《比較優勢與中央、地方的產業政策》，載《世界經濟》第 10 期。

鄭思齊、孫偉增、吳璟、武贇（2014），《以地生財，以財養地 —— 中國特色城市建設投融資模式研究》，載《經濟研究》第 8 期。

中國人民銀行金融穩定分析小組（2019），《中國金融穩定報告 2019》，中國金融出版社。

中國人民銀行調查統計司（2020），《中國城鎮居民家庭資產負債調查報告》。

鍾粵俊、陸銘、奚錫燦（2020），《集聚與服務業發展 —— 基於人口空間分佈的視角》，載《管理世界》第 11 期。

周飛舟（2012），《以利為利：財政關係與地方政府行為》，上海三聯書店。

周黎安（2016），《行政發包的組織邊界：兼論"官吏分途"與"層級分流"現象》，載《社會》第 1 期。

周黎安（2017），《轉型中的地方政府：官員激勵與治理（第二版）》，格致出版社、上海人民出版社。

周黎安（2018），《"官場 + 市場"與中國增長故事》，載《社會》第 2 期。

周其仁（2012），《貨幣的教訓：匯率與貨幣系列評論》，北京大學出版社。

周其仁（2017），《城鄉中國（修訂版）》，中信出版社。

周雪光（2016），《從"官吏分途"與"層級分流"：帝國邏輯下的中國官僚人事制度》，載《社會》第 1 期。

周振鶴（2014），《中國地方行政制度史》，上海人民出版社。

朱寧（2016），《剛性泡沫》，中信出版社。

朱玥（2019），《周期的力量，成長的鋒芒：光伏產業 15 年複盤與展望》，興業證券研報。

格里高利・祖克曼（2018），《史上最偉大的交易》，施軼譯，中國人民大學出版社。

Acemoglu, Daron, Ufuk Akcigit, Douglas Hanley, and William Kerr (2016), "Transition to Clean Technology," *Journal of Political Economy* 124(1): 52-104.

Aghion, Philippe, Antonin Bergeaud, Matthieu Lequien, and Marc J. Melitz (2018), "The Impact of Exports on Innovation: Theory and Evidence," *NBER Working Paper* 24600.

Aghion, Philippe, Jing Cai, Mathias Dewatripont, Luosha Du, Ann Harrison, and Patrick Legros (2015), "Industrial Policy and Competition," *American Economic Journal: Macroeconomics* 7(4): 1-32.

Aghion, Philippe, and Jean Tirole (1997), "Formal and Real Authority in Organizations," *Journal of Political Economy* 105(1): 1-29.

Akerlof, George A. (2020), "Sins of Omission and the Practice of Economics," *Journal of Economic Literature* 58(2): 405-418.

Alchian, Armen A. (1950), "Uncertainty, Evolution, and Economic Theory," *Journal of Political Economy* 58(3): 211-221.

Alesina, Alberto, and Enrico Spolaore (2003), *The Size of Nations,* MIT Press.

Ang, Yuen Yuen (2020), *China's Gilded Age: the Paradox of Economic Boom and Vast*

Corruption, Cambridge University Press.

Appelbaum, Eileen, and Rosemary Batt (2014), *Private Equity at Work: When Wall Street Manages Main Street*, Russell Sage Foundation.

Armstrong-Taylor, Paul (2016), *Debt and Distortion: Risks and Reforms in the Chinese Financial System,* Palgrave Macmillan.

Autor, David, David Dorn, and Gordon Hanson (2013), "The China Syndrome: Local Labor Market Effects of Import Competition in the United States," *American Economic Review* 103(6): 2121-2168.

Autor, David, David Dorn, Gordon Hanson and Kaveh Majlesi (2020), "Importing Political Polarization? The Electoral Consequences of Rising Trade Exposure," *American Economic Review* 110(10): 3139-3183.

Autor, David, David Dorn, Gordon H. Hanson, Gary Pisano, and Pian Shu (2020), "Foreign Competition and Domestic Innovation: Evidence from US Patents," *American Economic Review: Insights,* forthcoming.

Avdjiev, Stefan, Robert N. McCauley, and Hyun Song Shin (2016), "Breaking Free of the Triple Coincidence in International Finance," *Economic Policy* 31(87): 409-451.

Bai, Chong-En, Chang-Tai Hsieh, and Zheng Song (2016), "The Long Shadow of a Fiscal Expansion," *Brookings Papers on Economic Activity,* Fall: 129-165.

Bardhan, Pranab (2016), "State and Development: The Need for a Reappraisal of the Current Literature," *Journal of Economic Literature* 54(3): 862-892.

Bertrand, Marianne, and Adair Morse (2016), "Trickle-down Consumption," *Review of Economics and Statistics* 98(5): 863-879.

Besley, Timothy, and Torsten Persson (2011), *Pillars of Prosperity: the Political Economics of Development Clusters*, Princeton University Press.

Bloom, Nicholas (2014), "Fluctuations in Uncertainty," *Journal of Economic Perspectives* 28(2): 153-176.

Bloom, Nicholas, Kyle Handley, Andre Kurman, and Phillip Luck (2019), "The Impact of Chinese Trade on US Employment: The Good, The Bad, and The Debatable," *Working Paper.*

Brueckner, Jan K., Shihe Fu, Yizhen Gu, and Junfu Zhang (2017), "Measuring the Stringency of Land Use Regulation: the Case of China's Building Height Limits," *Review of Economics and Statistics* 99, no. 4: 663-677.

Cai, Hongbin, Yuyu Chen, and Qing Gong (2016), "Polluting Thy Neighbor: Unintended Consequences of China's Pollution Reduction Mandates," *Journal of Environmental Economics and Management* 76: 86-104.

Chamon, Marcos D., and Eswar S. Prasad (2010), "Why Are Saving Rates of Urban Households in China Rising?" *American Economic Journal: Macroeconomics* 2(1): 93-130.

Chen, M. Keith (2013), "The Effect of Language on Economic Behavior: Evidence from Savings Rates, Health Behaviors, and Retirement Assets," *American Economic Review* 103(2): 690-731.

Chen, Peter, Loukas Karabarbounis, and Brent Neiman (2017), "The Global Rise of Corporate Saving," *Journal of Monetary Economics* 89: 1-19.

Chen, Shuo, Xinyu Fan, Zhitao Zhu (2020), "The Promotion Club," *Working Paper*.

Chen, Ting, Laura Xiaolei Liu, Wei Xiong, and Li-An Zhou (2018), "Real Estate Boom and Misallocation of Capital in China," *Working Paper*.

Cheng, Hong, Ruixue Jia, Dandan Li, and Hongbin Li (2019), "The Rise of Robots in China," *Journal of Economic Perspectives* 33, no. 2: 71-88.

Cherif, Reda, and Fuad Hasanov (2019), "The Return of the Policy that Shall Not Be Named: Principles of Industrial Policy," *IMF Working Paper*.

Chetty, Raj, David Grusky, Maximilian Hell, Nathaniel Hendren, Robert Manduca, and Jimmy Narang (2017), "The Fading American Dream: Trends in Absolute Income Mobility since 1940," *Science* 356(6336): 398-406.

Chetty, Raj, Nathaniel Hendren, Maggie R. Jones, and Sonya R. Porter (2020), "Race and Economic Opportunity in the United States: An Intergenerational Perspective," *Quarterly Journal of Economics* 135(2): 711-783.

Choukhmane, Taha, Nicholas Coeurdacier, and Keyu Jin (2019), "The One-child Policy and Household Savings," *Working Paper*.

Cohen, Stephen S., and J. Bradford DeLong (2016), *Concrete Economics: The Hamilton Approach to Economic Growth and Policy*, Harvard Business Review Press.

Cunningham, Edward, Tony Saich, and Jesse Turiel (2020), "Understanding CCP Resilience: Surveying Chinese Public Opinion through Time," *Harvard Kennedy School Ash Center Policy Report*.

Di Tella, Rafael, and Dani Rodrik (2020), "Labour Market Shocks and the Demand for

Trade Protection: Evidence from Online Surveys," *Economic Journal* 130(628): 1008-1030.

Eggertsson, Gauti B., and Paul Krugman (2012), "Debt, Deleveraging, and the Liquidity Trap: A Fisher-Minsky-Koo Approach," *Quarterly Journal of Economics* 127(3): 1469-1513.

Fan, Haichao, Yu Liu, Nancy Qian, and Jaya Wen (2020), "Computerizing VAT Invoices in China," *NBER Working Paper* 24414.

Fan, Jingting, and Ben Zou (2019), "Industrialization from Scratch: The 'Construction of Third Front' and Local Economic Development in China's Hinterland," *Working Paper.*

Fan, Yi, Junjian Yi, and Junsen Zhang (2021), "Rising Intergenerational Income Persistence in China," *American Economic Journal: Economic Policy* 13(1): 202-230.

Fang, Hanming, Quanlin Gu, Wei Xiong, and Li-An Zhou (2015), "Demystifying the Chinese Housing Boom," *NBER Macro Annual* (Vol. 30): 105-166.

Furman, Jason, and Lawrence Summers (2020), "A Reconsideration of Fiscal Policy in the Era of Low Interest Rates," *Brookings Working Paper.*

Gertler, Mark, and Simon Gilchrist (2018), "What Happened: Financial Factors in the Great Recession,"*Journal of Economic Perspective* 32(3): 3-30.

Glaeser, Edward, and Joseph Gyourko (2018), "The Economic Implications of Housing Supply," *Journal of Economic Perspectives* 32(1): 3-30.

Glaeser, Edward, and Andrei Shleifer (2003), "The Rise of the Regulatory State," *Journal of Economic Literature*, 41(2): 401-425.

Glick, Reuven, and Kevin J. Lansing (2010), "Global Household Leverage, House Prices, and Consumption," *Federal Reserve Bank of San Francisco Economic Letter.*

Gomory, Ralph E., and William J. Baumol (2000), *Global Trade and Conflicting National Interests*, MIT Press.

Haldane, Andrew, Simon Brennan, and Vasileios Madouros (2010), "The Contribution of the Financial Sector: Miracle or Mirage?" *A Technical Report at the London School of Economics.*

Hart, Oliver (1995), *Firms, Contracts, and Financial Structure*, Clarendon Press.

Hart, Oliver, Andrei Shleifer, and Robert W. Vishny (1997), "The Proper Scope of Government: Theory and an Application to Prisons," *Quarterly Journal of Economics* 112(4): 1127-1161.

Haskel, Jonathan, and Stian Westlake (2018), *Capitalism Without Capital: the Rise of the Intangible Economy*, Princeton University Press.

Havranek, Tomas, and Zuzana Irsova (2011), "Estimating Vertical Spillovers from FDI: Why Results Vary and What the True Effect is," *Journal of International Economics* 85(2): 234-244.

He, Guojun, Shaoda Wang, and Bing Zhang (2020), "Leveraging Political Incentives for Environmental Regulation: Evidence from Chinese Manufacturing Firms," *Quarterly Journal of Economics*.

Hirschman, Albert O. (2013), "The Changing Tolerance for Income Inequality in the Course of Economic Development," *The Essential Hirschman*, Ed. by Jeremy Adelman, Princeton University Press: 74-101.

Huang, Zhangkai, Lixing Li, Guangrong Ma, and Lixin Colin Xu (2017), "Hayek, Local Information, and Commanding Heights: Decentralizing State-Owned Enterprises in China," *American Economic Review* 107(8): 2455-2478.

Jia, Ruixue, Masayuki Kudamatsu, and David Seim (2015), "Political Selection in China: the Complementary Roles of Connections and Performance," *Journal of the European Economic Association* 13(4), 631-668.

Jin, Hehui, Yingyi Qian, and Barry R. Weingast (2005), "Regional decentralization and fiscal incentives: Federalism, Chinese style," *Journal of Public Economics* 89(9-10): 1719-1742.

Jordà, Òscar, Moritz Schularick, and Alan M. Taylor (2016), "The Great Mortgaging: Housing Finance, Crises and Business Cycles," *Economic Policy* 31(85): 107-152.

Imrohoroğlu, Ayşe, and Kai Zhao (2018), "The Chinese Saving Rate: Long-Term Care Risks, Family Insurance, and Demographics," *Journal of Monetary Economics* 96: 33-52.

Karabarbounis, Loukas, and Brent Neiman (2014), "The Global Decline of the Labor Share," *Quarterly Journal of Economics* 129(1): 61-103.

Karabarbounis, Loukas, and Brent Neiman (2019), "Accounting for Factorless Income," *NBER Macroeconomics Annual* 33(1): 167-228.

Klein, Matthew C., and Michael Pettis (2020), *Trade Wars are Class Wars: How Rising Inequality Distorts the Global Economy and Threatens International Peace*, Yale University Press.

Knoll, Katharina, Moritz Schularick, and Thomas Steger (2017), "No Price Like Home: Global House Prices, 1870-2012," *American Economic Review* 107(2): 331-353.

Kreps, David (2018), *The Motivation Toolkit: How to Align Your Employees' Interests with Your Own*, Findaway World, LLC.

Krugman, Paul (1987), "The Narrow Moving Band, the Dutch Disease, and the Competitive Consequences of Mrs. Thatcher: Notes on Trade in the Presence of Dynamic Scale Economies," *Journal of Development Economics* 27(1-2): 41-55.

Kuhn, Moritz, Moritz Schularick, and Ulrike I. Steins (2020), "Income and Wealth Inequality in America: 1949-2016," *Journal of Political Economy.*

Kung, James Kai-Sing, and Lin Yi-min (2007), "The Decline of Township-and-Village Enterprises in China's Economic Transition," *World Development* 35(4): 569-584.

Lane, Nathan (2019), "Manufacturing Revolutions: Industrial Policy and Industrialization in South Korea," *Working Paper.*

Levchenko, Andrei A (2007), "Institutional Quality and International Trade," *Review of Economic Studies* 74(3): 791-819.

Li, Pei, Yi Lu, and Jin Wang (2016), "Does Flattening Government Improve Economic Performance? Evidence from China," *Journal of Development Economics* 123: 18-37.

Li, Xing, Chong Liu, Xi Weng, and Li-An Zhou (2019), "Target Setting in Tournaments: Theory and Evidence from China," *Economic Journal* 129(10): 2888-2915.

Liu, Ernest (2019), "Industrial Policies in Production Networks," *Quarterly Journal of Economics* 134(4): 1883-1948.

Maskin, Eric, Yingyi Qian, and Chenggang Xu (2000), "Incentives, Information, and Organizational Form," *Review of Economic Studies* 67(2): 359-378.

Melitz, Marc J., and Daniel Trefler (2012), "Gains from Trade when Firms Matter," *Journal of Economic Perspectives* 26(2): 91-118.

Michalopoulos, Stelios (2012), "The Origins of Ethnolinguistic Diversity," *American Economic Review* 102(4): 1508-1539.

Mian, Atif R., Ludwig Straub, and Amir Sufi (2020a), "Indebted Demand," *NBER Working Paper* No. w26940.

Mian, Atif R., Ludwig Straub, and Amir Sufi (2020b), "The Saving Glut of the Rich and the Rise in Household Debt," *NBER Working Paper* No. w26941.

Milne, Alistair (2009), *The Fall of the House of Credit: What Went Wrong in Banking and What Can be Done to Repair the Damage?* Cambridge University Press.

Mulligan, Casey and Andrei Shleifer (2005), "The Extent of the Market and the Supply of Regulation," *Quarterly Journal of Economics* 120: 1445-1473.

Olmstead, Alan L., and Paul W. Rhode (2018), "Cotton, Slavery, and the New History of Capitalism," *Explorations in Economic History* 67: 1-17.

Orlik, Thomas (2020), *China: the Bubble that Never Pops,* Oxford University Press.

Philippon, Thomas, and Ariell Reshef (2012), "Wages and human capital in the US finance industry: 1909-2006," *Quarterly Journal of Economics* 127(4): 1551-1609.

Philippon, Thomas (2019), *The Great Reversal: How America Gave Up on Free Markets*, Harvard University Press.

Piketty, Thomas, Li Yang, and Gabriel Zucman (2019), "Capital Accumulation, Private Property, and Rising Inequality in China, 1978-2015," *American Economic Review* 109(7): 2469-2496.

Piketty, Thomas, and Gabriel Zucman (2014), "Capital is Back: Wealth-Income Ratios in Rich Countries 1700-2010," *Quarterly Journal of Economics* 129: 1255-1310.

Prendergast, Canice, and Robert Topel (1996), "Favoritism in Organizations," *Journal of Political Economy* 104(5): 958-978.

Qian, Yingyi (2017), *How Reform Worked in China: the Transition from Plan to Market*, the MIT Press.

REN21 (2020), *Renewables 2020 Global Status Report,* Renewable Energy Policy Network for the 21st Century.

Rodrik, Dani (1998), "Why Do More Open Economies Have Bigger Governments?" *Journal of Political Economy* 106(5): 997-1032.

Rodrik, Dani (2013), "Unconditional Convergence in Manufacturing," *Quarterly Journal of Economics* 128(1): 165-204.

Rodrik, Dani (2016), "Premature Deindustrialization," *Journal of Economic Growth* 21(1): 1-33.

Ryan-Collins, Josh, Toby Lioyd, and Laurie Macfarlane (2017), *Rethinking the Economics of Land and Housing*, Zed Books.

Saez, Emmanuel, and Gabriel Zucman (2019), *The Triumph of Injustice: How the Rich Dodge Taxes and How to Make Them Pay*, W. W. Norton & Company.

Shiller, Robert J. (2020), *Narrative Economics: How Stories Go Viral and Drive Major Economic Events*, Princeton University Press.

Shleifer, Andrei, and Robert Vishny (2011), "Fire Sales in Finance and Macroeconomics,"

Journal of Economic Perspectives 25(1): 29-48.

Sivaram, Varun (2018), *Taming the Sun: Innovation to Harness Solar Energy and Power the Planet*, MIT press.

Spader, Jonathan, Daniel McCue, and Christopher Herbert (2016), "Homeowner Households and the U.S. Homeownership Rate: Tenure Projections for 2015-2035," *Working Paper*.

Tooze, Adam (2018), *Crashed: How a Decade of Financial Crises Changed the World*, Penguin.

Wallis, John J. (2006), "The Concept of Systematic Corruption in American History," *Corruption and Reform: Lessons from America's Economic History*, University of Chicago Press: 23-62.

Wang, Gungwu (2019), *China Reconnects: Joining a Deep-rooted Past to a New World Order*, World Scientific.

Wang, Zhi, Shang-Jin Wei, Xinding Yu, Kunfu Zhu (2018), "Re-examining the Effects of Trading With China on Local Labor Markets: A Supply Chain Perspective," *NBER Working Paper 24886*.

Wang, Zhi, Qinghua Zhang, and Li-An Zhou (2020), "Career Incentives of City Leaders and Urban Spatial Expansion in China," *Review of Economics and Statistics* 102(5): 897-911.

World Inequality Lab (2017), *World Inequality Report 2018*.

Xu, Chenggang (2011), "The Fundamental Institutions of China's Reforms and Development," *Journal of Economic Literature*, 49(4): 1076-1151.

Yergin, Deniel (2020). *The New Map: Energy, Climate, and the Clash of Nations*, Penguin Press.

Young, Alwyn (1991), "Learning by Doing and the Dynamic Effects of International Trade," *Quarterly Journal of Economics* 106(2): 369-405.

Zhang, Longmei, Ray Brooks, Ding Ding, Haiyan Ding, Hui He, Jing Lu, and Rui Mano (2018), "China's High Savings: Drivers, Prospects, and Policies," *IMF Working Papers*.

Zhang, Bing, Xiaolan Chen, and Huanxiu Guo (2018), "Does Central Supervision Enhance Local Environmental Enforcement? Quasi-experimental Evidence from China," *Journal of Public Economics* 164: 70-90.

Zhang, Zhiwei, and Yi Xiong (2019), "Infrastructure Financing," *Working Paper*.